"十四五"职业教育国家规划教材

职业教育汽车类专业"互联网+"创新教材

汽车技术服务与营销专业"校企合作"精品教材

汽车营销策划基础与实务

（配实训工单）

北京运华科技发展有限公司　组编

主　编　林　凤　陈佳伟　赵一敏

副主编　吴风波　刘秀荣　李晓荻

参　编　代景军　张　燕　刘玉静　梁　琅
　　　　邱秀丽　安宇航　王晓杰

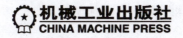

机械工业出版社

CHINA MACHINE PRESS

本书是"十四五"职业教育国家规划教材。

本书是职业教育汽车类专业"互联网+"创新教材和理实一体化教材,包括**理论知识**和**实训工单**两部分,各部分单独装订成册,方便使用。**理论知识**包括走进汽车营销策划、汽车营销活动市场调研、汽车营销活动目标设计、汽车营销策划策略选择、汽车营销活动计划制订、汽车营销策划活动实施与评价、常见汽车营销活动策划书编制七个项目。**实训工单**配套对应相应项目,以接受工作任务、信息收集、制订计划、计划实施、质量检查、评价反馈六个环节为实训主线,结合理论知识内容进行实践操作,以配合理实一体化教学模式。

本书采用"**校企合作**"模式,内容新颖全面,同时配以视频、动画等多媒体资源,在理论知识部分以**二维码**的形式嵌入教材,方便读者理解相关知识,以便更深入地学习。

本书可作为职业院校汽车类专业的教学用书,也可作为汽车销售企业内部培训资料,还可用作汽车4S店销售部、市场部工作人员和汽车厂家营销策划人员的参考书。

为方便教学,本书配有电子课件、实训工单答案等配套资源,同时还配有"示范教学包",可在超星学习通上实现"一键建课",方便混合式教学。凡选用本书作为授课教材的教师均可登录www.cmpedu.com,以教师身份注册后免费下载,或咨询相关编辑,编辑电话:010-88379201。

图书在版编目(CIP)数据

汽车营销策划基础与实务:配实训工单/北京运华科技发展有限公司组编;林凤,陈佳伟,赵一敏主编. —北京:机械工业出版社,2019.9(2025.6重印)
职业教育汽车类专业"互联网+"创新教材 汽车营销与服务专业"校企合作"精品教材
ISBN 978-7-111-63850-6

Ⅰ.①汽… Ⅱ.①北…②林…③陈…④赵… Ⅲ.①汽车-营销策划-职业教育-教材 Ⅳ.①F766

中国版本图书馆CIP数据核字(2019)第213137号

机械工业出版社(北京市百万庄大街22号 邮政编码100037)
策划编辑:师 哲 责任编辑:师 哲 王 慧
责任校对:王 欣 封面设计:张 静
责任印制:刘 媛
三河市国英印务有限公司印刷
2025年6月第1版第15次印刷
184mm×260mm・17.75印张・427千字
标准书号:ISBN 978-7-111-63850-6
定价:49.00元(含实训工单)

电话服务 网络服务
客服电话:010-88361066 机 工 官 网:www.cmpbook.com
　　　　　010-88379833 机 工 官 博:weibo.com/cmp1952
　　　　　010-68326294 金 书 网:www.golden-book.com
封底无防伪标均为盗版 机工教育服务网:www.cmpedu.com

关于"十四五"职业教育
国家规划教材的出版说明

为贯彻落实《中共中央关于认真学习宣传贯彻党的二十大精神的决定》《习近平新时代中国特色社会主义思想进课程教材指南》《职业院校教材管理办法》等文件精神，机械工业出版社与教材编写团队一道，认真执行思政内容进教材、进课堂、进头脑要求，尊重教育规律，遵循学科特点，对教材内容进行了更新，着力落实以下要求：

1. 提升教材铸魂育人功能，培育、践行社会主义核心价值观，教育引导学生树立共产主义远大理想和中国特色社会主义共同理想，坚定"四个自信"，厚植爱国主义情怀，把爱国情、强国志、报国行自觉融入建设社会主义现代化强国、实现中华民族伟大复兴的奋斗之中。同时，弘扬中华优秀传统文化，深入开展宪法法治教育。

2. 注重科学思维方法训练和科学伦理教育，培养学生探索未知、追求真理、勇攀科学高峰的责任感和使命感；强化学生工程伦理教育，培养学生精益求精的大国工匠精神，激发学生科技报国的家国情怀和使命担当。加快构建中国特色哲学社会科学学科体系、学术体系、话语体系。帮助学生了解相关专业和行业领域的国家战略、法律法规和相关政策，引导学生深入社会实践、关注现实问题，培育学生经世济民、诚信服务、德法兼修的职业素养。

3. 教育引导学生深刻理解并自觉实践各行业的职业精神、职业规范，增强职业责任感，培养遵纪守法、爱岗敬业、无私奉献、诚实守信、公道办事、开拓创新的职业品格和行为习惯。

在此基础上，及时更新教材知识内容，体现产业发展的新技术、新工艺、新规范、新标准。加强教材数字化建设，丰富配套资源，形成可听、可视、可练、可互动的融媒体教材。

教材建设需要各方的共同努力，也欢迎相关教材使用院校的师生及时反馈意见和建议，我们将认真组织力量进行研究，在后续重印及再版时吸纳改进，不断推动高质量教材出版。

机械工业出版社

职业教育汽车类专业"互联网+"创新教材
汽车技术服务与营销专业"校企合作"精品教材

编审委员会

顾 问

罗　磊　中国汽车流通协会
简玉麟　武汉交通学校
李景芝　山东交通学院
王法长　中国汽车流通协会人力资源分会
贺　萍　深圳职业技术学院

主 任

郑丽梅　全国机械职业教育教学指导委员会

副主任

张国方　武汉理工大学
刘宏飞　吉林大学
申荣卫　天津职业技术师范大学
韩　萍　长春汽车工业高等专科学校
宋润生　深圳职业技术学院

委 员

王旭荣	高腾玲	李贵炎	庞志康	李　彤	王彦峰	罗国玺
陈　青	吴　刚	李东魁	姚延钢	张红英	操龙斌	李　杰
张晶磊	刘凤良	王远明	莫舒玥	商　卫	张宏阁	邓宏业
苏　明	段懿伦	毕丽丽	颜同宇	郑　莺	何寿柏	付慧敏
曾　虎	纪　烨	李冬冬	尹向阳	张树玲	曲鲁滨	苏　青
何　健	金加龙	赵暨羊	严　丽	邱华桢	屠剑敏	叶燕仙
田厚杰	廖　明	张潇月	李永安			

二维码索引

序　号	二　维　码	名　　称	页　码
1		汽车营销策划人员的工作内容	3
2		如何制订活动预算	12
3		如何制订活动销量目标	55
4		如何确定集客目标	55
5		如何确立活动主题	59
6		汽车产品生命周期各阶段的研判	67
7		广告媒介特点分析	89
8		如何选择销售促进策略	94

（续）

序　号	二维码	名　称	页　码
9		如何进行异业联盟营销	99
10		现场查勘的作用及工作流程	111
11		如何撰写软文正文	120
12		如何根据布置品的特性进行场地布置	139
13		如何应对促销活动中的突发事件	141
14		如何评估实施效果	144
15		市场营销策划效果整体评价法	146

前言

随着汽车产业的高速发展,汽车市场竞争越来越激烈,汽车营销与服务产业面临着空前的机遇和挑战。汽车销售企业能否在竞争中运筹帷幄、决胜于千里之外,一定程度上取决于能否及时、准确地了解和把握汽车市场的信息,以优于竞争者的策略应对汽车市场。这就要求培养一批能够解决汽车营销策略和营销活动实施问题的、精通汽车营销策划的专业人才,以创作出创意突出、具有良好执行性和可操作性的活动策划方案,提升汽车4S店的知名度和汽车品牌的美誉度。

为满足汽车市场对汽车营销策划人才的需求以及职业院校汽车技术服务与营销专业的教学要求,突出职业教育的特点,北京运华科技发展有限公司牵头组织编写了本系列教材,同时开发了对应的课程体系。本系列教材以"基于工作过程"为导向进行开发,在对汽车销售企业营销策划岗位进行调研的基础上,选取了岗位典型工作任务,并根据典型工作任务提炼了行动领域,构建了工作过程系统化的内容体系。为方便职业院校开展一体化教学和信息化教学,本系列教材中每一本教材都分为理论知识和实训工单两部分。

本书以汽车技术服务与营销专业人才培养目标为依据,以专业能力结构为主线,着重培养学生营销策划创新意识和创新思维,提高学生的探索能力和创新能力,增强学生树立正确的创新观,将人才强国目标融入教材之中,从而实现科技创新、科技强国。

本书所包括的理论知识和实训工单两部分内容单独成册构成一个整体。理论知识部分从认识汽车营销策划导入,按照汽车销售企业营销活动策划的流程来编写,包括汽车营销活动市场调研、汽车营销活动目标设计、汽车营销策划策略选择、汽车营销活动计划制订、汽车营销策划活动实施与评价,最后通过常见汽车营销活动策划书的编制介绍让读者更加清晰地认识典型汽车营销活动的策划过程。同时,为加强实用性,各项目中穿插了大量的汽车营销策划案例、拓展阅读,使读者能比较系统和准确地把握汽车营销策划的全过程,循序渐进地掌握实战技巧和方法。本书在内容上加入了异业联盟、新媒体营销、软文营销、H5技术等新兴营销手段,实现了内容上的有效拓展和延伸。实训工单部分配套理论知识的每个任务,对所学内容进行巩固,同时以实践操作为依托,旨在达到理论实践一体化的目的。

本书由广东机电职业技术学院林凤、北京运华科技发展有限公司陈佳伟、赵一敏担任主编,安徽工商职业学院吴风波、天津职业大学刘秀荣、吉林交通职业技术学院李晓荻担任副主编。其他参与编写的还有代景军、张燕、刘玉静、梁琅、邱秀丽、安宇航、王晓杰。

为了便于教学，北京运华科技发展有限公司开发了与本书配套的实训项目和软件，并制作了配套的视频、动画，以二维码的形式嵌入书中，在此对相关文献的作者表示衷心的感谢！

由于编者水平有限，书中难免有错漏之处，敬请读者批评指正。

编　者

目录

二维码索引
前　言

项目一	走进汽车营销策划	1

| 任务一 | 汽车营销策划人员的岗位认知 | 1 |
| 任务二 | 汽车营销策划的内容认知 | 6 |

项目二	汽车营销活动市场调研	14

任务一	汽车市场调研概述	14
任务二	汽车市场调研的执行	19
任务三	汽车市场调研分析	31

项目三	汽车营销活动目标设计	40

任务一	营销目标的认知	40
任务二	营销目标的设计	45
任务三	活动主题的确定	55

项目四	汽车营销策划策略选择	64

任务一	产品策略的策划	64
任务二	定价策略的策划	71
任务三	渠道策略的策划	77
任务四	促销策略的策划	84

项目五	汽车营销活动计划制订	101

| 任务 | 汽车营销活动计划制订的框架 | 101 |

项目六	汽车营销策划活动实施与评价	116

任务一	汽车营销活动网络媒体的选择及运用	116
任务二	H5技术在汽车营销活动宣传中的运用	125
任务三	汽车营销活动实施要点	137
任务四	汽车营销活动效果评价	143

项目七	常见汽车营销活动策划书编制	153

| 任务一 | 汽车营销策划书的编制 | 153 |
| 任务二 | 常见汽车营销活动方案策划 | 163 |

参考文献　180

项目一 走进汽车营销策划

任务一 汽车营销策划人员的岗位认知

 任务目标

知识目标	技能目标	素养目标
1. 掌握汽车营销策划人员的含义及工作任务。 2. 掌握汽车市场部各职位的岗位职责。	1. 具备界定汽车市场部各岗位职责的能力。 2. 具备胜任汽车市场部岗位的能力。	激发学习者对汽车市场部岗位的兴趣,提升汽车市场部岗位适应能力。

 建议学时

2学时。

 相关知识

一、汽车营销策划人员概述

汽车营销策划人员是指具有良好的职业道德,能够熟练运用营销策划理论和营销实战方法,为汽车企业营销提供创新服务并取得明显绩效的专业人员。汽车营销策划人员需要具有较强的市场策划、活动组织和语言表达能力,具有良好的人际沟通和组织协调能力,执行力强,且具有良好的团队协作精神,工作认真负责并能熟练运用办公软件。

其工作任务包括:

1)研究市场消息,包含市场动态、竞争品牌动向、产品与市场信息。

2)制订年、季、月、周市场推广方案和网站推广项目,督导并执行推广方案。

3)针对汽车企业的营销策略,制订阶段性市场活动的策划和宣传方案,按照要求布置展厅并实施各类市场活动。

4)针对汽车企业的市场推广主题活动,与销售人员及相关人员进行沟通,对其进行培训和指导。

5）协调汽车企业内部的运作实施，并完成品牌、产品推广的效果评估，提出改进方案。

6）其他，如展厅布置与实施、与当地媒体建立并保持良好的关系等。

二、汽车营销策划人员的岗位职责

虽然多数汽车品牌经销商都设有市场部，但是各汽车品牌对市场部的岗位设置情况各不相同，一般主要设置的岗位有市场总监、市场分析专员、行销策略专员等。4S店组织结构如图1-1所示。

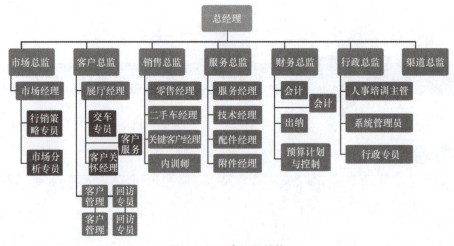

图1-1　4S店组织结构

1. 市场总监的岗位职责

市场总监主要负责制订公司市场营销策略、开发潜在客户、制订与实施客户维系计划、制订市场活动的年度计划和预算、主持公司市场活动的开展和评估、负责市场的研究与分析、与媒体建立良好的合作关系、协调和其他部门的合作、掌握本地竞争对手的销售政策和促销活动等、制订本部门员工发展计划并实行激励机制、领导贯彻执行总部和分销中心促销政策。

> **小知识**
>
> 市场总监岗位职责示例如下：
>
> 1）运用CAE工具每天收集信息并每周分析，有效地开发潜在客户，保证公司实现销售任务。
>
> 2）运用CAE工具发现市场的变化情况，根据此分析判断客户的需求，并制订相应的营销方式来维系老用户。
>
> 3）制订公司的营销策略、年度市场活动的计划和预算。
>
> 4）领导市场分析专员进行市场的研究与分析，要有针对性，切实为公司的营销策略乃至公司决策提供必要的依据。同时，观察竞争对手的动向，以便能在竞争中未雨绸缪、抢占先机。
>
> 5）与媒体建立良好的合作关系，这样在平时可以为公司提升美誉度，在有负面事件发生时能将负面影响尽可能降低。

6) 协调和其他部门的合作关系。

7) 针对与各部门相关的工作内容进行积极主动的沟通，建立良好的信任关系。与销售部保持即时的联系和信息共享，确实有效地扩大客流量，帮助销售部顺利完成任务指标。与客户服务部和售后服务部定期沟通，组织各种活动共同维系老客户，提高客户满意度，同时提高公司的知名度和美誉度，使公司健康持续地发展。

8) 制订本部门员工发展计划并实行激励机制。

9) 帮助员工理解各自岗位的内涵和要求，指导员工的工作使之合理高效。就员工的特点进行具有针对性的培养，同时采取一切可实现的措施进行激励，充分激发员工的工作主动性和主人翁意识，使其实现较好的自我管理和高效率的工作模式。

10) 完成上级委派的其他任务。

2. 市场分析专员的岗位职责

汽车市场分析专员的主要工作是针对本区域汽车市场的情况以及宏观经济信息进行市场的研究与分析、收集最新竞品信息、对本地竞争对手的销售政策和促销活动等及时进行了解并分析、与本部门及其他部门同事建立良好关系、及时完成领导交给的工作任务、对自己的工作有计划并能按时按点完成、服从公司的各项规章制度、深刻理解公司的文化理念。

小知识

市场分析专员的岗位职责示例如下：

1) 对本区域进行市场的研究与分析，要有针对性，切实为公司的营销策略乃至公司决策提供必要的依据。同时，观察竞争对手的动向，以便能在竞争中未雨绸缪、抢占先机。

2) 分析本地汽车市场动态，定期收集并分析区域内各个竞争对手的销量、价格及促销状况。

3) 收集本地汽车市场信息，分析本地的汽车消费政策环境和消费特征。

4) 为本企业制订市场推广计划提供数据支持。

5) 收集并分析老客户和潜在客户资料并定期生成报告。

6) 了解其他部门信息并参与合作。

7) 针对与各部门相关的工作内容进行积极主动的沟通，建立良好的信任关系。与销售部保持即时的联系和信息共享，参加销售部的晨会及周例会，了解销售部最新的销售情况。与其他各部门定期沟通，及时了解新客户和潜在客户信息。

8) 积极协助市场总监承担市场推广活动中的工作任务。

3. 行销策略专员的岗位职责

汽车行销策略专员即通常说的汽车营销策划专员，是市场部最常见的职位，承担市场部门的各种基础和协助工作，如收集整理录入展厅客流量数据并按月生成分析报告；制订常规活动、节假日活动的策划方案并组织实施和评估；发布、维护网络广告新闻；与本部门及其他部门同事建立良好关系、及时完成领导交给的工作任务、对自己的

汽车营销策划人员的工作内容

工作有计划并能按时按点完成、服从公司的各项规章制度、深刻理解公司的文化理念。

小知识

行销策略专员的岗位职责示例如下：

1）运用CAE工具每天收集信息并每月分析，有效地开发潜在客户，保证公司实现销售任务。

2）运用CAE工具发现市场的变化情况，根据此分析判断客户的需求，并制订相应的营销方式来维系老客户。

3）根据厂家的目标和公司的实际情况制订可行的、较高标准的活动方案。

4）组织活动方案的实施。

5）分析活动效果，考查各项活动指标的完成情况，分析原因，为日后活动的开展提供数据、经验支持。

6）负责公司网络广告的发布与维护，有效地利用网络资源，增加公司及产品的曝光度，增加潜在客户数量。

7）负责DN网潜在客户24h内的分配反馈，有效利用厂家分配的客户资源。

8）了解其他部门信息并参与合作，针对与各部门相关的工作内容进行积极主动的沟通，建立良好的信任关系。

三、汽车营销策划人员的职业素养

职业素养是指职业内在的规范、要求以及提升，是在职业过程中表现出来的综合品质，包含职业道德、职业技能、职业行为、职业作风和职业意识规范等。汽车营销策划是一个富有创意行为的系统工程，是必须投入大量智慧且要具有较强分析力和协调力才能够进行的一项营销活动。汽车营销策划人员必须在就业的过程中不断地修炼和完善自己，有意识地提高自身的素质和能力，以提高职业素养，才能获取稳固的生活保障以至较为优越的生活条件，进而在精神上得到升华、在职业岗位上获得进步。

1. 汽车营销策划人员应具备的素质

汽车营销策划人员是汽车经销企业营销策划的制订者和执行者，不仅需要熟悉汽车销售工作的操作流程和销售技巧，而且需要具备较强的宏观市场把握能力；不仅需要脚踏实地的工作精神，而且需要积极进取，实现职业生涯的岗位进阶。汽车营销策划人员应具备以下几方面的素质：

（1）具有良好的社会公德和职业道德　　无论是市场策划总监还是一线策划专员，都应该坚守崇高的职业操守，不能把自己的工作当作纯商业行为，更不能进行商业欺骗，应该提高职业认知、培养职业情感、树立职业理想，更好地形成职业行为和习惯，从而产生强烈的道义感和责任感。

（2）具有敏锐的观察力和对市场的敏感度　　每一次有效的策划活动，都是一次资源的大整合，这就需要策划人对本企业车型卖点、销售网络、公共关系和营销目标有一个全面的了解，而且需要随时把握竞争对手的状况、行业动态，保持对行业市场发展趋势的高度敏感，做到知己知彼、审时度势，这样才能把握机会、组织策划出有针对性的促销活动。

（3）**具有个性化的思想和创新精神** 汽车市场瞬息万变，墨守成规的活动很难做到开拓市场和吸引客户。因此，在激烈的汽车营销市场中要想获得策划的成功，就要做到人无我有、人有我精、人精我特。汽车营销策划人员要随时注意关注市场状态，了解客户的真实需求，求新求变，大胆思考，勇于创新，能够以独有的市场空间、创新的理念、独到的策划方案、合理的策划设计以及富有个性的策划文案来实现营销策划的成功。

（4）**要有健康的体魄和良好的心理素质** 健康的体魄和良好的心理素质是汽车营销策划人员从事好本职工作的前提和保障。有些关键时刻（MOT）研究任务非常紧急，策划方案需要在短时间内完成，甚至需要几天几夜连续地高强度工作，因此需要强健的体魄作为保证。心理素质包括需要、动机、态度、意志和情绪等，其中需要、意志和情绪对策划的影响最大，意志和情绪最大限度地影响着策划方案的设计与表现。在营销策划设计与展示中，良好的心理素质能够帮助汽车营销策划人员抓住机会，凭借独到的见解与精心的设计，做出精彩的展示。特别是面对当前激烈的汽车市场竞争环境，更需要做到临危不惧、处变不惊、沉着应战，汽车营销策划人员必须具备比较全面的、优良的心理素质。

2. 汽车营销策划人员应具备的能力

（1）**较强的市场策划能力和信息分析能力** 汽车营销策划人员需要策划和制订符合市场实际情况的促销活动，市场状况瞬息万变，客户需求千差万别，仅仅靠文案"纸上谈兵"是远远不够的，它需要汽车营销策划人员从大量的数据中捕捉到最有效的信息，进行合理分析，以准确把握市场的脉搏。

（2）**良好的语言表达能力和沟通能力** 好的策划离不开完美的执行，汽车营销策划人员要实现促销目标，不仅需要熟悉已有资源，对于一线人员的执行情况同样不能忽略，需要具备较强的沟通能力和表达能力，才能让一线人员了解促销活动的真正内涵，从而完美地执行活动方案，保证预期目标的顺利达成。同时，要有一定的媒体沟通经验，因为每一次成功的促销活动策划，都需要通过各种媒体，率先与客户进行有效沟通，这就需要汽车营销策划人员有较丰富的媒体沟通经验，以确保策划的核心思想能够被媒体人员真实领会，并通过相关媒体呈现在客户面前。

（3）**组织能力** 组织能力是指汽车营销策划人员根据策划本身的要求将策划资源进行有机结合的能力。它包括对汽车营销策划人员的找寻、策划资料的搜集、策划方案的制订和实施等各项事宜的统筹安排。因此，汽车营销策划人员的组织能力直接影响汽车企业策划的效果。

（4）**整合能力** 汽车营销策划人员的整合能力基于其思想思维能力，即在一定理论指导下的系统思维，同时还在于汽车营销策划人员对信息情报资源的大量、合理、高效的占有能力。所以，汽车营销策划人员的整合能力是有前提条件的，只有在其占有足够多的信息，并且能理性分析之后进行合理取舍，才能使策划活动具有创新性和创造性。

（5）**执行能力** 汽车营销策划人员在构思之后，就应当采取实际的行动。营销策划人员不仅要勤于思考，更要敏于行动。有时实际操作能力甚至成为策划方案是否成功的关键所在。策划不仅仅是编制出策划方案，还必须设计出切实可行的操作流程和方式，尤其是对基层的策划人员，必要时要指挥、监督甚至进行具体操作指导。

综上所述，汽车营销策划人员是"整合资源"的人，要具有全面的能力，要具备优秀的综合素质。

任务二　汽车营销策划的内容认知

任务目标

知识目标
1. 掌握策划的构成要素和分类，了解汽车营销策划的含义和特点。
2. 掌握汽车营销策划活动的类型，并能对各类型进行举例介绍。
3. 掌握汽车营销策划的原则。
4. 掌握汽车营销策划程序及各个步骤的要点。

技能目标
1. 具备明确汽车营销策划程序及各个步骤要点的能力。
2. 具备制订汽车营销策划方案的能力。

素养目标
培养汽车营销策划思维，增强对汽车营销策划的认知，激发学习者对汽车营销策划的兴趣。

建议学时

2学时。

相关知识

一、认识策划

1. 策划的含义

关于策划的含义，仁者见仁、智者见智，不同的学者研究领域不同，看问题的角度不同，没有一个统一的说法。日本策划家和田创认为：策划是通过实践活动获取更佳效果的智慧，它是一种智慧创造行为。美国哈佛企业管理丛书认为：策划是一种程序，"在本质上是一种运用脑力的理性行为"。更多人认为，策划是一种对未来采取的行为做决定的准备过程，是一种构思或理性思维程序。也就是说，策划是针对未来要发生的事情做当前的决策。换言之，策划是找出事物的因果关系，衡量未来可采取的、作为目前决策的依据，即策划是实现决定做什么、何时做、如何做、谁来做。

拓展阅读

"策划"一词最早出现在《后汉书》。《后汉书·隗嚣传》中有"是以功名终申，策画复得"之句。其中"画"与"划"相通互代，"策画"即"策划"，意思是计划、打算。策最主要的意思是指计谋，如决策、献策、下策、束手无策；划指设计，工作计划、筹划、谋划。在古代，策划主要用作名词，与现在的计划、计谋、谋略的意思比较接近。如《史记·汉高祖本纪》中说："运筹帷幄之中，决胜千里之外。"这里强调了运筹帷幄的重要性，它把策划定义成决定千里战事的谋略。再如《礼记·中庸》中有"凡事预则立，不预则废。"这里"预"就是指做决策时要充分考虑每一种情况的可能性，然后做好决策,整句的意思是:做任何事情,事先谋虑、准备就会成功,否则就要失败。这些名言都蕴含着朴素的策划思想,为我们认识策划提供了很好的启示。

综上所述,可以这样定义策划:策划是一种策略、筹划、谋划或者计划、打算,它是个人、企业、组织结构为了达到一定的目的,在充分调查市场环境及相关联的环境的基础之上,遵循一定的方法或者规则,对未来即将发生的事情进行系统、周密、科学的预测并制订科学的可行的方案。在现代生活中,它常用来形容做一件事的计划,或是一种岗位的名称。

拓展阅读

几个相近概念的解读

1. 策划

策划是指通过创意、谋划和论证,充分考虑现有条件,提出有价值的目标并设计最佳方案的活动。策划书(策划案)指体现上述思想和过程的应用文体。

2. 计划

计划是指通过分解和部署,充分调动资源,为实现某一目标而进行工作设计的活动。计划(书)指体现这些思想和过程的应用文体。

3. 创意

创意是一种创造新事物、新形象的思维方式和行为,是一个进行创造性思维的过程。

4. 决策

决策是企业在充分了解营销环境的基础上确立的企业意志,企业所有营销活动都需要围绕决策目标来实施。

2. 策划的构成要素

综合分析策划的描述可知,策划由策划主体、策划对象和目标、策划资源和策划方案四大要素组成。

(1) **策划主体** 这里指的是策划人或决策者,可以是某个自然人或某个组织。策划主体在整个策划活动中处于决定性的位置。策划人的综合能力和水平直接决定着策划的成败和实际效果。在现实生活中就某个策划而言,一般策划主体由这个领域里的专业特长人员担任。在复杂的策划活动中,策划者可以由多方面的专业人员组成智囊团共同担任。

(2) **策划对象和目标** 即策划的具体对象以及策划所要达到的具体目标。策划目标是指策划人员所希望达到的预期结果。策划本身就是为了达到一定目的所进行的创造性思维互动,策划目标是策划努力的方向,也是衡量和评价策划效果的标准。

(3) **策划资源** 策划资源泛指策划人在策划时,所有可控制和利用的人力、物力与财力。任何策划的制订和实施都要有足够的资源和条件进行支撑,策划活动同时也是最大限度整合自身优势力量和资源,以最小的投入获得最佳的实际效果的一种行为。

(4) **策划方案** 即在策划目标的指导下,利用策划资源进行的创造性活动。策划方案就是实施策划的结晶,是实现策划目标的"指路明灯",也是更好实施策划的保证。

3. 策划的分类

1) 按策划内容不同,可分为活动策划、调研策划、广告策划、营销策划等。

2）按策划体系不同，可分为总体策划、专项策划、具体操作策划等。

3）按策划主体不同，可分为国家策划、企业策划、团队策划、个人策划等。

上述各划分方式间、各策划类型间并不是绝对泾渭分明，而是存在一定的交叉、重叠。

二、汽车营销策划概述

1. 汽车营销策划的含义

汽车营销策划有广义和狭义之分。广义的汽车营销策划即汽车市场营销规划，指策划人员根据汽车企业现有的资源状况，在充分调查、分析市场营销环境的基础上，激发创意，为整个汽车企业制订出一套营销战略、策略规划，并组织实施的全部过程。它包括设计、制订市场营销方案，开展营销活动实施营销方案，以及监督、控制并评估营销活动及其方案等多项内容。狭义的汽车营销策划仅指为汽车企业的某个部门，或某个产品，或某项业务活动设计方案。

汽车营销策划主要包括6个基本要点：

1）汽车营销策划的对象可以是某一个汽车企业整体，也可以是某一种（项）汽车产品和服务，还可以是一次活动。

2）汽车营销策划的范围经常会涉及汽车企业的各个部门，甚至包括本汽车企业以外的企业或个人。

3）汽车营销策划要立足于汽车企业的营销现状和营销目标两个前提。

4）汽车营销策划需要设计和运用一系列筹划，这是汽车市场营销策划的核心和关键。

5）汽车营销策划需要制订周密的计划并做出精心的安排，以保证策划的成功。

6）汽车营销策划的表现形式是以书面形式展现的营销策划方案——汽车营销策划书。

2. 汽车营销策划的特点

（1）**主观性**　汽车营销策划以人力资源为本。一个好的汽车营销策划方案必须充分发挥策划人员的想象力和创造力，是人的一种创造性的思维活动，具有主观性，不能抛开人的因素孤立看待营销策划问题。策划人员受到自身经历、知识水平、性格特点等多方面的影响，对事物的看法会有差别，所以策划人员要集思广益、取众家之所长，发挥各自的积极性和创造性，才能形成好的创意。

（2）**超前性**　汽车营销策划是一种决策、是一种判断，是汽车企业依据现实汽车行业的各种资料进行抽象思维、一定的逻辑推理和创意，对未来环境进行判断并对未来做出安排的一种超前行为。在汽车行业实践中，汽车企业能否敏锐地发现商机，比竞争对手更迅速、更有效地制订和实施营销策划方案，所以占领市场是至关重要的。

（3）**复杂性**　汽车营销策划是一项系统工程，是一项非常复杂的智力工作，它强调对现有的资源和可以利用的资源进行整合，营销策划人员要把所策划的对象视为一个整体，用系统的观念来处理策划对象各要素之间的关系。汽车营销策划的复杂性主要表现在以下3个方面：

1）汽车营销策划需要一定的力量支撑和大量的知识投入。一个优秀的汽车营销策划方案，需要经济学、市场学、管理学、商品学、心理学、社会学、文化学、策划学、营销学等多门学科的综合运用和融会贯通，并且较灵活地与策划知识结合起来。

2）要有大量的当前知识和直接经验运用到营销策划中。营销策划过程是一个动态过程，需要与当前的形势与环境相适应，而非纸上谈兵。优秀的汽车营销策划往往来源于现实，来源于对现实大量信息的获取、分析和提炼，能集灵活性和变通性于一身，能随时适应变化着的市场。

3）汽车营销策划需要进行庞杂的信息处理。在准备策划时，需要积极主动地收集信息，包括政治、经济、法律、市场等各方面的信息，然后对这些信息进行筛选，找出有用的进行加工，最后检验信息处理结果。

(4) **创新性**　创新是策划的灵魂，失去了创新性的策划活动就不能被称为策划。只有通过创新性的营销策划才能使企业在竞争中脱颖而出。在策划过程中，不仅要求对策划的内容、方案有所创新，同时要求对营销策划手段有所创新。一个好的营销策划切忌一味模仿他人，否则在激烈的汽车市场环境中会缺少持久的生命力。

3. 汽车营销策划的类型

汽车营销策划根据不同的划分依据，可分为不同的类型，见表1-1。

表1-1　汽车营销策划的类型

划分依据	类　型	描　述
根据策划对象	企业策划	对汽车企业整体进行的策划
	商品策划	围绕汽车企业某一商品（如某一车型）的开发和销售进行的策划，主要目的是扩大销路和推广商品
	服务策划	以服务为产品，从更好地满足客户需要出发而进行的策划，主要目的是提高客户满意度
根据营销过程	目标市场策划	为产品确定适当的市场位置所做的策划
	产品策划	为产品的开发、创新、改进、提高所进行的策划
	品牌策划	为汽车品牌赢得客户喜爱所做的策划
	价格策划	确定恰当的价值策略的一种策划
	分销策划	有效地选择分销路线的一种策划
	促销策划	关于开展人员推销、广告、公共关系、营业推广的策划
根据汽车营销的不同层次	汽车营销战略策划	从汽车企业整体的角度明确企业任务，区分战略经营单位，决定企业的投资组合战略和成长战略
	汽车营销战术策划	汽车营销人员在战略性汽车营销策划的基础上，对汽车营销的产品、价格、分销、促销等汽车营销手段所进行的组合策划和个别策划

三、汽车营销策划的基本原则

1. 信息性原则

信息是汽车营销策划的基础，没有足够的信息资源做支撑，营销策划就成了空中楼阁，缺乏信息的营销策划将导致营销策划的盲目性和误导性。拥有大量的真实、准确、全面、及时的市场信息是汽车营销策划及实施成功的保证，因此汽车营销策划人员必须做好信息的收集和整理工作。

2. 创新性原则

面对当前多变的汽车市场营销环境和日益激烈的汽车市场竞争，创新显得格外重要。在汽车营销策划实践中，创新不仅包括内容创新，还包括表现手法创新，要努力做到"人无我有，人有我优，人优我新，人新我变"，确保策划创意出奇制胜。

3. 时效性原则

时效指的是时机和效果及两者间的关系。在策划中，决策方案的价值将随着时间的推移和条件的改变而发生变化。时效性原则要求在策划过程中把握好时机，重视整体效果，尤其要处理好时机和效果的关系。汽车市场变化迅速，利益竞争十分激烈，时机往往是转瞬即逝的，而时机和效果又具有紧密的联系，失去时机必然会严重影响效果，甚至完全没有效果。因此，在策划过程中，应尽可能缩短从策划到实施的周期，力图使决策发挥作用的时间更长、效果更好。

4. 可行性原则

汽车营销策划必须具有现实的可操作性，否则再好的创意也是没有实际价值的。要使方案切实可行，汽车营销策划人员需要对汽车企业的资源有足够的认识，营销策划方案必须是企业能够接受的，必须是容易操作执行的，必须能得到相关部门领导和同事的大力支持，以确保营销策划方案能够顺利实施。

5. 经济性原则

汽车营销策划的一个最主要的目的就是以最小的投入使企业获取最大的收益，因为归根结底，汽车企业制订营销策划方案的直接目的是取得经济效益。因此，汽车营销策划方案必须做到以下几点：一是做好详尽的预算，做到资金投入最小化、效果最优化；二是厉行节约，减少不必要的开支；三是策划必须产生预期的经济效益，达到汽车企业要求的发展目标。

6. 系统性原则

系统性原则就是要求汽车营销策划要整体规划，要有全局观念，把策划作为一个整体来考察，站在全局的高度，整体把握营销策划的目标。同时，运用系统论的联系观、层次观、结构观来分析汽车企业诸多因素的影响，将这些因素中最有利的一面进行有机地整合，从整体上进行规划，提供一套切实可行的营销策划方案，以使营销策划活动效果达到最优。

7. 以人为本原则

要保证营销策划方案的质量，人的因素最为关键。一方面在实践中，营销策划主体往往是一个团队，这就要求汽车营销策划人员在做策划方案时，要充分调动团队成员的积极性和创造力，集思广益；另一方面在制订汽车营销策划方案时，一定要树立"以消费者为中心"的市场营销理念，要将企业的营销行为与消费者的利益紧密结合，孤立地站在企业立场上制订的营销策划方案在实践中是不可能获得成功的。

四、汽车营销策划的程序

为了保证汽车营销策划工作的顺利进行，汽车营销策划方案应该按照一定的程序或步骤来制订与实施，其制订与实施的全过程大致分为3个阶段、8个步骤。3个阶段即汽车营销策划的前期准备阶段、方案制订阶段和实施评估阶段，8个步骤分别归于这3个阶段。在一般情况下，汽车营销策划可以参照图1-2的程序来进行。

1. 汽车营销策划的前期准备阶段

汽车营销策划的前期准备阶段主要包括开展市场调查和进行综合分析两个步骤。

（1）开展市场调研　营销策划的前期准备是否充分，决定了营销策划方案的质量好坏和营销策划进程是否顺利。首先要针对企业所处的市场营销环境进行调研，包括对当地的市

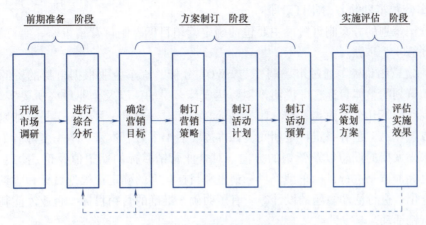

图 1-2 汽车营销策划的程序

场经济状况、竞争对手情况、目标客户群体情况等进行调查,这是制订汽车营销方案非常重要的一环。其次是资料收集,包括对现状资料的收集和对历史资料的收集。市场调研主要针对汽车行为分析、购车者的心理分析、购车者购买的关注因素分析、企业资源的能力分析(如信贷能力、品牌代理能力、营销费用、人力资源、客户满意度、销售能力、分销能力)等。

1)汽车市场营销宏观环境分析。宏观环境对市场营销十分重要,在宏观环境下的市场需求是企业发展的基本条件。宏观环境的状况和变化对汽车企业有着重大的影响,只有研究分析透彻了,才可能寻找到商机,规避其风险,否则将陷入十分被动、盲目的局面。汽车市场营销宏观环境主要包括政治法律环境、经济环境、社会文化环境、人口环境和科技环境等方面。一般来说,企业对宏观环境因素只能适应,不能改变。

宏观环境因素对企业的营销活动具有强制性、不确定性和不可控性。

2)汽车市场营销微观环境分析。汽车企业不仅要注意汽车市场营销宏观环境的变化,还要了解汽车市场营销活动的所有微观环境因素,这些因素都会对汽车市场营销目标的实现产生影响。因此,一个汽车企业能否成功地开展市场营销活动,不仅取决于能否适应宏观环境的变化,而且取决于能否适应和影响微观环境的变化。

汽车市场营销的微观环境通常指制造商、供应商、竞争者、经销商、消费者和公众6个因素。它们之间的关系如图 1-3 所示。

(2)综合分析、界定问题 任何一个策划的产生,无不针对企业组织的某个问题或某个特定的目标。因此,策划的首要任务是明确策划目标,而目标的确定往往以问题为出发点,只有把问题界定清楚之后,才能设定出准确的营销目标。所以界定问题是整个营销策划活动的第一步,是策划的开端。在对前述所收集到的所有基础数据进行深刻分析的基础上,对数据分析结果进行总结,提供确实有效而且规范的文本和图表资料,结合对企业营销环境的 SWOT 分析,界定营销策划的问题,即明确本次营销策划要解决的问题是什么、问题的核心是什么、问题的要害是什么、问题的影响程度、重要程度等。

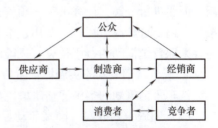

图 1-3 汽车市场营销微观环境因素

2. 汽车营销策划的方案制订阶段

汽车营销策划的方案制订阶段主要包括确定营销目标、制订营销策略、制订活动计划、制订活动预算4个步骤。

（1）**确定营销目标** 通过市场调查与SWOT分析，汽车企业根据自身的资源组合，确定进行营销策划的整体目标，即说明策划要达成什么目的，以及企业最终所要实现的目标。其特征体现在以下几个方面：一是具体，目标必须针对一个单一目的；二是可加以评估，结果必须予以量化；三是有一定特定期间，如本周、后半个月、本月、本季度等。工作内容包括：确定未来发展的设想以及营销的方向；对企业营销目标的期望值及论述；进行市场细分，寻找目标群体；进行目标车型、目标销量和目标集客的确定；根据目标和背景分析进行策划活动定位；进行活动主题的设计等。有了明确、准确的营销目标，企业才能制订策划方案和开展营销活动。

（2）**制订营销策略** 它是汽车营销策划的关键步骤，它决定了营销策划的成功与否、质量高低。制订营销策略在本质上是一种运用脑力的理性行为，是在已知目标、分析结果和资料的基础上经过从构思、分解、归纳、判断，一直到拟定策略、方案的过程。在设计营销策略时，市场专员需制订出营销组合策略，包括汽车定价策略、广告策略、促销策略、公共关系策略和异业联盟等内容，从而使活动能够达到活动目标及最佳效果。

（3）**制订活动计划** 营销策划人员应根据整体策划方案的要求，落实时间、项目、人力和物力等资源，明确规定由何人、在何时、以何种方式将营销策划方案中的各个营销活动项目付诸实施，并进一步将营销策划方案的各项任务和内容制订成营销活动计划，标明营销活动的项目、范围、费用、责任人和完成的日期，使策划的每一个活动项目的步骤、措施或行动方案都一目了然，以便有效地实施营销策划。

扫一扫

如何制订活动预算

（4）**制订活动预算** 预算是汽车营销方案中的重要部分，主要包括人员费用、场地费用、物料费用、宣传费用、礼包费用和特色活动费用等。预算应根据方案设计的内容来测算，活动预算实际上与前面的目标和营销策略制订是有紧密联系的，不能把两者割裂开来。同时，往往活动的预算是有限、固定的，所以需要本着实事求是的精神精打细算，把钱用在刀刃上，不得借故浪费和滥用。对于费用预算不能只有一个笼统的总金额，而要进行分解，计算出每一项营销活动的费用。例如在计算宣传费用时，除了列出总金额外，还要分解成电视广告费用、电台广告费用、平面广告费用和网络广告费用等。此外，还要采取营销活动的费用预算、风险防范等措施。

3. 汽车营销策划的实施评估阶段

汽车营销策划的实施评估阶段主要包括实施策划方案和评估实施效果两个步骤。

（1）**实施策划方案** 许多活动尽管有巧妙的构思和设计，却由于活动的组织与执行出现偏差而失败。所以为了使策划人员的构思得以实现，就必须做到以下几点：

1）对营销管理工作的各个细节分别给予仔细筹划。

2）做出具体的行动安排。

3）对有关部门人员进行活动的培训。

4）在整个活动中加强控制和监督。

对每一项汽车营销工作都应确定实施和控制计划。实施和控制计划必须包括汽车营销活动前的控制、汽车营销活动的现场控制和汽车营销活动后延续时间的控制。

（2）评估实施效果　这一步骤主要有两个目的：一是企业本次营销活动是否完成了营销目标，二是本次营销活动存在什么问题。一般从以下几个方面进行综合评定：

1）活动目标的达成。将活动中收集到的数据与促销活动前设定的数据进行比较，得出实际的效果，例如吸引了多少新客户、市场份额增减如何、预算实际使用如何等。

2）活动对销售的影响。评价活动对销售的影响有两种方法：一是纵向对比法，即将活动前、活动中、活动后的销量进行比较，扣除季节等因素的自然增长率，得出活动实际对销量的帮助有多大；二是横向对比法，即选择市场份额、品牌地位相当的竞争车型做同期销量对比。

3）活动利润的评估。活动利润的评估主要是将活动的开支和预算相比，检查费用的使用情况，并根据实际销量增长数得出活动的实际成本。

4）改变客户的态度。通过评价活动，改变客户对品牌的态度。

项目二

汽车营销活动市场调研

任务一　汽车市场调研概述

 任务目标

知识目标	技能目标	素养目标
1. 掌握汽车市场调研的内容和作用。 2. 掌握汽车市场调研的流程步骤。	1. 具备设计汽车市场调研步骤的能力。 2. 具备依据汽车市场调研步骤开展调研活动的能力。	培养学生分析和解决问题的能力，以便能较好地适应今后工作的需要。

 建议学时

2 学时。

 相关知识

一、汽车市场调研概述

1. 汽车市场调研基本概念

营销策划面对的是市场，而市场是不断变化着的，汽车企业要想能够在变化的市场中取得优异的效果就必须通过对市场的调研掌握市场的发展趋势，从中寻找营销的机会。

汽车市场调研是指用科学的方法，有目的、系统地搜集、记录、整理和分析汽车市场的相关情况，了解汽车市场的现状、本质及其发展趋势，为汽车相关企业的决策者制订政策、进行市场预测、做出经营决策、制订计划提供客观、正确的依据。

汽车市场调研是对汽车用户及其购买力、购买对象、购买习惯、未来购买动向和竞争者情况等做全面的或局部了解，从而掌握汽车市场现状及其发展趋势的一种经营活动。

2. 汽车市场调研内容

汽车市场调研涉及营销活动的各个方面，从汽车市场调研的核心出发，可以把调研的主要内容概括为以下几个方面。

(1) 汽车市场环境调研　汽车市场环境主要是指宏观环境,它是影响企业及其市场营销活动的重要因素,同时会对需求等其他方面产生影响。汽车市场环境的主要内容包括经济环境、政治法律环境、人口环境、社会文化环境、科学环境和自然地理环境等。具体的调研内容可以是市场的人口数量,购买力水平,经济发展水平,汽车方面的政治方针、政策和法律法规,社会风俗习惯,科技发展动态,地理气候等各种影响市场营销的因素。

(2) 汽车市场需求调研　汽车市场需求调研是调研活动的核心内容之一,其目的是了解汽车市场的需求量和客户需求情况;主要内容是客户调研分析、市场需求及其变化、市场需求倾向及其变化、消费心理及其变化、消费结构及其变化和消费者购买行为等。例如近年来人们对小型 SUV 的需求激增明显,各大汽车生产企业都推出城市 SUV,如宝骏 510、长城 M4、江淮 S3、吉利博越等均取得优异的市场反应。

汽车市场需求调研还包括市场消费者需求量调研,消费者收入调研,消费结构调研,消费者行为调研,消费者为什么购买、购买什么、购买数量、购买频率、购买时间、购买方式、购买习惯、购买偏好和购买后的评价等。

(3) 汽车市场竞争调研　汽车市场竞争调研主要包括对竞争企业的调研和分析,了解同类企业的产品、价格等方面的情况,及采取了什么竞争手段和策略,做到知己知彼,通过调研帮助企业确定竞争策略。具体来说,需要对竞争对手的营销组合、产品的市场占有率和企业实力等内容进行调研。竞争对手主要是指经营同类车辆,并以同一地区为经营地域的汽车销售企业。同时,企业与经营同类车型的汽车销售企业也是一种竞争关系。一般来说,需要了解竞争对手以下 5 个方面的情况:

1) 谁是竞争对手。
2) 他们的战略是什么。
3) 他们的目标是什么。
4) 他们的优势和劣势是什么。
5) 他们的反应模式是什么。

(4) 汽车营销组合因素调研　汽车营销组合因素调研主要是 4P 策略的调研,包括产品调研、价格调研、分销渠道调研和促销活动调研等。

产品调研内容主要有了解市场上新产品开发的情况、设计的情况、消费者使用的情况、消费者的评价、产品生命周期阶段、产品的组合情况等。价格调研内容主要有了解消费者对价格的接受情况、对价格策略的反应等。分销渠道调研内容主要包括了解渠道的结构、中间商的情况、消费者对中间商的满意情况等。促销活动调研内容主要包括各种促销活动的效果,如广告实施的效果、人员推销的效果、营业推广的效果和对外宣传的市场反应等。

汽车营销调研策划的内容如图 2-1 所示。

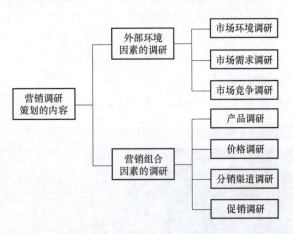

图 2-1　汽车营销调研策划的内容

3. 汽车市场调研的作用

（1）**有利于制订科学的营销规划**　企业可通过市场调研了解汽车市场、分析汽车市场，然后根据汽车市场需求及其变化、汽车市场规模与竞争格局、消费者意见与购买行为、营销环境的基本特征等内容科学地制订和调整企业营销规划。

（2）**有利于开拓新的市场**　企业可通过市场调研发现消费者尚未满足的需求并衡量市场上现有产品及营销策略满足消费需求的程度，从而不断开拓新的市场。营销环境的变化，往往会影响和改变消费者的购买动机和购买行为，给企业带来新的机会和挑战。企业可据此确定和调整发展方向。

（3）**有利于优化营销组合，提升竞争力**　企业根据市场调研的结果分析、研究产品的生命周期，开发新产品，并制订产品在生命周期各阶段的营销组合策略。例如根据消费者对现有产品的接受程度和对产品及服务的偏好来改进现有产品，研究新的产品创意、开发和设计；测试消费者对产品价格变动的反应，分析竞争者的价格策略，确定合适的价格；尽量减少不必要的中间环节，节约储运费用，降低销售成本，提高产品竞争力。

4. 汽车市场调研分类

（1）**按照调研目的的不同分类**　按照调研目的的不同，市场调研可以分为探索性调研、描述性调研和因果性调研。

1）探测性调研是最不正式的研究，经常在项目的开始阶段进行。当调研人员不太了解所要调研的问题，需要更多的额外信息，或是需要了解最新信息时，通常会进行探索性调研，其往往是用于获取背景资料、定义关键术语、更精确地定义研究的问题和帮助提出假设。但在一项想要了解消费者对某汽车满意程度的调研上就没有必要涉及探测性调研。

2）描述性调研是指描述一些事物，通常指描述市场的功能或特征。描述性调研可以满足一系列的调研目标，如描述某类群体的特点；决定不同消费者群体之间在需要、态度、行为、意见等方面的差异；识别行业的市场份额和市场潜力等。例如，某汽车经销商从描述性调研中了解到该店的客户中57%是年龄35~45岁的妇女，并带着家人、朋友一起来。这种描述性调研提供了一个重要信息，它使该经销商直接针对妇女开展促销活动。

3）因果性调研的目的是确定关联现象或变量之间的因果关系，了解原因与结果之间的数量关系。在因果性调研过程中，实验法是一种主要的方法。例如，某汽车销售厂商想要测量销售人员的态度和表现对汽车销售的影响，设计了一个因果调研：在某地区经销店中选出两组不同的汽车经销商进行比较，在其中一个经销商中安排了经过培训的销售人员，而另一个经销商的销售人员没有经过培训。半年以后，通过两个经销商销售量的比较，就大体判断出销售人员对汽车销售的影响。这3类营销调研策划比较见表2-1。

表2-1　3类营销调研策划比较

项目	探测性调研策划	描述性调研策划	因果性调研策划
调研目的	发现存在的是什么问题	明确存在的问题是什么状况	发现问题产生的原因
适用方法	观察法	询问法	试验法
适用阶段	初步调研	正式调研	追踪调研与深入调研

(2) 按照调研对象的数量分类　按照调研对象的数量分类，市场调研可以分为全面普查、重点调研和抽样调研。

1）全面普查是指对调研对象总体包含的全部个体都进行调研。可以说，它是对市场进行全面普查，可能获得非常全面的数据，能正确反映客观实际，效果明显。由于全面普查工作量很大，要耗费大量人力、物力、财力，调研周期较长，一般只在较小范围内采用。当然，有些资料可以借用国家权威机关普查结果，如可以借用全国人口普查得到的有关数据资料等。

2）重点调研是以总体中有代表性的单位或消费者作为调研对象，进而推断出一般结论。采用这种调研方式，由于被调研的对象数目不多，企业可以用较少的人力、物力、财力在很短时期内完成。

3）抽样调研是指从研究对象的总体中抽取一部分个体作为样本进行调研，据此推断有关总体的数字特征。按照所有调研对象中每个调研对象被抽取的概率是否相等，可将抽样分为随机抽样和非随机抽样。

① 随机抽样。随机抽样是指在调研对象总体中按随机原则抽取一定数目的调研对象作为样本进行调研，以其结果推断对象总体的一种抽样调研方式。采用随机抽样调研时，总体中每一个调研对象都有被选作样本的机会。通常，随机抽样会用于因果性资料和描述性资料的收集。

② 非随机抽样。非随机抽样是指按照调研者主观设定的某个标准抽取一定数目的调研对象进行调研，并不是每一个调研对象都有机会被选为样本。非随机抽样因代表性差，一般只用于探索性资料的收集。

(3) 按照接触对象的方式分类　按照接触对象的方式分类，市场调研可以分为直接调研和间接调研。

1）直接调研是与被调研对象面对面地进行调研的方法，主要包括：现场调研法，是调研中最常用到的一种方法，它可以提供给调研人员高质量资料；专家访谈法，用于在调研中向相关的专业人士打探情况，了解基础资料或解决复杂的问题。

2）间接调研是通过媒介与被调研者进行的调研方法，主要包括：网络调研法，是一种随着信息技术发展产生的快速、方便的数据收集方法；电话调研法，是最常用的一种调研方法，有一定的局限性；问卷调研法，可以辅助调研人员进行较为专业的调研。

(4) 按照调研性质的不同分类　按照调研性质的不同分类，市场调研可以分为定性调研和定量调研。

1）定性调研是利用小的典型性样本进行深度、非正规的访谈，以进一步弄清问题，发掘内涵，为随后的正规调研做准备的调研方法，包括焦点小组访谈法、专家访谈法、案例研究法和投影法。

2）定量调研包括询问调研法、观察法以及实验法。

二、汽车市场调研过程

汽车市场调研是一项复杂而细致的工作，为了使整个调研工作有节奏、高效率地进行，取得良好的预期效果，调研过程必须按照一定的程序进行。汽车市场调研的程序全过程可划分为3个阶段：调研准备阶段、调研实施阶段和调研结果处理阶段。每个阶段可分为若干具体步骤，如图2-2所示。

1. 调研准备阶段

准备阶段是调研工作的开端，准备的充分与否会直接影响实际调研工作的开展及调研结果的质量，正如人们常说的：良好的开端等于成功的一半。准备阶段主要解决调研目的、要求、范围及调研力量的组织问题，并在此基础上制订一个切实可行的调研计划。这个阶段的工作步骤大体如下。

（1）**明确调研目标** 在市场调研之初首先要明确：为什么要进行这次调研，通过调研了解哪些情况，调研结果有什么具体用途等。调研人员首先应搜集企业内部和外部的有关信息资料，进行初步情况分析。初步分析的目的是帮助调研人员探索问题和认识问题，从中发现因果关系。因此，资料搜集不必过于详细，只重点搜集对研究问题有参考

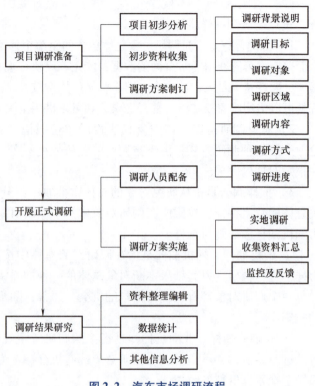

图 2-2 汽车市场调研流程

价值的资料就可以了。调研人员也可以通过非正式调研主动去访问专家，或是召集企业内部有关人员座谈，并向精通本问题的人员（如销售负责人、推销人员、批发商等）和客户征求意见，了解他们对问题的看法和评价。经过初步情况分析和非正式调研，调研人员就能明确问题，有针对性地提出一个或几个调研课题。经验证明，市场调研人员设想的市场调研，开始往往涉及面很宽，提出的问题也比较笼统，在进行一步步深入研究之后，才能排除那些与调研关系不大的设想范围，从而使调研目标更加集中。

（2）**拟订调研项目，确定调研方法** 在确定调研的主题以后，接下来就要决定搜集资料的来源和方法。

调研项目是指取得资料的项目，它表明调研应该搜集哪些方面的信息资料。搜集资料的目的是应用，因此资料搜集工作要有针对性、有计划地进行。搜集资料时，要注意保持资料的系统性、完整性与连贯性，还应注意及时搜集有关调研问题的发展动向和趋势的情报资料，只有这样才能为市场营销决策提供可靠的依据。调研方法是指取得资料的方法，这包括在什么时间什么地点调研、调研对象如何选择、用什么方法调研以及一次性调研还是多次调研等。

（3）**调研表和抽样设计** 使用调研表或问卷是市场调研中最常采用的一种方法，它是被调研者回答问题的集合。设计调研表或问卷时，调研人员必须精心确定所提问题的内容、形式、措辞和次序，要符合简明、突出主题和便于统计分析的要求。在市场调研的实践中，企业更多的是采用抽样调研而非市场普查，因此在调研准备阶段需要进行抽样设计，即确定恰当的样本数目和抽样方法，使得抽选出来的样本能够真正代表总体。抽样方法一般分为两大类：随机抽样与非随机抽样。随机抽样是指对调研总体中每一个个体都给予平等的抽取机

会，排除了人为主观因素的选择。它可分为简单随机抽样、分层随机抽样、分群随机抽样等。非随机抽样是指调研总体中每一个个体不具有被平等抽取的机会，而是根据一定主观标准来抽选样本。它可分为任意抽样、判断抽样、配额抽样和等距抽样等。

（4）制订调研计划　调研计划是市场调研的行动纲领，它主要包括以下内容：调研活动分为哪几个步骤进行，调研人力的安排及如何组织分工，整个调研工作的时间和进度，调研费用预算等。

2. 调研实施阶段

调研实施阶段的主要任务就是组织、培训调研人员，按照调研计划的要求，运用合适的市场调研方法开展调研，系统地收集资料和数据。

3. 调研结果处理阶段

调研结果的处理是对调研资料的分析和总结。这个阶段的工作大体可分为以下 3 个步骤：

（1）资料的整理与分析　主要是对调研所得的资料进行编校、分类、统计、分析。编校就是对资料进行核对、校正，以达到去伪存真、消除错误和含糊不清的目的；分类就是将资料分门别类地编号收存；统计与分析就是运用数理统计方法把分析结果表达出来，并制成相应的统计图表，以便更直观地观察信息资料的特征。这个环节就是通过"去粗取精、去伪存真、由此及彼、由表及里"的整理分析过程，得出合乎客观发展规律的结论。

（2）编写市场调研报告　凡是进行特定目的的调研，都必须在结果处理阶段撰写调研报告，且必须遵循以下原则：报告的内容要紧扣主题；应该以客观的态度列举事实；文字简练；尽量使用图表来说明问题。市场调研报告要全面系统地反映调研内容。

（3）追踪与反馈　即通过市场实践活动，检验报告所反映的问题是否已解决，提出的建议是否可行、实用，效果如何，并总结市场调研的经验教训，不断提高工作能力。

任务二　汽车市场调研的执行

任务目标

知识目标	技能目标	素养目标
1. 能够根据汽车企业营销目标制订调研方案。 2. 掌握并运用汽车市场调研方法。 3. 对调研的数据资料进行分析总结并撰写调研报告。	1. 具备选择合适的调研方法进行市场调研工作的能力。 2. 具备根据汽车市场调研的内容和目标设计调查问卷的能力。	培养学习者实事求是、严谨认真的职业道德，培养团队合作意识，提升社会责任感和使命感。

建议学时

4 学时。

一、制订调研方案

形成汽车企业所需调研问题以后，应该根据调研的目的制订一个收集所需信息的有效调研方案。在制订调研方案时，要求制订出调研活动的目标、对象、区域、内容和范围、调研方法、调研工具、抽样方法、接触方法以及调研进度等。

1. 调研目标

调研目标是调研人员通过市场调研活动解决营销问题而要达到的目的，是调研项目进展的指导方针，是评价调研质量的标尺。因此，调研目标必须尽可能准确、具体并切实可行。为了保证调研结果的实用性和正确性，进行汽车营销调研策划时首先要确定问题与调研目标。按照汽车企业的不同需要，汽车营销调研的目标有所不同。一般情况下，汽车营销策划人员可采用框图法确定汽车营销调研目标，如图2-3所示。

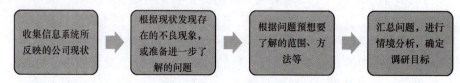

图2-3 框图法确定汽车营销调研目标流程

调研目标不宜太宽泛，也不宜太窄，需要注意以下事项：
1) 调研目标必须依据决策来设立，即以决策为导向确定调研目标。
2) 调研目标需要确保调研处于受控状态，并说明调研的原因。
3) 调研目标须书写清楚，以便他人参阅。
4) 目标应保持稳定，数量应受到限制，对目标的对象应特别说明。

应用案例

某汽车4S店如何确定调研目标

某汽车4S店近来销售形势不好，销售量大幅下降。市场策划专员需要通过调研进一步了解原因，此时的调研目的是确定引起企业销售下降的原因是什么。如果企业已经了解到主要原因是竞争对手车型促销降价造成的，此时研究目的则是寻求策略，以解决竞争车型降价造成本企业汽车产品销售滑坡的问题。可以设计的调研目标有：
1) 获得消费者对本企业汽车产品的态度和服务改进的意见。
2) 找出本企业产品或服务与竞争对手的不同特点。
3) 测定消费者愿意接受的汽车产品价格范围。

2. 调研对象和区域

调研对象和区域是由调研目标和任务决定的调研范围，以及所有个别单位构成的总体。它是由具有某些相同性质的许多调研单位所组成的调研单位，是调研对象中的个体及调研对象中的每一个具体单位，它也是调研登记的各个调研项目的承担者。在确定了调研目标之后就要确定调研对象，这主要是为了解决向谁调研和由谁来具体提供资料的问题。调研前必须以科学的理论为指导严格规定调研对象的含义，对调研对象的特征进行准确描述，并指出它与其他相近事物的区别，以免由于界限不清而造成调研的差错。

3. 调研内容

根据调研的目标确定调研的主要内容，规定所需获取的信息，列出主要的调研问题和相关的理论假设，明确调研的具体信息内容和数量。

4. 调研方法与方针

市场调研方法的选择应考虑调研资料收集的难易程度、调研对象的特点、数据取得的源头、数据的质量要求等。具体包括确定所采用的抽样方案的主要内容和步骤、样本量的大小和可能的精度、采取何种调研质量控制的方法、数据收集的方法及调研的方式、问卷的形式以及问卷设计方面的有关考虑、数据处理和分析的方法等。

5. 调研进度和经费预算

详细列出完成每一个步骤所需的天数以及起始终止时间，计划要稍稍留个余地，但也不能把时间拖得太长；详细列出每一项大致所需的费用，通过认真估算，实事求是地给出每项预算和累计的总预算。一般调研费用项目包括：资料收集、复印费；问卷设计、印刷费；实地调研劳务费；数据输入、统计劳务费；计算机数据处理费；报告撰稿费；打印装订费；组织管理费；税收；利润；等等。具体见表2-2。根据若干市场调研案例可以总结出一般的经费预算比例，即策划费占20%、访问费占40%、统计费占30%、报告费占10%。若接受委托代理的市场调研，则需加上占全部经费20%~30%的服务费，作为税款、营业开支及代理公司应得的利润。

表2-2 市场调研费用预算

费用项目	预算金额	备注
调研人员培训费		
二手资料收集费		
问卷设计、印刷、装订费		
实地调研费		
数据处理、统计费		
调研报告撰写费		
其他费用		
费用合计		

二、确定调研方法

市场调研方法分为文案调研法和实地调研法两种。一般来说，文案调研法是实地调研法的基础和前道工序，实地调研法是文案调研法的补充和深化。

1. 文案调研法

文案调研法又称为二手资料调研或文献调研，它是指查询、阅读和记录可以获得的（通常是已经出版的）与研究项目有关的资料的过程。信息资料主要来源于汽车企业内部各部门，如档案部门、资料室等；汽车企业外部，如图书馆、档案馆、政府机构、国际组织、新闻出版部门等；行业组织与其他汽车企业等。

目前，网络已经成为一种重要的信息检索途径。在网络上检索信息，主要是通过搜索引擎（表2-3）、门户网站和专业数据库来收集。

表 2-3　主要搜索引擎一览

搜索引擎名称	网址	搜索引擎名称	网址
新浪	http://search.sina.com.cn	百度	http://www.baidu.com
网易	http://search.163.com	谷歌	http://www.google.com
搜狗	http://www.sogou.com	360搜索	https://hao.360.cn/

2. 实地调研法

实地调研法又称为一手资料调研或原始资料调研，它是指调研者为了某一特定目的收集某地区当前即时原始资料的过程。实地调研法包括询问调研法、观察调研法、实验调研法。3 种方法的优缺点比较见表 2-4。

表 2-4　3 种调研方法比较

项目	询问调研法	观察调研法	试验调研法
优点	调研方法灵活、方便；调研问题全面、深入	调研方法直接、有效；调研结果客观、准确、实用	验证因果关系；发现内在规律
缺点	周期长、组织难度大	重于表象、缺乏深度	时间长、费用大

（1）询问调研　询问调研包括直接询问和间接询问。直接询问即直接向被调研者提出问题；间接询问是迂回地向被调研者询问。有时，通过间接询问能了解到被调研者不愿意说明的真实原因。询问法是收集原始资料最主要的方法，可分为面谈、电话询问、问卷调研、走访调研等多种形式进行。各种形式有各自的优缺点，调研者可根据具体情况选择使用。一般来说，面谈灵活性强，资料可信度和回收率高，调研效果好，但是有时间和经济成本较高、速度较慢等缺点。

1）问卷调研。问卷调研分为现场问卷、邮寄问卷、留置问卷、网络问卷 4 种形式。

邮寄问卷调研法是将调研问卷邮寄给被调研者，由被调研者根据调研问卷的填写要求填写好后寄回的一种调研方法。

留置问卷调研法是当面将调研表交给被调研者，说明调研意图和要求，由被调研者自行填写回答，再由调研者按约定日期收回的一种调研方法。

2）面谈调研。面谈调研是调研人员与被调研者面对面地询问有关问题，从而取得第一手资料的一种调研方法。这种方法具有回收率高、信息真实性强、搜集资料全面的优点，但是费用高，调研结果易受调研人员业务水平和态度的影响。

这种方法根据被访问对象人数的多少可分为个人访问和集体座谈两种形式；按照访问地点和形式可分为入户访问和拦截访问两种形式。

入户访问是指调研员到被调研者的家中或工作单位进行访问，直接与被调研者面对面地交谈。入户访问一定要选好访问时间，以确定被调研者在家或单位中，同时调研员要具备较高的人际交往能力，要让对方相信自己，否则，可能被拒之门外。即使出现个别被调研者不支持调研工作的情况，调研员也应尽可能说服对方或改时间再访。

拦截访问是指调研员在选定的街道上或区域，按照一定的程序和要求，随机地选择符合条件的过往人员进行访问。拦截访问的问卷必须是简短易答的。拦截访问主要有两种方式：第一种方式是经过培训的访问员在事先选定的若干个地点，如商场、公园、休闲广场等，按照一定的程序和要求选取访问对象，征得其同意后，在现场按照问卷进行简短的面访调研；第二种方式也称为中心地调研或厅堂测试，是根据研究的要求，按照一定的程序，在事先选定的若干场所的附近拦截访问对象，征得其同意后，将其带到专用的房间或厅堂内进行面访调研，这种方式常用于需要进行实物显示的或特别要求有现场控制的探索性研究，或需要进行实验的因果关系调研。

3）电话调研。电话调研就是选取一个被调研者的样本，然后拨通电话询问一系列的问题。调研员根据一份问卷和一张答案纸，在访问过程中记录下答案。调研员集中在某个场所在固定的时间内开始面访工作，现场有督导人员进行管理。调研员都是经过专门训练的，可以是调研企业自己的员工，也可以外包给专业的电话调研公司。

> **小知识**
>
> 电话调研的优点是取得市场信息的速度较快；节省调研费用和时间；调研的覆盖面较广；可以访问到一些不易见到面的被调研者，如某些名人等。
>
> 电话调研的缺点是被调研者只限于有电话的地区和个人；电话提问受到时间的限制；被调研者可能因不了解调研的详尽、确切的意图而无法回答或无法正确回答；对于某些专业性较强的问题无法获得所需的调研资料；无法针对被调研者的性格特点控制其情绪。

（2）观察调研　观察调研通常称为观察法，是由调研员直接或通过仪器到现场有目的、有针对性地观察并记录被调研者的行为和心理，从而获取所需信息资料。采用观察法主要是为了获取那些被调研者不愿或不能够提供的信息。直接观察所得到的资料比较客观，实用性较强。

观察法不直接向被调研者提问，而是从旁观察被调研者的行动、反应和感受。其主要特点如下：

1）观察法所观察的内容是经过周密考虑的，不同于人们日常生活中的出门看看天气、到公园观赏风景等个人的兴趣行为，而是观察者根据某种需要，有目的、有计划地搜集市场资料、研究市场问题的过程。

2）观察法要求对被调研者进行系统、全面的观察。在实地观察前，应根据调研目的对观察项目和观察方式设计出具体的方案，尽可能避免或减少观察误差，防止以偏概全，提高调研资料的可靠性。因此，观察法对调研员有严格的要求。

3）观察法要求调研员在充分利用自己的感觉器官的同时，尽量运用科学的观察工具。人的感觉器官特别是眼睛，在实地观察中能获取大量的信息；而照相机、摄像机、望远镜、探测器等观察工具，不仅能提高人的观察能力，还能将观察结果记录下来，增加了资料的翔实性。

4）观察法的观察结果是当时正在发生的、处于自然状态下的市场现象。市场现象的自然状态是各种因素综合影响的结果，没有人为制造的假象。在这样的条件下取得的观察结果，可以客观真实地反映实际情况。

> **应用案例**
>
> ### 丰田汽车公司的观察调研
>
> 在20世纪90年代的时候,一位彬彬有礼的日本人没有选择在旅馆居住,却以学习英语为名,跑到一个美国家庭里居住。这位日本人除了学习以外,每天都在做笔记。美国人居家生活的各种细节,包括吃什么食物、看什么电视节目等,全在他的记录之列。3个月后,这个日本人离开了。此后不久,丰田汽车公司就推出了针对当时美国家庭需求而设计的价廉物美的旅行车,大受欢迎。该车的设计在每一个细节上都考虑了美国人的需要。例如,美国男士(特别是年轻人)喜爱喝玻璃瓶装饮料而非纸盒装的饮料,丰田汽车设计师就专门在车内设计了能冷藏并能安全放置玻璃瓶的柜子。直到该车在美国市场推出时,丰田公司才在报上刊登了他们对美国家庭的研究报告,并向那户人家致歉,同时表示感谢。

> **小知识**
>
> 观察法的优点是可以实际记录市场现象的发生,能够获得直接具体的生动材料,对市场现象的实际过程和当时的环境气氛都可以了解,这是其他方法不能比拟的。观察法不要求被调研者具有配合调研的语言表达能力或文字表达能力,因此适用性比较强。观察法还有资料可靠性高、简便易行、灵活性强等优点。
>
> 观察法的缺点是只能观察到人的外部行为,不能说明其内在动机。观察活动受时间和空间的限制,被调研者有时会受到一定程度的干扰而不完全处于自然状态等。总之,应用观察法须扬长避短,尽量减少观察误差。

(3) **实验调研** 实验调研是指在给定的条件下通过实验对比,对营销环境与营销活动过程中某些变量之间的因果关系及其发展变化进行观察分析。如通过对汽车新产品的试销收集市场信息,观察市场反应与企业营销组合要素之间的因果关系。这种方法的优点是方法科学,能够获得比较真实的信息资料,但这种方法也有其局限性,大规模的市场调研时难以控制变量,对实验结果的有效性有影响。另外,实验调研的费用较高。

实验调研的一般程序是:

1)以实验假设为起点设计实验方案。
2)选择实验对象和实验环境。
3)对实验对象进行前检测。
4)通过实验改变实验对象所处的社会环境。
5)对实验对象进行后检测。
6)通过对前检测和后检测的结果对比给出实验结论。

实验调研通过实验活动提供市场发展变化的资料,不是等待某市场现象发生了再去调研,而是积极主动地改变某种条件,来揭示或确立市场现象之间的相关关系。它不但可以说明是什么,而且可以说明为什么,还具有可重复性,因此其结论的说服力较强。实验调研对检验宏观管理的方针政策与微观管理的措施办法的正确性都是一种有效的方法。

实验调研在进行市场实验时,由于不可控因素较多,很难选择到有充分代表性的实验对象和实验环境。因此，实验结论往往带有一定的特殊性，实验结果的推广会受到一定的影响。实验调研还有花费时间较多、费用较高、实验过程不易控制、实验情况不易保密、竞争对手可能会有意干扰现场实验的结果等缺点。这些缺点使实验调研的应用有一些局限性，市场调研人员对此应给予充分的注意。

三、设计调研问卷

调研问卷也称为调研表，是一种以书面形式了解被调研对象的反应和看法，并以此获得资料和信息的载体。调研问卷能把采集信息的程式化问题进一步简洁明了化。问卷调研是市场调研中经常要用到的方式。

问卷设计是依据调研与预测的目的，列出所需了解的项目，并以一定的格式将其有序地排列，组合成调研问卷的活动过程。

应用案例

汽车销售调研问卷

您好，我是××汽车公司的市场调研人员，正在做一项关于"汽车销售"的调研问卷。您提供的信息对我们的进步和改善非常重要，希望您能帮助我们完成下面的问卷，谢谢您的合作！

（填写说明：请根据自己的情况在"□"内画"√"）

1. 您的性别是
□男　□女

2. 您的职业是
□学生　□企、事业单位职员　□个体经营　□公务员　□离退休人员　□自由职业者　□其他

3. 您的年龄是
□20岁以下　□20～25岁　□25～30岁　□30～40岁　□40岁以上

4. 您的家庭月平均收入是
□3000元以下　□3000～6000元　□6000～9000元　□9000元以上

5. 您购车最主要的用途是
□上班　□营运　□家用　□商务　□其他

6. 您在购车时最看重的是
□价格　□品牌　□外观　□油耗　□安全性　□售后服务　□动力性能　□操控性能　□其他

7. 您喜欢的车型是
□小型车　□中型车　□紧凑型　□豪华型　□SUV

8. 您了解汽车的方式是
□上网　□电视　□报纸　□广播　□朋友介绍　□车展　□其他

9. 如果您购车，会选择的价位是
□6万元以下　□6万～12万元　□12万～18万元　□18万～24万元　□24万元以上

10. 在您选择的这个价位下,您最倾向购买的汽车品牌是
□大众 □本田 □丰田 □日产 □别克 □现代 □马自达 □其他
11. 如果您购车,会考虑
□油价上涨 □国家政策 □环境污染 □其他
12. 您是否会选择环保车(如:使用氢气燃料、太阳能等)
□是 □否 □不确定
13. 如果您购车,您是否愿意购买二手车
□是 □否
14. 您会选择哪种排量的汽车
□1.6L以下 □1.8L □2.0L □2.4L □2.4L以上
再次感谢您的配合,祝您生活愉快!

1. 调研问卷的结构

调研问卷的结构一般包括前言、正文和结束语。

(1) 前言(说明语) 首先是问候语,并向被调研对象简要说明调研的宗旨、目的和对问题回答的要求等内容,引起被调研者的兴趣,同时消除他们回答问题的顾虑,并请求当事人予以协助。(如果是留滞调研,还应注明收回的时间)

例如:您好,谢谢您参加我们的汽车消费者调研!本次调研只需要占用您两分钟的时间。对于您能在百忙之中填写此问卷再次表示感谢!

(2) 正文 该部分是问卷的主体部分,主要包括被调研者信息、调研项目、调研者信息三部分。

被调研者信息,主要是了解被调研者的相关资料,以便对被调研者进行分类。被调研者信息一般包括被调研者的姓名、性别、年龄、职业、受教育程度等。这些内容可以帮助调研者了解不同年龄阶段、不同性别、不同文化程度的个体对待被调研事物的态度差异,在调研分析时能提供重要的参考作用,甚至能针对不同群体写出多篇有针对性的调研报告。

调研项目是调研问卷的核心内容,是组织单位将所要调研了解的内容具体化为一些问题和备选答案。

调研者信息用来证明调研作业的执行、完成和调研人员的责任等情况,并方便日后进行复查和修正。调研者信息一般包括调研者姓名、电话、调研时间、地点、与被调研者合作情况等。

(3) 结束语 在调研问卷最后,简短地向被调研者强调本次调研活动的重要性并再次表达谢意。

例如,为了保证调研结果的准确性,请您如实回答所有问题。您的回答对于我们得出正确的结论很重要,希望能得到您的配合和支持,谢谢!

2. 调研问卷设计原则

1) 客观性原则,即设计的问题必须符合客观实际情况。
2) 必要性原则,即必须围绕调研课题和研究假设设计最必要的问题。
3) 可能性原则,即必须符合被调研者回答问题的能力。凡是超越被调研者理解能力、

记忆能力、计算能力、回答能力的问题,都不应该提出。

4)自愿性原则,即必须考虑被调研者是否自愿真实回答问题。凡被调研者不可能自愿真实回答的问题,都不应该正面提出。

3. 问卷问题的设计

(1) **问题的种类** 问卷中要询问的问题,大体上可分为4类:

1)背景性问题,主要是被调研者个人的基本情况,它们是对问卷进行分析研究的重要依据。

2)客观性问题,是指已经发生和正在发生的各种事实和行为。

3)主观性问题,是指人们的思想、感情、态度、愿望等一切主要世界观状况方面的问题。

4)检验性问题,为检验回答是否真实、准确而设计的问题。这类问题一般安排在问卷的不同位置,通过互相检验来判断回答的真实性和准确性。

这4类问题中,背景性问题是任何问卷都不可缺少的,因为背景情况是对被调研者分类和不同类型被调研者进行对比研究的重要依据。

(2) **问题的结构** 问题的结构即问题的排列组合方式。它是问卷设计的一个重要问题。为了便于被调研者回答问题,同时便于调研者对资料进行整理和分析,设计的问题一般可采取以下几种方式排列:

1)按问题的性质或类别排列,而不要把性质或类别的问题混杂在一起。

2)按问题的复杂程度或困难程度排列。一般来说,应该先易后难,由浅入深;先客观事实方面的问题,后主观状况方面的问题;先一般性质的问题,后特殊性质的问题。特别是敏感性强、威胁性大的问题,更应安排在问卷的后面。

3)按问题的时间顺序排列。一般来说,应按调研事物的过去、现在、将来的历史顺序来排列问题。无论是由远到近还是由近及远,问题的排列在时间顺序上都应该有连续性、渐进性,而不应该来回跳跃,打乱被调研者回答问题的思路。

问题的排列要有逻辑性。在特殊情况下,也不排除对某些问题做非逻辑安排。检验性问题应分别设计在问卷的不同部位,否则就难以起到检验作用。

(3) **问卷提问的方式** 调研问卷提问的方式主要有以下两种:封闭式问题和开放式问题。其中,封闭式问题包括两项选择题、单项选择题、多项选择题等。开放式问题一般有完全自由式、语句完成式等。

1)开放式提问。开放式提问是指对调研的问题并不列出所有可能的答案,而是由被调研者自由作答。例如,您想买什么样的汽车?您对产品有何要求和建议?开放式提问的优点是被调研者可以比较自由地发表意见,内容比较丰富,甚至可以收集到意料之外的信息;缺点是受提问方式及被调研者本人表达能力的影响和限制,可能会答非所问,容易产生偏见。同时,由于被调研者提供答案的角度和方式各不相同,故会对信息资料的整理、分类造成困难。

2)封闭式提问。封闭式提问亦称限制式提问,是指针对调研问卷(表)中提出的问题,已经设计出各种可能的答案,被调研者只要从中选择一个或几个即可。其优点是填写方便而且规范,并且便于电子计算机汇总。但是也有可能不能触及被调研者最真实的想法。

① 两项选择题容易发问,也容易回答,便于统计调研结果。但被调研人在回答时不能

讲原因，也不能表达出意见的深度和广度，因此一般用于询问一些比较简单的问题。并且两项选择必须是客观存在的，不能是设计者凭空臆造的，需要注意其答案确实属于非 A 即 B 型，否则在分析研究时会导致主观偏差。

② 单项或多项选择题是对一个问题预先列出若干个答案，让被调研者从中选择一个或多个答案。

例如，影响您购买这款车的重要因素是（　　）。

A. 外观　　　　　B. 内饰　　　　　C. 品牌　　　　　D. 消费者口碑

这类题型问题明确，便于资料的分类整理。但由于被调研者的意见并不一定包含在拟定的答案中，因此有可能没有反映其真实意思。对于这类问题，可以采用添加一个灵活选项（如"其他"）的方法来避免。

③ 对于程度性问题，当涉及被调研者的态度、意见等有关心理活动方面的问题时，通常用表示程度的选项来加以判断和测定。

例如，通过试驾活动，您认为这款车的动力性（　　）。

A. 好　　　　　B. 较好　　　　　C. 差　　　　　D. 不了解

但这类问题的选项，不同的被调研者有可能对其程度理解不一致。因此，有时可以采用评分的方式来衡量或在题目中进行一定的说明。

（4）问卷设计中应注意的问题

1）要围绕调研目的来设定问题，并注意调研项目的可行性。可问可不问或过于敏感的项目，如有关个人收入和财产、关于政治态度等方面的问题如果不是十分必要，一般应尽量避免涉及。

2）尽量避免需要大量记忆的问题，否则即使得到答案也是很不可靠的。

3）问题应明确和精确，避免出现会产生歧义的问题。

4）避免逻辑错误，问题的备选答案应互相排斥并完全划分。

5）提问的排列顺序一般是先易后难、由浅入深，敏感的问题放在后面。即询问项目应按人们的思维习惯、逻辑顺序排列或按照被调研者的兴趣、问题的难易程度排列，使被调研者易于回答，有兴趣回答。

6）避免诱导性提问，问题应该客观，不应暗示答案。

7）问卷题目设计必须有针对性，对于不同层次的人群，应该在题目的选择上有的放矢。必须充分考虑调研人群的文化水平、年龄层次和协调合作的可能等。

四、组织实施汽车市场调研

1. 组织实施市场调研

（1）建立调研组织　　市场调研组织与实施是正式调研方案具体执行的过程，在实施市场调研之前，首先要组建调研团队，一个好的调研团队是后续调研活动的基础。

市场调研的组织结构可以分为组织内部的市场调研机构和委托的独立专业市场调研机构，组织内部的市场调研机构是企业或者组织内部的常设或临时组成的机构。二者各有所长，组织内部调研机构对本组织内的相关情况较为了解，在调研的时候能够做到应变自如；委托的专业的市场调研机构对市场调研的业务能力较强、经验丰富，能够很好地应对调研过程中遇到的各种问题。

（2）选择调研人员　在市场调研中，调研人员本身的基本素质、条件、责任心等都在很大程度上制约着市场调研作业的质量，影响着市场调研结果的准确件和可靠件。作为一名优秀的调研人员，应具有相应的知识、能力和技能：

1）具有责任感并对市场调研有兴趣。责任感在市场调研中尤其重要。缺乏责任感的人即使工作能力很强、专业水平很高也很难把事情做好。个人的兴趣爱好对他所从事的工作也很重要，一个人对于他感兴趣的事情，会想方设法将它做好。

2）身心健康并能说好普通话。由于调研实施工作很辛苦，所以调研人员要具有完成任务的体力和耐力。普通话一般人都听得懂，在一般情况下，尽量选择普通话标准的人作为市场调研人员，同时要具体情况具体分析。

3）开朗、会交流，具有交际能力。在市场调研的过程中，调研人员总是在跟陌生人打交道，相互之间不了解，要想获得对方的合作很难，所以交际能力显得非常重要。调研人员应该具有开朗的性格，这样才能主动与陌生人交流，与被调研者之间建立友善的关系。

4）具有良好的思想品德素质。调研人员应该具有强烈的社会责任感和事业心，及时了解国家相关政策、法律法规的变化；具备良好的职业素养，在调研工作中能够实事求是、公正无私，绝不能只为完成任务而敷衍了事；在调研工作中要认真细致，要具有敏锐的观察力，不放过任何有价值的资料，也不能混入虚假的资料，对有疑点的资料应不怕辛苦反复核对。

（3）培训调研人员　不同的市场调研项目，在访问方式、访问内容上会有所不同。所以，在调研实施前的培训阶段，调研公司的有关人员要对调研人员进行调研项目操作的指导和培训。

调研项目操作的指导和培训主要包括以下几方面内容：

1）向调研人员解释问卷中的问题。一般是让调研人员先看问卷和问卷须知。针对调研人员不清楚的地方给予解释。

2）统一问卷填写方法。为了调研数据录入的方便，规范作答的统一方式和方法。

3）分派任务。制订每个调研人员调研的地域、时间和调研的对象。

4）访问准备。告诉调研人员在调研前所需携带的物品，如问卷、受访者名单、手机、答案卡片、介绍信、个人的身份证明以及礼品等。

5）向调研人员说明会有一定的监督措施来检查和控制调研人员的调研质量。

2. 市场调研管理

（1）市场调研前准备

1）在调研之前利用各种渠道进行宣传，可以扩大活动影响，为调研活动的顺利开展提供便利。

2）与被调研者联系、预约有技巧。例如，进行社区调研的时候可以通过与该社区居委会的接触，了解被调研者的大致情况。

3）调研指导手册对于现场工作人员的工作指导具有不可忽视的作用。调研指导手册包括调研员手册和督导员手册。

4）作为督导员，需要先熟悉调研员手册，而后熟悉督导员手册。专门的督导员手册可为调研的管理提供指导。

5）必要的物品准备：①礼品；②测试用品；③使用工具，如记录笔、访问夹、手提袋

（装问卷及礼品）、手表（记录访问时间）等。

(2) 市场调研过程控制

1）监督调研方案的执行。调研工作计划是指为确保调研的顺利实施而拟定的具体工作安排，包括调研人员安排和培训、调研经费预算、调研进度日程等。调研工作计划直接关系着调研的质量和效益。调研人员的工作能力、职业态度、技术水平等会对调研结果产生重要影响，一般要求调研人员应具有较强的沟通能力、创造力和想象力；调研费用因调研种类和收集资料精确度的不同而有很大差异。调研组织者应事先编制调研经费预算，制订出各项费用标准，力争以最少的费用取得最好的调研效果；调研进度日程是指调研项目的期限和各阶段的工作安排，包括规定调研方案设计、问卷、抽样、人员培训、实地调研、数据录入、统计分析、报告撰写等的完成日期。为保证调研工作的顺利开展和按时完成，调研者可制订调研进度日程表，对调研任务加以具体规定和分配，并随时对调研进程进行检查和控制。

2）审核调研问卷。在问卷的初稿完成后，调研者应该在小范围内进行试验性调研，了解问卷初稿中存在哪些问题，以便对问卷的内容、问题和答案、问题的次序进行检测和修正。试验调研的具体方法可以是这样：选择一些有代表性的调研对象进行询问，将问卷中存在的问题尽可能地表现出来，如问卷中的语言使用、问题的选项、问卷的长短等，然后依据试验调研的结果，看问卷中所有问题被调研者是否乐意回答或能够回答，哪些问题属于多余的，还有哪些不完善或遗漏的地方。若发现问题，应该立即进行修改。如果预先测试导致问卷内容发生了较大的变动，调研者可以进行第二轮测试，以使最后的定稿更加规范和完善。

3）审核抽样方法。抽样方法的选择取决于调研研究的目的、调研问题的性质以及调研经费和允许花费的时间等客观条件。调研人员应该在掌握各种类型和各种具体抽样方法的基础上，对拟选择的抽样方法进行验证。只有这样才能在各种环境特征和具体条件下及时选择最为合适的抽样方法，以确定每一个具体的调研对象，从而保证数据采集的科学性。

(3) 市场调研人员控制 市场调研人员所收集的被调研者的问卷是研究者重要的信息来源。但是，在实际中，由于各种原因，调研人员的问卷来源不一定真实可靠，这就要求对调研人员进行适当的监控，以保证调研问卷的质量。一般利用下列4种手段来判断调研人员访问的真实性，然后根据每个调研人员的任务完成质量，从经济上给予相应的奖励或惩罚。

1）现场监督。在调研人员进行现场调研时有督导人员跟随，以便随时进行监督并对不符合规定的行为进行指正。这种方法对于电话访谈、拦截访问、整群抽样调研比较适合。

2）审查问卷。对调研人员收集来的问卷进行检查，看问卷是否有质量问题，如是否有遗漏、答案之间是否前后矛盾、笔迹是否一样等。

3）电话回访。根据调研人员提供的电话号码，由督导人员或专职访问员进行电话回访。

4）实地复访。如果电话回访找不到有关的被访问者，可根据调研人员提供的真实地址，由督导人员或专职访问员进行实地复访。这种方法比电话回访真实可靠，但需要花费很多的时间和精力。

在电话回访和实地复访过程中，通常要根据以下几个方面来判断调研人员访问的真实性：一是电话能否打通或地址能否找到；二是家中是否有人接受访问；三是受调研的问题是否跟该调研吻合；四是调研时间是否跟问卷记录的时间相符；五是受访者所描述的调研人员形象是否与调研人员相符；六是访问过程是否按规定的程序和要求执行。

任务三　汽车市场调研分析

任务目标

知识目标	技能目标	素养目标
1. 掌握汽车营销环境分析的内容。 2. 掌握汽车消费者购买行为分析的方法。 3. 掌握汽车市场调研的分析方法。	1. 具备分析汽车市场环境内容的能力。 2. 具备分析汽车消费者行为5W1H 的能力。 3. 具备运用 SWOT 法分析汽车市场的能力。	1. 通过环境要素分析强化社会责任意识，培养学习者的民族自豪感。 2. 通过个人消费者行为分析，进行生活教育，启发学习者热爱生活。

建议学时

4 学时。

相关知识

一、汽车营销环境分析

汽车的市场营销活动是在不断发展和变化的环境下进行的，这个环境既对汽车市场产生影响，又对汽车营销造成制约。汽车营销环境是指那些对汽车企业的营销活动产生重要影响的全部因素。按照这些因素对企业营销活动的影响不同，汽车营销环境可以分为宏观环境和微观环境。

宏观环境是指那些对汽车企业营销活动产生重要影响而不为企业的营销职能所控制的全部因素，一般包括政治与法律环境、经济和市场环境、自然和人口环境等。一般来说，企业对大部分宏观环境因素只能适应，而不能改变。宏观环境对于企业的营销活动具有强制性、不确定性和可控性低等特点。

微观环境是指企业的内部因素和企业外部活动者等因素。内部因素是指那些对于企业来说是内在的、可以控制的环境因素。外部活动者主要包括供应商、竞争者、营销中介等。一般来说，企业对各种微观因素可以施加不同的影响。

1. 宏观环境

（1）政治与法律环境　政治与法律是影响企业营销活动的重要的宏观环境因素。政治等因素像一只有形之手，调节着企业营销活动的方向，法律因素规定了企业营销活动及其行为的准则。政治与法律相互联系，共同对企业的市场营销活动发挥影响和作用。

我国为了促进新能源汽车的研发和使用，出台了《关于继续开展新能源汽车推广应用工作的通知》，这一通知极大地激发了汽车生产企业开发新能源汽车的动力，但是在推广过程中也发现了很多企业套取补贴资金的问题。于是，相关部门于 2017 年出台了《关于 2016—2020 年新能源汽车推广应用财政支持政策的通知》，以强化监管并完善政策，法律政策不断影响着企业的营销活动和行为。

（2）**人口环境**　人口是市场的主要要素之一。人口数量直接决定着汽车市场的规模和潜在容量，人口的性别、年龄、民族、婚姻状况、职业、居住分布等也对市场格局产生着深刻影响，从而影响着企业的营销活动。企业应重视对人口环境的研究，密切关注人口特性及其发展动向，及时地调整营销策略以适应人口环境的变化。

（3）**经济环境**　经济环境是指影响企业市场营销方式与规模的经济因素，主要包括收入与支出水平、储蓄与信贷及经济发展水平等。收入与支出状况和经济发展水平等是经济环境的重要指标。对于汽车市场来说经济环境是重要因素，当居民的可支配收入增加时，汽车的消费会随之增加。

（4）**社会文化环境**　文化环境所蕴含的因素主要有社会阶层、家庭结构、风俗习惯、宗教信仰、价值观念、消费习俗、审美观念等。在企业面临的诸方面环境中，社会文化环境是较为特殊的：它不像其他环境因素那样显而易见与易于理解，却无时不在地深刻影响着企业的营销活动。例如，在很长一段时间内，人们对两厢车带有一定偏见，总认为轿车就应该像轿子一样，不能"少一截"。

（5）**自然环境与汽车使用环境**　自然环境是指影响社会生产的自然因素，主要包括自然资源和生态环境。汽车使用环境是指影响汽车使用的各种客观因素，一般包括气候、地理、车用燃油、道路交通、城市建设等因素。

（6）**科技环境**　科学技术是社会生产力新的且是最活跃的因素，作为汽车营销环境的一部分，科技环境不仅直接影响着汽车企业内部的生产和经营，同时与其他环境因素互相依赖、互相作用，尤其与经济环境、文化环境的关系更为紧密，如新技术革命，既给企业的市场营销创造了机会，同时也造成了威胁。例如，现阶段无人驾驶汽车、共享汽车、混动汽车等也都是技术不断发展带来汽车企业新的变化。

2. 微观环境

（1）**企业自身**　企业自身实力在很大程度上决定了企业的营销活动的开展。汽车企业是一个系统组织，内部一般设立研发、物流、生产、营销、质检、财务等部门，各个部门之间协调活动直接影响着整个营销活动。汽车企业的实力是支撑企业市场营销成功的物质基础，它往往以企业规模、生产能力和市场占有率等显性特征系列表现出来，为企业的生存和发展提供一片或大或小的空间。

近年来，我国汽车行业盛行集中、兼并、重组、联盟之风。市场主导者和市场挑战者即大型汽车企业越来越大；市场跟随者和市场补充者即中小型汽车企业越来越小，销声匿迹者也时有发生，取而代之的是年产汽车超百万辆的巨型汽车集团。

（2）**供应商**　供应商是指汽车企业从事汽车活动所需的各类资源和服务的供应者，包括为汽车企业提供所有汽车零部件和土地、房产的各类供应商，提供信贷资金的各类金融机构，以及在各类人才市场为企业提供人力资源的中介机构等。供应商的资源供应的保证程度直接影响汽车企业业务能力和交货期。资源供应的价格及其变动趋势影响汽车企业的成本。供应资源的质量水平直接影响汽车企业提供的服务质量。因此，汽车企业必须加强与供应商的互惠互利合作，建立彼此间的信任关系。

（3）**竞争者**　竞争者是指与本企业争夺服务市场和资源的对手，包括现有的汽车企业、从事同类产品与服务的所有企业及潜在的进入者。企业的营销活动是在竞争的包围和制约下进行的。因此，对竞争者做调研和分析并掌握其动向，是企业做出正确营销决策的重要条件和前提。

(4) **营销中介**　营销中介是指为企业融通资金、销售产品给最终购买者提供各种有利于营销服务的机构，包括中间商、实体分配公司、营销服务机构（调研公司、广告公司、咨询公司）、金融中介机构（银行、信托公司、保险公司）等。它们是企业进行营销活动不可缺少的中间环节，企业的营销活动需要它们的协助才能顺利进行，如生产集中和消费分散的矛盾需要中间商的分销予以解决，广告策划需要得到广告公司的合作等。

中间商是协助企业寻找消费者或直接与消费者进行交易的商业企业，包括代理中间商和经销中间商。代理中间商不拥有商品所有权，专门介绍客户或与客户洽商签订合同，包括代理商、经纪人和生产商代表。经销中间商购买商品并拥有商品所有权，主要包括批发商和零售商。

实体分配公司主要是指协助生产企业储存产品并将产品从原产地运往销售目的地的仓储物流公司。实体分配包括包装、运输、仓储、装卸、搬运、库存控制和订单处理等方面，基本功能是调节生产与消费之间的矛盾，弥合产销时空上的背离，提供商品的时间和空间效用，以利于适时、适地和适量地将商品供给消费者。

营销服务机构主要是指为生产企业提供市场调研、市场定位、促销产品、营销咨询等方面的营销服务，包括市场调研公司、广告公司、传媒机构及市场营销咨询公司等。

金融中介机构主要包括银行、信贷公司、保险公司以及其他对货物购销提供融资或保险的各种金融机构。企业的营销活动因贷款成本的上升或信贷来源的限制而受到严重的影响。

(5) **客户**　客户是企业产品销售的市场，是企业赖以生存和发展的"衣食父母"。企业市场营销的起点和终点都是满足客户的需要，汽车企业必须充分研究各种汽车用户的需要及其变化。一般来说，客户市场可分为5类：消费者市场、企业市场、经销商市场、政府市场和国际市场。消费者市场由个人和家庭组成，他们仅为自身消费而购买商品和服务。企业市场购买商品和服务是为了深加工或在生产过程中使用。经销商市场购买产品和服务是为了转卖，以获取利润。政府市场由政府机构组成，购买产品和服务用以服务公众，或作为救济物资发放。国际市场由其他国家的购买者组成。每个市场都有各自的特点，销售人员需要对此做出仔细分析。例如我国很多地方政府在采购汽车产品的时候大多保护所属地域企业，如采购公交车、警用车、公务用车等时。

(6) **公众**　公众是指对一个组织实现其营销目标的能力有现实或潜在影响的各种团体的总称。公众对企业的态度既有助于企业树立良好的形象，也可能给企业的形象带来不良影响。企业必须处理好与主要公众的关系，争取公众的支持和偏爱，为自己营造和谐、宽松的社会环境。企业面临的公众主要有融资公众、媒介公众、政府公众、社团公众、内部公众和一般公众等。

二、汽车消费者购买行为分析

汽车消费者购买行为是指人们为了满足生活生产需要购买汽车或者汽车行业服务时所表现出来的各种行为。对汽车消费者购买行为进行分析有利于汽车相关企业改进服务和产品，进行有针对性的营销活动。

1. 汽车消费者购买行为过程

消费者的购买决策过程在实际购买前就已经开始，而且延伸到实际购买以后。因此，企业和营销人员不要仅仅专注于"购买决策"阶段，还要调研研究和了解消费者购买决策过程的各个阶段。消费者购买决策过程包括 5 个阶段，如图 2-4 所示。

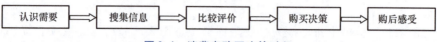

图 2-4　消费者购买决策过程

汽车消费者的购买行为是基于"汽车"这种特殊商品，为满足个人和组织的需要，由购买主体支出货币而取得商品或者服务的一种活动。它包含购买主体（Who）、购买对象（What）、购买原因（Why）、购买时间（When）、购买地点（Where）和购买方式（How），这个要素简称为"5W1H"，见表 2-5。

表 2-5　汽车消费者购买行为 5W1H 范例

项　目	内　容	5W1H	汽车购买行为范例
用车经历	品牌、车型	What	您以前都使用过哪些车呢
	当初选购理由	Why	您对某某车感觉怎样？哪些方面是您觉得比较好的
	不满意因素	Why	您对这款车有什么不满意的地方
购买愿望	对车辆造型、颜色、配置、预算的要求	What/How much	请教一下，您要选购什么价位的车呢？您喜欢什么款式的车呢
	主要用途、年行驶里程	Why	您购车是家用还是商用呢
	购车人、使用人、决策人	Who	您还需要参考家人的意见吗？这辆车谁开呢
	采用什么方式购买？对其他品牌车的了解程度	How	买车是大事，您现在都在参考哪些车型呢？你想全款买车还是贷款买车呢
	选购车时考虑的主要因素	What	车是耐用消费品，将来要长时间使用，不知您对您的座驾有哪些要求呢
购买时间	购车选择的时间	When	您什么时候要用到车呢
使用地方	购车使用范围	Where	您平常在哪里用车会多一些

2. 影响汽车消费者购买的因素

消费者购买行为取决于他们的需要和欲望，而人们的需要和欲望以及消费者习惯和行为是在许多因素的影响下形成的。这些因素主要有心理、个人、社会文化三大类，它们从不同的方面影响着消费者购买行为。

（1）心理因素　支配消费者行为的内在心理因素包括动机、感知、学习、信念和态度。

1）动机。人的行为受动机支配，而动机是由需要引起的，当一个人的需求增强到足够的强度时，就会成为动机，所以动机就是足以迫使人们去寻求满足的需要。消费者购买动机是多种多样的，从大的方面看，分为生理性动机和心理性动机。生理性动机是由先天的、生理的因素所引起的，为满足、维持、保持、延续和发展生命等需要而产生的各种购买动机；心理性动机主要是由后天的社会性或精神需要所引起的，为满足社会生活，进行社会生产和社会交往，在社会实践中实现自身价值需要而产生的各种购买动机。

具体来说，消费者购买动机主要有求实动机、求新动机、求美动机、求廉动机、求名动机、求同动机、惠顾动机等。在实际购买过程中，消费者的购买动机往往是以某种动机为主导的复合动机。

2）感知。感知是指个人通过感官对外界信息加以选择、组织和理解，从而对事物形成认知和了解的心理过程。一般包括以下 3 种过程：

①有选择地注意。一个人每时每刻都会面对许多信息刺激，但是不可能注意所有的信息，而只能有选择地注意某些特定的信息，即只注意与自己的主客观需要有关的事物和渴望的事物。

②有选择地曲解。消费者即使注意到刺激信息，也未必能如实反映客观事物，往往按照自己的先入之见和认知来曲解客观事物。

③有选择地记忆。人们会忘记已熟悉的信息，而只记得那些支持其看法和信念的信息。

3）学习。心理学家认为，消费者的购买行为不是先天具有的，而是受后天所获得的经验的影响而形成的。由于获得经验而引起的个人行为的变化，就是学习，表现为消费者在购买和使用商品的过程中逐步获得和积累经验，并根据经验调整购买行为的过程，直接影响消费者是否重复和扩大购买。

4）信念和态度。人们通过行动和学习会形成自己的信念和态度，信念和态度对人们的购买行为的影响是深远和持久的。

信念是指人们在思想上是否相信某事物。不同的信念可导致人们不同的态度和倾向。态度是指人们对事物的看法，即是否喜欢某种事物。信念和态度是密不可分的。消费者信念和态度一旦形成固化就难以改变。对企业肯定和有利的信念和态度来之不易，但一个微小的、偶然的事件却很容易摧毁企业长期努力才树立起来的良好形象，同时恢复形象将需要企业花费巨资。可见，信念和态度都是影响消费者购买行为的重要因素。

(2) 个人因素　购买者个人特征也是影响购买行为的重要因素。

1）年龄和性别。不同年龄的消费者，由于生活经历、习惯、爱好和兴趣等方面的差异，对商品有不同的需求和偏好；不同性别的消费者，无论在生理上还是在心理上都有明显的差异，这些差异不但导致了他们在需要和消费结构上的差异，而且导致了他们在购买行为方面的差别。即便是购买同样的商品，男女消费者也有其各自的特点。

2）家庭生命周期。家庭生命周期指的是一个家庭诞生、发展直至消亡的运动过程，它反映了家庭从形成到解体呈循环运动的变化规律。家庭随着家庭组织者的年龄增长，而表现出明显的阶段性，并随着家庭组织者的寿命终止而消亡。消费者的家庭状况因为年龄、婚姻状况、子女状况的不同，可以划分为不同的生命周期，在生命周期的不同阶段，消费者的行为呈现出不同的主流特性，见表 2-6。

表 2-6　家庭生命周期各阶段及主要特点

家庭生命周期阶段	年龄及家庭状态	购买行为特点
单身阶段	年轻、单身	几乎没有经济负担，消费观念紧跟潮流，注重娱乐产品和基本的生活必需品的消费
新婚夫妇	年轻夫妇，无子女	经济状况较好，具有比较大的需求量和比较强的购买力，耐用消费品的购买量高于处于家庭生命周期其他阶段的消费者
满巢期（Ⅰ）	年轻夫妇，有 6 岁以下幼儿	消费者往往需要购买住房和大量的生活必需品，常常感到购买力不足，对新产品感兴趣并且倾向于购买有广告的产品

(续)

家庭生命周期阶段	年龄及家庭状态	购买行为特点
满巢期（Ⅱ）	年轻夫妇，有 6 岁以上幼儿	一般经济状况较好但消费慎重，已经形成比较稳定的购买习惯，极少受广告的影响，倾向于购买大规格包装的产品
满巢期（Ⅲ）	年纪较大的夫妇，子女未独立	经济状况尚可，消费习惯稳定，可能购买富余的耐用消费品
空巢期（Ⅰ）	年纪较大仍在工作的夫妇，子女已分居	经济状况最好，可能购买娱乐品和奢侈品，对新产品不感兴趣，也很少受广告的影响
空巢期（Ⅱ）	年纪较大已退休的夫妇，子女已分居	收入大幅度减少，消费更趋谨慎，倾向于购买有益健康的产品
鳏寡期	年老、失去配偶	收入很少，消费量很小，主要需要医疗产品

3）经济状况。购买者的经济状况包括购买者的收入情况、储蓄和资产情况以及借贷能力。经济是基础，消费者的经济状况决定着其购买能力的大小，因此在很大程度上制约着消费者的购买行为和消费水平，影响着消费者对产品的选择。

4）个性。消费者个性是指一个人比较固定的性格特征。它是在个体生理素质基础上，经过外部环境作用逐步形成的行为特点。人的个性特征有许多类型，如外向与内向、自信与自卑、冒险与谨慎、独立与依赖、主动与被动、领导与追随、乐观与悲观等。直接与消费者个性相联系的购买风格有习惯型、理智型、经济型、冲动型、想象型和不定型等。消费者个性对品牌的选择和对新产品的接受态度有很大的影响。

(3) 社会文化因素

1）文化。一般是指人类在创造物质财富的过程中所积累的精神财富的总和。人们的风俗习惯、伦理道德、思想观念和思维方式都会受到文化的制约，因而文化直接影响和制约着人们的消费欲望和购买行为。

2）相关群体。相关群体是指能够直接或间接影响消费者购买行为的个人或集体，同时也指个人对群体认可，并采纳和接受群体成员的价值观念、态度和行为，主要有 3 种形式。

一是主要团体，包括家庭成员、亲朋好友、同学和同事。主要团体对消费者的购买行为产生直接和主要的影响。

二是次要团体，即消费者所参加的工会、职业协会等社会团体和业余组织。这些团体对消费者购买行为产生间接的影响。

三是期望群体。消费者虽不属于这一群体，但这一群体成员的态度、行为对消费者有着很大影响。

相关群体对消费者行为的影响表现在以下 3 个方面：

一是示范性，即相关消费群体消费行为和生活方式为消费者提供了可供选择的模式；二是仿效性，相关群体的消费行为引起人们的仿效欲望，影响人们对商品选择；三是一致性，即由仿效而消费行为趋于一致。相关群体对购买行为的影响程度视商品类型而定。

3）社会阶层。社会阶层是由具有相似的社会、经济地位、利益、价值取向和兴趣的人组成的群体。因此，不同社会阶层的人们的经济状况、价值观念、生活方式、消费特征和兴趣各不相同，他们对品牌、商店、闲暇活动、传播媒体都有着不同的偏好。

4）家庭。家庭对消费者个人影响很大。在消费者购买决策的影响因素中，家庭成员的影响作用是首位的。家庭权威中心理论把所有家庭分为 4 种：丈夫决策型、妻子决策型、协商决策型和自主决策型。

5）角色和地位。角色是指一个人在不同的群体中，担任不同的角色，具有不同的社会地位，因而有不同的需要，购买不同的产品。不同身份地位的人，在衣食住行等方面都有不同的需要，也有不同的消费行为。许多产品和品牌已经成为人们身份地位的标志。

三、汽车市场分析方法

SWOT 分析法在 20 世纪 80 年代初由美国旧金山大学的管理学教授韦里克提出，经常被用于企业战略制订、竞争对手分析、营销环境分析等场合。这种方法分析汽车企业的优势（Strengths）、劣势（Weaknesses）、机会（Opportunities）和威胁（Threats），实际上是将对企业内、外部条件各方面内容进行综合和概括，进而分析组织的优劣势、面临的机会和威胁的一种方法。SWOT 分析法可以帮助企业把资源和行动聚集在自己的强项和有最多机会的地方，并让企业的战略变得明朗。

优劣势分析主要着眼于企业自身的实力及其与竞争对手的比较，而机会和威胁分析将注意力放在外部环境的变化及对企业的可能影响上。在分析时，应把所有的内部因素（即优劣势）集中在一起，然后用外部的力量来对这些因素进行评估。

1. 机会与威胁分析

随着经济、科技等诸多方面的迅速发展，特别是世界经济全球化、一体化进程的加快，全球信息网络的建立和消费需求的多样化，汽车相关企业所处的环境更为开放和动荡。这种变化几乎对所有汽车企业都产生了深刻的影响。正因如此，环境分析成为一种日益重要的企业职能。

环境发展趋势分为两大类：一类表示环境威胁，另一类表示环境机会。环境威胁指的是环境中一种不利的发展趋势所形成的挑战，如果不采取果断的战略行为，这种不利趋势将导致公司的竞争地位被削弱。环境机会就是对公司行为富有吸引力的领域，在这一领域中，该公司将拥有竞争优势。

2. 优势与劣势分析

企业需要识别环境中有吸引力的机会，更需要拥有在机会中成功所必需的竞争能力。每个企业都要定期检查自己的优势与劣势，这可通过企业经营管理检核表来进行。企业或企业外的咨询机构都可利用检核表检查企业的营销、财务、制造和组织能力。每一要素都要按照特强、稍强、中等、稍弱或特弱划分等级。

当两个企业处在同一市场或者它们都有能力向同一客户群体提供产品和服务时，如果其中一个企业有更高的赢利率或赢利潜力，那么这个企业比另外一个企业更具有竞争优势。换句话说，所谓竞争优势是指一个企业超越其竞争对手的能力，这种能力有助于实现企业的主要目标——赢利。但值得注意的是：竞争优势并不一定完全体现在较高的赢利率上，因为有时企业更希望增加市场份额，或者多奖励管理人员或雇员。

竞争优势可以指消费者眼中一个企业或它的产品有别于其竞争对手的任何优越的东西，它可以是产品线的宽度，产品的大小、质量、可靠性、适用性、风格和形象以及服务的及时、态度的热情等。虽然竞争优势实际上指的是一个企业比其竞争对手有较强的综合优势，但是明确企业究竟在哪一个方面具有优势更有意义，因为只有这样，才可以扬长避短，或者以实击虚。

由于企业是一个整体，而且竞争性优势来源十分广泛，所以在做优劣势分析时必须从整个价值链的每个环节上，将企业与竞争对手做详细的对比，如产品是否新颖、制造工艺是否复杂、销售渠道是否畅通以及价格是否具有竞争性等。如果一个企业在某一方面或几个方面的优势正是该行业企业应具备的关键成功要素，那么，该企业的综合竞争优势就强一些。需要指出的是，衡量一个企业及其产品是否具有竞争优势，只能站在现有潜在客户角度上，而不是站在企业的角度上。

汽车企业在维持竞争优势的过程中，必须深刻认识自身的资源和能力，采取适当的措施。因为一个企业一旦在某一方面具有了竞争优势，势必会引起竞争对手的注意。一般来说，企业经过一段时间的努力，建立起某种竞争优势，然后就处于维持这种竞争优势的状态，而后竞争对手开始逐渐做出反应，如果竞争对手直接进攻企业的优势所在，或采取其他更为有力的策略，就会使这种优势被削弱。

影响企业竞争优势持续时间的，主要是3个关键因素：
1) 建立这种优势需要多长时间。
2) 能够获得的优势有多大。
3) 竞争对手做出有力反应需要多长时间。

如果企业分析清楚了这3个因素，就会明确自己在建立和维持竞争优势中的地位了。

显然，公司不应去纠正它的所有劣势，也不应对其优势不加利用，公司应研究自己究竟是应只局限在已拥有优势的机会中，还是去获取和发展一些优势以找到更好的机会。有时，企业发展慢并非因为其各部门缺乏优势，而是因为它们不能很好地协调配合。例如，有一家大型电子公司，工程师们轻视推销员，视其为"不懂技术的工程师"；而推销员则瞧不起服务部门的人员，视其为"不会做生意的推销员"。因此，应将评估内部各部门的工作关系作为一项内部审计工作。

波士顿咨询公司提出，能获胜的公司是取得公司内部优势的公司，而不仅仅是只抓住公司核心能力。每一个公司必须管好某些基本程序，如新产品开发、原材料采购、对订单的销售引导、对客户订单的现金实现、客户问题的解决时间等。每一个程序都创造价值和需要内部部门协同工作。虽然每一个部门都可以拥有一个核心能力，但如何管理这些优势能力仍是一个挑战。

应用案例

我国某新能源汽车企业 SWOT 分析

优势 S：	劣势 W：
1) 我国政府高度重视，给出了一系列优惠政策，包括提供贷款，鼓励出口和赚取外汇	1) 在电池技术方面，蓄电池效能不高
2) NE 汽车紧随互联网对传统产业的颠覆性渗入和变革趋势，在体验营销上取得了重大突破	2) 配套充电设施不完备
3) NE 汽车的重要原料钢铁价格大幅下跌，处于低位	3) 生产批量较小，无法实现规模经济
4) NE 汽车一直紧跟新能源汽车的技术潮流，不断开发出更节能环保的产品并进入商业化运营	4) 价格高于传统汽车、消费者的消费习惯仍未建立，消费者对产品的接受程度不高
5) NE 汽车是我国新能源汽车产销量最大的企业，在该领域具有竞争力	5) 对供应商企业存在较强的依赖性，供应商的产品价格和质量对本企业产品极易产生影响

(续)

机会 O：	威胁 T：
1）国际市场上铁矿石以及汽车行业的重要原料钢铁价格大幅下跌，处于低位，对于汽车行业和 NE 公司是重大利好 2）全球对环保的重视为新能源汽车的发展提供了大环境 3）随着受教育程度的提高，消费模式也在改变；妇女和单身客户数量增加，拥有两辆汽车的家庭也越来越多，人们愿意把更多的钱花在娱乐上。人们正在追求一种样式新颖的轻型豪华车	1）主要的汽车制造商都不约而同地加大了新能源汽车的研发力度。NE 公司在技术、人才和研发等方面仍然和主要的汽车制造商存在着较大的差距 2）汽车行业所需的能源价格上涨，环保和技术壁垒不断增强，使得 NE 公司进入发达国家困难，在国际市场上面临的压力加大 3）公司成本中原材料占比较高，其采购价格波动将对公司经营业绩产生一定影响

四、撰写营销调研报告

此阶段的主要工作是撰写营销调研报告，给出结论和意见。

营销调研报告是整个计划、实施、收集、整理过程的总结，是营销调研人员的劳动成果，也是客户需要的最重要的书面结果之一。它是一种沟通、交流形式，其目的是将调研结果、战略性的建议以及其他结果传递给营销决策人员或其他担任专门职务的人员。因此，分析调研结果、明确给出调研结论、认真撰写调研报告，是报告撰写者的责任。

一份完整的营销调研报告由以下几部分组成：

1）调研结果的摘要：将调研的主要发现予以摘要说明。

2）调研目的：该调研的目的及各种研究假设。

3）调研方法：调研设计、资料收集的方法与抽样方法。对调研要尽量讲清是使用何种方法，并说明选择此种方法的原因。很大一部分的内容是数字、表格，要尽量使用准确、恰当的语句进行分析描述，对这些内容的解释、分析，结构要严谨，推理要有一定的逻辑性。此外，还要把在调研中出现的不足之处说明清楚，不能含糊其辞，必要时需将不足之处对调研报告的准确性的影响程度分析清楚，以提高整个调研活动的可信度。

4）资料分析：这是专门性报告的最主要部分，包括调研结果和统计图表。

5）结论与建议：有关建议的概要部分，包括必要的背景、信息、重要发现和结论，有时根据阅读者的需要，提出一些合理化建议。

6）附件内容：包括一些过于复杂、专业性的内容，通常将调研问卷、抽样名单、地址表、地图、统计检验计算结果、表格、制图等作为附件内容，每一项内容需编号，以便查询。

项目三 汽车营销活动目标设计

任务一 营销目标的认知

 任务目标

知识目标	技能目标	素养目标
1. 掌握营销目标的内涵。 2. 掌握营销目标的各种分类方法。	1. 具备正确理解营销目标的能力。 2. 具备区分不同类型营销目标的能力。	在认识营销目标的同时引导学习者设定人生目标，树立正确的人生观、价值观、世界观，树立生存意识，追求幸福人生。

 建议学时

2 学时。

 相关知识

一、营销目标的含义

营销策划的第一项任务就是要设定营销目标，营销目标为整个营销策划设定了基调，营销策划后面的每项设计，从营销策略选择、营销计划制订、营销策划活动实施等都要符合营销目标。所以，设计具体的营销目标是制订有效的营销策划的必要步骤，策划人员对实现营销目标的过程了解得越多，就越容易制订出科学合理的营销策划方案。目标既是策划行动的方向，又是策划控制的标准。

企业营销活动的目标是指本次营销活动策划所要达到的目的，是营销活动策划的核心部分，对营销策略和行动方案的拟定具有指导作用。营销目标是在分析营销现状并预测未来的机会和威胁的基础上确定的，同时对策划涉及的范围起定向作用，策划方案的所有活动均应围绕目标来完成。

二、营销目标的分类

1. 总目标和分目标

按照高低层次分,营销目标分为总目标和分目标。总目标是指企业作为一个利益共同体,通过营销策划的实施,将整体目标具体化为由若干个分目标组成的目标体系。总目标包括人员目标、生产目标、财务目标等。分目标是指通过营销策划的实施,希望达到的销售收入、预期利润率、产品在市场上的占有率等目标。分目标具体包括以下几个子目标:

(1) 销售目标 它往往用于分析销售指标的完成情况,如销售量和销售额。销售量目标是企业在一定时期内期望销售出去的产品数量,销售额是企业期望达到的销售总金额。制订销售目标时,需要对企业内部销售数据进行研究和分析,比较和评估实际销售额与往期活动计划销售额之间的差距,为本次活动制订销售目标提供指导。

(2) 市场目标 用市场份额来表示的策划目标,亦称为市场占有率,指某企业某一产品(或品类)的销售量(或销售额)在市场同类产品(或品类)中所占比重,反映了企业的竞争地位和盈利能力,是企业非常重要的一个指标。通常企业的市场份额越高,其竞争力越强。市场份额具有两个方面的特性:数量和质量。市场份额数量即市场份额的大小,有3个基本的衡量尺度:①总体市场份额,指某企业销售量(额)在整个行业中所占比重;②目标市场份额,指某企业销售量(额)在其目标市场(即其所服务的市场)中所占比重;③相对市场份额,指某企业销售量与市场上最大竞争者销售量之比,若高于1,表明其为这一市场的领导者。

市场份额的大小只是市场份额在数量方面的特征,是市场份额在宽广度方面的体现。市场份额还有另外一个特征,这就是市场份额的质量,它是对市场份额优劣的反映。市场份额质量是指市场份额的含金量,是市场份额能够给企业带来的利益总和。这种利益除了现金收入之外,还包括无形资产增值所形成的收入。衡量市场份额质量的标准主要有两个:一个是客户满意度,另一个是客户忠诚度。客户满意度和客户忠诚度越高,市场份额质量越好,反之,市场份额质量就越差。汽车经销企业设定策划活动目标时除了设定市场份额数量目标,还需要树立以客户为中心的现代营销理念,关注市场份额质量目标,从客户的满意度、忠诚度入手做更深入细致的工作。汽车经销企业可以通过邀请新老客户参加活动,促进新客户成交,通过老客户转介绍率来考察本店客户的满意度和忠诚度。

(3) 形象目标 这里是指通过一个阶段的营销活动提高企业的知名度和信誉度,与消费者建立良好的公共关系,从而达到营销的目的。形象目标主要有以下几方面的衡量尺度:

1) 产品的品牌声誉。品牌的本质是声誉,声誉就是人们感知、认知、舆论的综合体。品牌声誉已经成为现代企业经营管理的一项重要任务。以品牌声誉为目标的营销活动,一般不单纯追求短期内产品的销量的增长,即不对产品进行重点的突出,而是对消费者进行品牌美好内涵的诉求,促进企业与消费者之间的信息与情感沟通,努力增强目标市场消费者对企业的信任感。

2) 企业知名度。知名度是一个企业被公众知道、了解的程度。它关系着这个企业的影响力和竞争力,是评判企业强弱的一个指标,因为任何经济交往都是从知道和了解开始的,企业知名度是评价企业形象的重要项目,是企业潜在的财富,会间接地给企业带来许多好处。社会影响的广度和深度是评价知名度大小的客观尺度。企业知名度通常包括3方面内容：①企业组织的知名度，包括企业组织名称、性质、历史、规模和在同行业中的地位，公众了解得越多，企业的名气就越大；②产品知名度，包括厂标、商标、品名、造型、性能和质量等；③企业第一管理人知名度，企业经理、董事长的知名度是企业重要的财富。汽车经销企业扩大知名度的方式分为扩大企业知名度、扩大车型知名度和扩大企业领导知名度等。扩大企业知名度可以通过广告宣传，赞助社会公益事业，举办各种记者招待会和新闻发布会等方式有计划地进行；扩大车型知名度，应利用各种媒介和机会以及广告宣传，向公众介绍汽车产品的形象、质量、功能和特点，使之家喻户晓；扩大企业领导知名度是利用人们对杰出人物的关注和崇拜心理，引导人们来了解和关注他们所在企业的情况。

> **应用案例**
>
> **全新君越"品鉴会"营销活动市场目标**
>
> 1. 活动背景
>
> 继新君越之后的全新君越于20××年××月××日上市后，通过在各区域开展全新君越品鉴会，向各界经销商、媒体传递全新君越的信息和形象。全新君越演绎着别克豪华设计、荟萃BIP新一季智能科技，实现对中高级车和入门级豪华车两大主流市场的覆盖，并为品牌"欧美科技、创新体验"提供有力注脚。
>
> 2. 活动目标
>
> 通过全新君越"品鉴会"提高别克当地品牌形象。
>
> 提高别克客户及潜在客户对君越品牌文化及车型的认识，从而提高客户对别克品牌的忠诚度。
>
> 通过媒体对全新君越进行全方位报道活动，获得潜在换车忠诚客户。

（4）**竞争目标** 任何企业都不可能单独服务于某一个客户市场，完全垄断的情况在现实中很少见。而且，只要存在可能满足需求的替代品，就可能出现潜在的竞争对手，尤其是汽车市场，每种车型都有众多的竞争对手。所以，企业在某种车型或某一客户市场上的营销努力总会遇到其他企业的包围或影响，这就要求企业确定自己的竞争目标。

2. 定量目标和定性目标

（1）**定量目标** 定量目标即设定所要实现目标的具体数量或比例，一般包括财务目标和营销目标两类。其中财务目标由盈利能力、销售额、变现能力、资产管理比率、投资收益率等指标组成。

销售毛利率 =（销售收入 – 销售成本）÷ 销售成本 ×100%

资产净利率 =（净利 ÷ 销售收入）×100%

投资报酬率 =（利润 ÷ 投资额）×100%

市场营销目标由销售额、市场占有率、分销网覆盖面、成交转换率、行业排名和客户满意度等指标组成。例如：

1）销售量增长10%。

2）销售目标70辆车。

3）成交转换率30%。

4）集客量达到170组。

5）产品获利率达到10%。
6）客户满意度达到95%以上。

> **应用案例3-2**

某4S店车展活动目标设定

展前活动目标设定

销售顾问	客户邀约			邀回率			成交			预计成交率/(%)
	目标数/位	达成数/位	达成率/(%)	目标数/位	达成数/位	达成率/(%)	目标数/位	达成数/位	达成率/(%)	

分析：该车展活动的目标采用定量设定的方式，通过客户邀约、邀回率和成交3个指标来体现，其中每个指标通过目标数、达成数和达成率来进行量化，目标设定具体详细。

（2）定性目标　定性目标即规定营销活动的方向或性质，如：
1）借助本次营销活动，精准、直接地接触到诸多高品质客户。
2）通过本次活动的组织和实施，有效地转化其他行业的高端客户，提升业务量。
3）通过本次活动，进一步提升××品牌大客户满意度。
4）通过本次跨界营销活动的举办，进一步拉近本品牌和银行的合作关系，将客户资源共享，建立长期战略合作伙伴，互惠互赢，为日后更深层次的合作奠定基础。
5）通过本次活动提升客户满意度的服务体系、保持市场领先地位、增强品牌曝光率、持续提高企业品牌的知名度和美誉度等。

以上这些目标是用叙述性语句描述的目标，不用数字说明，规定了策划活动的发展方向或定位。因为不用数字说明，所以比起定量目标来不容易衡量。定量目标的优点是直观、量化、清晰，便于监督考核，而不足的地方就是没有主导方向，不能做出清晰的判断和抉择。例如，销售量和单车利润率指标出现矛盾时，是保销售量还是保利润，这就要取决于公司的定性目标是追求市场份额还是确保目标利润率。如果追求市场占有率，则要选择销售量目标；如果追求利润，就要控制活动成本，保证单车利润率达到一定水平，这就由定性目标所决定，所以定性目标决定了定量目标的方向和重点。

营销活动目标可以设定为销售也可以设定为宣传，可以是市场目标也可以是形象目标，但目标必须明确，且最好有量化的指标，便于考核评估，所以营销目标设定最好是定量目标和定性目标的结合。

3. 短期目标和中长期目标

按照设定时间的跨度，营销目标可分为中长期目标和短期目标。一般汽车经销企业的营销策划活动，短期目标是指企业通过策划本次活动立竿见影要达到的营销目标，如销售量达到多少、集客量达到多少；中长期目标是个更长远的目标，可能几个月或者 1 年以上，如借此次活动为提升品牌形象做铺垫、为后期的销售量提高而集客等。例如，某车展设定营销目标为收集 150 份合格的客户档案，展会后 3 个月内售出 150 万元的产品或服务，即为短期目标和中长期目标结合设定。

4. 主要目标和次要目标

按照重要性，营销目标可分为主要目标和次要目标。例如，侧重拉动现有车型销量的目标与塑造品牌形象的目标，其营销活动策划思路所考虑的方向与重点就有所差异。企业需要明确营销活动的主要目标和次要目标，从而有侧重点地选择活动类型和设计活动主题。

5. 针对不同对象的目标

（1）**针对客户的营销目标**　针对客户的营销目标，应考虑的是鼓励客户购车、争取未知者、吸引竞争者的客户，如图 3-1 所示。

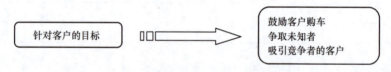

图 3-1　针对客户的营销目标示意图

1) 提升知名度。通过不同的传播渠道发布信息，可以提升品牌的知名度。客户对品牌越熟悉，选购的概率就越高。

2) 吸引"人潮"。"人潮"和"业绩"有相当大的内在联系，尤其在展示厅，因此营销活动的首要任务便是吸引更大的"人潮"。很多汽车经销企业的展示厅经常在节日期间举办各种营销活动，就是希望借着各种活动刺激消费而达到提升业绩的目的。

3) 增加销售量。营销会激发客户采取购买行动，不管是"诱使新客户购买"，还是针对老客户的"营销"，均会增加销售量。

4) 巩固老客户。初次交易的客户无法确保日后成为忠诚度高的老客户，因此，举办营销活动可激发客户继续消费购买以巩固老客户，避免被其他竞争者挖走。除了持续性的再消费，可利用老客户的影响力吸引新客户前来消费，"亲朋好友推荐"是一种很有效的营销方式。

5) 吸引客户试驾。分析客户的消费行为，若客户对产品未深入了解，很难采取购买行动；为缩短客户的评估时间，使其及早采取购买行动，可采用让客户"试驾"的营销技巧，让客户亲自体会产品的价值。一旦"试驾"后感觉不错，客户就有可能成为购买者。

（2）**针对经销商的营销目标**　针对经销商，应考虑吸引其经营新的车型，鼓励他们配合车辆的推广，抵消各种竞争性的汽车营销影响，建立中间商的品牌忠诚度，并努力获得新的中间商的合作与支持等，如图 3-2 所示。

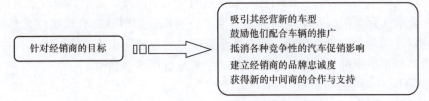

图 3-2　针对经销商的营销目标示意图

（3）**针对汽车销售人员的营销目标**　就汽车销售人员而言，目标包括鼓励其支持一种新车型，激励其寻找更多的潜在客户，刺激其推销滞销车辆等，如图 3-3 所示。

图 3-3　针对汽车销售人员的营销目标示意图

任务二　营销目标的设计

 任务目标

知识目标	技能目标	素养目标
1. 了解营销目标设计的原则。 2. 熟悉营销目标设定的影响因素。 3. 掌握营销目标设定的步骤。	1. 具备判别营销目标是否科学合理的能力。 2. 具备根据不同的活动需求设定营销目标的能力。	培养学习者耐心细致的工作作风和严肃认真的科学精神，用求真务实的态度解决问题。

 建议学时

4 学时。

 相关知识

一、营销目标设计的原则

1. 营销目标必须具有挑战性和可实现性

营销目标就是营销策划的期望值。因为营销目标对从事的业务有实质的影响，要有利于企业短期、长期目标的实现，有利于企业未来业务的提升，营销目标应当同时具有挑战性和可实现性。随着营销目标期望值的提高，营销成本也将随之显著上升。因此，营销目标如果制订得太高，不仅难以实现，也将导致营销成本增加，引起利润下滑；如果明显低估营销目标，将不能有效地满足消费者的需求，不能充分调动企业员工的积极性，不能最大化利用企业的资源，从而影响营销组合效力的发挥，这就会在竞争中失去机遇。这个目标值，如果订得过高则无法实现，如果订得过低则会失去企划的意义。因此，描绘营销策划的目标值，应充分考虑企业的实际状况以及对策划的期望值，将目标设定得既具有现实性又具有挑战性。营销活动的好坏通常由结果来判断，那么这个判断只要以目标值为准绳。因此，在营销活动策划过程中，如果能明确目标值，就更容易对结果进行评价和判断了。

2. 营销目标必须具有协调性

企业的营销策划目标有短期、中长期目标，有定量、定性目标，有企业的直接利润目标，还要考虑到客户和社会的利益、未来一定时期企业形象的增值等目标。企业策划活动无论制订何种营销目标，都必须符合3个条件：一是要符合汽车营销企业的整体目标；二是要适应目标市场类型的变化，三是目标彼此之间要协调。例如，根据往期的销售数据、集客量可以推算出成交转换率，由此本次活动营销目标设定的集客量和目标销售量二者应具有协调性，不能偏离往期成交转换率太多。营销目标的协调性还体现在目标设定既要突出以较少的营销投入获得较大的营销利润，又要同时兼顾企业无形资产的增值以及营销队伍素质的提高。

二、营销目标设计的影响因素

设定合理的、切实可行的营销目标需要考虑各种因素，通常需要考虑的因素有以下几个。

1. 目标市场规模和趋势

在前期市场调查的基础上，研究目标产品或行业在所在城市、地区的整体规模，结合产品销售过去几个月或一两年的走势——向上、向下、平稳还是没有规律性，设定此次营销活动的目标。

2. 市场份额趋势

市场份额是指本公司、特定汽车产品线或具体车型的销售量（或销售额）占区域的同类产品整体规模的比率。该指标反映企业在市场上的地位。本企业策划营销活动时需要了解本企业份额占市场总的销售量的比率。如果在一个下降的市场中本企业产品的份额也在流失，这时候定的营销目标比往期的目标都高是不太现实的。

3. 经济因素

经济因素是指影响企业营销活动的一个国家或地区的宏观经济状况，主要包括经济发展状况、经济结构、居民收入、消费者结构等方面的情况。经济因素是影响营销目标设定的一个比较难预测的因素，企业策划人需要理解并掌握宏观经济指标的经济意义，研究主要宏观经济指标之间的相互关系和影响，如GDP增长率、CPI（居民消费价格指数）、PPI（工业品出厂价格指数）、国家财政状况、国家外汇储备、汇率水平及地区经济发展情况等；平时应多学习大的金融机构发布的宏观经济分析报告和通过各种渠道了解汽车产业资讯，通过比较、分析各大机构对于宏观经济政策或数据的解读，逐步培养自己对于宏观经济的分析方法和行业敏感性，从而设定合适的营销目标值。

4. 竞争因素

任何市场中都充满着竞争，即使已经确定的一个规模大且成长中的市场也可能被强大的、越演越烈的竞争削弱。所以，在制订营销目标时要充分考虑到竞争状况，分析是否有主要的竞争对手明显地扩大它的销售力量、增加促销活动、增加分销渠道、改变其产品种类或引进一种新产品或服务,以及在广告媒体费用上的竞争是增强还是减弱等,通过参考竞争对手的这些情况设定本次策划的营销目标。

三、设计营销目标的步骤

1. 寻找活动缘由、确定目标车型

汽车经销企业策划活动主要基于两类。一类是根据年度促销计划所做的营销活动策划;汽车经销企业在年初就制订了全年业绩额、季度业绩额及月份业绩额,并对本年度的重大策划进行了安排,但实际经营中出现较大业绩差距的时候往往需要具体分析其原因,明确是因为汽车产品定价偏高还是因为汽车企业服务质量下降,还是竞争对手促销活动吸睛等原因引起的业绩差距,以便给出相应的对策,并以短期营销活动的形式扭转不利状况。另一类是在经营过程中,根据产品销售现状、年度目标达成情况、竞争对手的经营情况等所做的营销活动策划。汽车经销企业在经营过程中,销售业绩受自然季节变化和节假日的影响,促成了汽车行业的淡季和旺季。为此企业需要在前期市场调查中重点考察库存数量偏多的车型有哪些,哪些产品新上市需要做推广活动,竞争对手近期活动有哪些,各类车型月度销量目标完成度如何。从这些分析中确定活动的目标车型。考察可根据表3-1和表3-2进行。

表3-1 车型销售现状调查表

汽车品牌及型号	年度/季度销售目标	年度/季度销售目标达成率	当月销售目标达成率	最终评价

表3-2 车型库存情况调查表

汽车品牌及型号	往期年均销量	当年累计销量	现有库存量	欲出清数量	最终评价

2. 检讨目标市场、确定目标客户

在确定了活动目标车型之后,接下来需要根据目标市场STP战略分析目标车型的目标市场,从而确定本次策划的目标客户群。检讨目标市场是汽车经销企业营销策划工作的一项重要内容,也是策划工作的重要基础。只有在目标车型和其服务的市场范围及目标客户群得到准确界定之后,后续策划工作才可能是合理、有效的。无论是营销活动目标确定、汽车营销策略选择,还是营销活动计划制订和实施,都是基于恰当的目标市场营销战略。

检讨目标市场要解决的是汽车企业在市场营销活动中必然面临的一个基本问题:在需求差异性日益增强、企业资源相对有限、市场竞争广泛存在的条件下,企业如何准确地选定自己的目标市场。或者说,企业是服务于哪一个或哪几个市场,最大限度地发挥自己的资源优势,从而降低经营风险,取得最大经济效益的。检讨目标市场基本流程包括检讨市场细分(Segmentation)、目标市场选择(Targeting)和市场定位(Positioning),简称STP战略,即目标市

营销三部曲。这三部曲是3个相互联系、不可分割的环节。市场细分是目标市场选择和市场定位的基础与前提，目标市场选择和市场定位是细分的深化与继续，如图3-4所示。

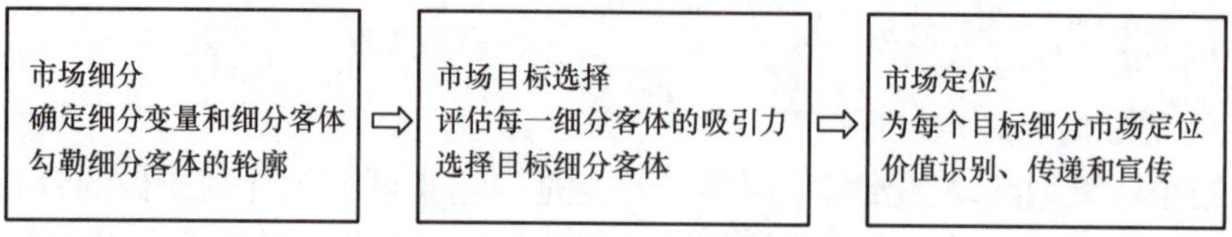

市场细分		市场目标选择		市场定位
确定细分变量和细分客体 勾勒细分客体的轮廓	⇨	评估每一细分客体的吸引力 选择目标细分客体	⇨	为每个目标细分市场定位 价值识别、传递和宣传

图 3-4　目标市场营销三部曲

（1）**汽车市场细分**　市场细分是指汽车企业按照消费者的一定特性（消费者购买习惯和购买行为），把原有的市场分割为两个或两个以上的消费者群的市场分类过程。其中，每一个消费者群就是一个子市场或细分市场。细分市场不是简单的"切蛋糕"，是调查分析不同的消费者在需求、资源、地理、位置、购买习惯和行为等方面的差别，然后将上述要求基本相同的消费者群合并为一类，形成整体市场中的若干"子市场"或"细分市场"。不同的细分市场之间，需求差别比较明显；在每一个细分市场内，需求差别比较细微。因此，市场细分的实质是寻求市场的差别化，对企业来说，差别就是利润。在没有进行市场细分的情况下，汽车企业选择目标市场是盲目的，不认真地鉴别各个细分市场的需求特点，就不能进行有针对性的市场营销。汽车企业进行市场细分可以有针对性地提供不同功用及种类的汽车，制订相应的营销策略，这有利于挖掘潜在需求，适时调整营销策略。

1）汽车市场细分策划的标准。汽车市场细分策划对汽车企业市场营销活动有着至关重要的作用。在市场营销实践中，市场细分策划的标准涉及的范围很广泛，本节以消费者市场细分为例，介绍汽车市场细分策划的标准。

① 地理因素标准。汽车企业采用地理方面的一些因素，如消费者所在的不同的地理位置（包括行政区域、地理位置、气候等）作为消费者市场细分策划的标准。处于不同地理位置的消费者，如城市与农村、南方与北方、山区与平原等，具有不同的需求。地理因素比较易于辨别和分析，往往是细分市场时首先考虑的因素。但这是一种相对静态的因素，不一定能充分反映消费者的特征，处于同一地理位置的消费者对车型的需求仍有较大的差异，如在同一个城市中，CBD中心区和边郊区的汽车消费者的需求就会不同，因此汽车经销企业还需考虑其他的一些动态因素。

② 人口因素标准。按人口的一系列性质因素来辨别消费者需求上的差异，包括年龄、性别、家庭人数、生命周期、收入、职业、文化程度、宗教信仰、民族、社会阶层等。以人口因素为依据来细分市场，可以使用单一的具体变量，例如以性别为尺度来细分汽车市场，有男性汽车市场和女性汽车市场。但多数情况下，需要使用两个以上的具体变量才能准确描述每个子市场的特征。人口因素不仅包含的变量较多，而且这些变量所描述的基本上是影响消费者需求的最主要的方面，因此人口因素是最常用的市场细分策划标准，但它对某些消费者之间需求的差异却不能做出解释。例如，一方面相同年龄、性别、收入水平的消费者，在购买汽车时也有不尽相同的选择标准或购买习惯；而另一方面，一些不同年龄和收入水平的消费者却可能表现出相同或相似的需求特征和消费行为。此时，往往是心理因素在起作用。

③ 消费心理标准。根据消费者的心理特点来进行市场细分策划，包括消费者的社会阶层、生活方式、性格、购买动机、偏好、流行时尚等因素。心理因素比较复杂，不好衡量。

实际运用中可能会遇到一些问题，诸如细分变量比较模糊、子市场的价值难以衡量、子市场的特征不够稳定等。这就要求汽车企业在使用心理因素作为细分依据时，必须选择那些能够明显区分消费者心理特征的因素作为细分变量，同时要采用恰当的调查方法尽量使每个子市场的价值得到比较准确的评估。

④ 消费行为因素标准。消费者在购买行为特征方面的差异性作为细分市场的依据，具体变量包括购买时机、利益、使用频率、品牌忠诚度等。购买时机是指根据购买者产生需要、购买或使用产品的时间节点。对于汽车行业来说，春节、国庆、中秋等重大节日和春季、秋季的旅游黄金时间往往是用车的高峰时间，在这段时间可以增加广告投放、策划优惠活动等。

在营销实践中，市场细分策划并不存在统一的细分模式，作为划分标准的各种因素均为变数，往往需要考虑多种因素、使用多个细分标准。因此，在众多纷繁的变数标准条件下，找出关键的、重要的变数作为标准才能更准确地显现子市场的特征。

2）汽车市场细分策划的步骤。市场细分是一个分析比较消费者需求的过程，它要求有科学的程序，有条不紊地按照一定步骤进行，一般分为以下几个步骤。① 界定需要细分的产品市场范围。界定产品市场范围是指根据汽车企业的实际和汽车企业战略目标确定需要深入研究的消费对象，选择市场范围时，应使这一范围不过大，也不过于狭窄，企业要充分考虑自己所具有的资源和能力。② 列举潜在客户的基本要求，即列举出市场范围内所有消费者的全部需求，选择最有可能导致消费者需求出现差异的因素，以此确定市场细分的标准和变量。③ 对市场进行细分。对可确定的细分市场，企业应分析在消费者需求中，哪种是最重要的因素，剔除一些需求中的一般要求，筛选出最能发挥企业优势的因素，然后通过对不同消费者需求的了解，找出各类消费者的典型需求以及需求的具体内容，并找出消费者需求类型的地区分布、人口特征、购买行为等方面的特点，粗略地划分可能存在的细分市场。同时，需要根据各细分市场消费者的主要特征，初步确定细分市场的名称，以便于说明和分类。④ 评估细分市场的有效性。有效细分市场应具备四个条件：可测量性、可进入性、可营利性和可行动性。⑤ 评估各个细分市场的规模或性质。在有效细分市场的需求基本明确后，需要对各个市场的现有规模、潜在数量、竞争状况、发展趋势等做出评估，确定本企业在细分市场上占有的份额，检查是否符合企业的情况，为企业选择目标市场做好充分的准备。细分是一项复杂的工作，无论什么产品、过程如何，细分的结果都应该做到内部需求的一致与相互需求的差异，它是企业选择目标市场的先决条件。

(2) 目标市场选择 目标市场是指企业的目标客户，也就是营销活动所需要满足的市场需求，是企业决定要进入的市场。汽车企业选择最有吸引力的目标市场的策划思路与技巧是：评估细分市场、选择目标市场营销策略。

1）评估细分市场。市场细分显示了企业所面临的市场机会，而目标市场选择则是通过对细分市场的评价来决定企业将进入哪些市场领域，也就是决定企业将来生存和发展空间的一种策略。因此，目标市场就是在市场细分的基础上企业营销活动所要满足的市场，也是企业决定进入的市场。企业一旦确定了目标市场，其资源的积累以及一切营销活动都要围绕着目标市场来进行。目标市场的选择是企业制订营销战略的基础，对企业的生存与发展具有重要意义。目标市场必须具备以下几个基本条件：

① 有潜在的市场需求，该市场有尚未满足的消费者需求。企业只有进入具有一定潜在需求的市场，才能实现长期的盈利。

② 有一定的购买力。只有市场需求还不能构成市场，还需要有一定的购买力。

③ 竞争者少。市场细分的目的之一是减少竞争对手，从而可以缓和竞争，如果一个细分市场内的竞争对手过多，则市场细分就没有达到其本来的目的。因此，在选择目标市场时，企业要正确估计各细分市场的竞争状况以及自身的竞争地位。一般来说，应选择那些竞争对手较少，而企业自身具有较大竞争优势的细分市场作为自己的目标市场。竞争对手既包括各细分市场上已经存在的其他企业，又包括尚未进入但可能进入该细分市场的其他企业。因此，在分析竞争状况时，不仅要考虑市场上已经存在的竞争对手，还必须考虑潜在的竞争对手。潜在竞争对手的多少，一方面取决于细分市场的市场容量和吸引力的大小，另一方面与细分市场进入壁垒的高低有关。进入壁垒高则其他企业难以进入，竞争对手就少，但企业自身进入该细分市场可能也会很困难。

④ 符合企业的目标、资源和能力。一个公司要真正赢得一个细分市场，就需要在发展期有压倒竞争者的优势，如果公司在这个细分市场上不能制造某些价值，即使细分市场具有较大的吸引力，如有客户需求、有很大的营利性，但与企业的发展目标不相吻合，就不应该进入该细分市场，只能选择放弃。因此，企业选择的细分市场应能够促使企业的资源优势得到充分的发挥，符合企业的战略目标，并能够使企业创造某种竞争优势。如某企业有广泛的销售网络、大批经验丰富的销售人才，而某个细分市场上竞争的关键恰恰是在市场销售方面，那么，企业选择这一细分市场作为自己的目标市场就能使自己的优势得到充分发挥。

2）选择目标市场营销策略。目标市场营销策略应该根据企业资源情况、产品的特点、市场的特点、产品的寿命周期和竞争对手等进行选择，目标市场营销策略有以下3种。

① 无差异营销策略。汽车企业尽力寻找细分市场需求的共同点，不考虑细分市场的差别，只提供一种汽车产品在整个市场上销售，如福特的T型车。通常，选择这种策略的前提是市场上所有消费者对该类产品具有相同的需求和偏好。

采取这种策略的优点是可降低营销策划成本，能树立统一的汽车产品形象和汽车企业形象。其缺点是忽略了消费者需求的差异性，有可能丢失市场机会。

② 差异性营销策略。汽车企业将整体市场细分为多个市场后，选择其中的两个以上甚至全部市场作为目标市场，并针对各细分市场制订不同的营销组合策略。这种策略的特点是企业对于构成市场的各种细分市场不再采取相同的态度，而是侧重选择有价值的细分标准划分市场。针对每一个细分市场的需求，设计迎合不同需求的产品和制订差异性策略。这一策略能满足细分市场的不同需求与偏好，适合于大企业。采取这种策略的优点是能更好地满足消费者的需求，提高汽车产品竞争力，有利于汽车企业扩大销售和树立良好的市场形象。其缺点是投资大、成本高。

③ 集中性营销策略。汽车企业只选择一个或少数几个细分市场为目标市场，然后集中企业的各种优势实行集中营销。这种策略的优点是对市场有较佳的了解，可以集中力量于设计、研制、工艺、设备改进等方面，能提供较佳的产品和服务，便于提高产品的知名度，树立企业信誉。同时，因其品种较单一，生产、广告及分销成本较低。其缺点是企业集中整个市场的一小部分，极容易受市场需求影响而必须做出相应的改变，即具有较大的风险性。集中性市场营销策略最适用于实力一般的中小型企业，或产品定位高端、面向客户群特殊的企业及初次进入新市场的大企业。一些汽车出口企业在最初进入国外市场时往往采用这种策略，开始是以一个不被竞争者重视的细分市场为目标，集中力量在这个目标市场上努力经

营，提供高质量的产品和服务，赢得声誉后根据自己的条件逐渐扩展到其他市场。

(3) 汽车市场定位　市场定位就是企业根据消费者对所生产产品的需求程度，根据市场上同类产品的竞争状况，为本企业产品规划一定的市场地位，即为自己的产品树立特定形象，使之与众不同。市场定位的过程就是在消费者心目中为公司的品牌选择一个希望占据的位置的过程。也可以理解为，市场定位就是企业以何种产品形象和企业形象出现，以给目标消费者留下一个深刻印象的过程，是一个使自己产品个性化的过程。市场定位的实质是企业要找准位置，使本企业与其他企业严格区分开来，使消费者明显感觉和认识到这种差别，从而在消费者心目中占有特殊的位置。

因此，定位能否成功，关键在于企业能否勾画自身的形象和提供价值，比竞争者更好地了解消费者。定位成功的三要素是：①特色是重点而不是全部；②特色具有不可替代性；③特色为消费者接受和认可。定位成功的结果是使某一品牌、公司或产品在消费者心中获得一个据点，一个认定的区域位置，或者占有一席之地。现实中，汽车营销把定位理论诠释得淋漓尽致，堪称经典，任何一个企业都需要在广袤的市场中寻找一个属于自己的空间。

1）定位步骤。实现汽车产品市场营销定位，需要通过区别潜在竞争优势、识别汽车企业核心优势定位和制订发挥核心优势的战略3个步骤实现。

① 区别潜在竞争优势。这是市场定位的基础。通常汽车企业的竞争优势表现在两方面：成本优势和产品差别化优势。

成本优势使汽车企业能够以比竞争者低廉的价格销售相同质量的产品，或以相同的价格水平销售更高质量水平的汽车产品。产品差别化优势是指产品独具特色的功能和利益与客户需求相适应的优势，即企业能向市场提供的在质量、功能、品种、规格、外观等方面比竞争者能够更好地满足客户需求的能力。为实现此目标，企业首先必须进行规范的市场研究，切实了解目标市场需求特点以及这些需求被满足的程度。一个企业能否比竞争者更深入、更全面地了解客户，是其能否取得竞争优势、实现产品差别化的关键。

另外，汽车企业还要研究主要竞争者的优势和劣势，知己知彼。可以从以下3个方面评估竞争者：一是竞争者的业务经营情况，例如估测其近3年的销售额、利润率、市场份额、投资收益率等；二是评价竞争者的核心营销能力，主要包括产品质量和服务质量的水平等；三是评估竞争者的财务能力，包括获利能力、资金周转能力、偿还债务能力等。

② 识别汽车企业核心优势定位。所谓核心优势，是与主要竞争对手相比（如在产品开发、服务质量、销售渠道、品牌知名度等方面），在市场上可获取明显的差别利益的优势。显然，这些优势的获取与汽车企业营销管理过程密切相关。所以，在识别汽车企业核心优势时，应把企业的全部营销活动加以分类，并对各主要环节在成本和经营方面与竞争者进行比较分析，最终定位和形成汽车企业的核心优势。

③ 制订发挥核心优势的战略。汽车企业在市场营销方面的核心优势不会自动地在市场上得到充分表现。对此，汽车企业必须制订明确的市场战略来充分表现其优势和竞争力。譬如，通过广告传导核心优势，使汽车企业核心优势逐渐形成一种鲜明的特色。

2）定位依据。一个企业的竞争优势是其定位依据，一般包括以下几个方面：

① 根据属性和利益定位。一个企业应定位于自己的特色。例如，同样是家用轿车，某厂家的产品可以强调稳重大方、安全系数高；另一个厂家可能会强调耗油低、外观新颖等。一款车的与众不同之处往往便是消费者的兴趣之所在。例如，奇瑞QQ就以"最佳性价比，

外观一见倾情，动力十足"的特点掀起了一股小旋风；奥迪 A4 凭借"定位于尊贵、动感、时尚，丰富的选装设备，高品牌认知度"使其独领风骚；德国大众汽车具有"货币价值"的美誉；日本丰田凭借"经济可靠"赢得了消费者的青睐。

② 根据具体产品的档次定位。不同汽车企业经营的产品，可能会有高、中、低档之分。"质量"与"价格"，往往可以为企业、产品或品牌创立不同的市场位置。在有些情况下，质量取决于制作产品的原材料，或者制作工艺的精湛与否，价格则往往反映其档次。例如，汽车采用质量与价格两个不同的变量，可以有 4 种定位，如图 3-5 所示。

高	低
价格高、质量高	价格高、质量低
价格低、质量高	价格低、质量低

图 3-5　质量价格定位

③ 根据特定的使用场合及用途定位。汽车的主要用途可以分为家用和商用两种。作为喊出"中国家轿第一品牌"的企业，东风雪铁龙的产品一直集中在经济型轿车和中级轿车两个细分市场。东风雪铁龙今后的方向是围绕中高档车和小型车来做，产品定位仍然是家用市场。

④ 根据使用者定位。即将产品指向某一类特定的使用者，根据这些使用者的看法塑造恰当的形象，注重消费者行为、社会背景、收入状况等。如何选择目标消费者及选择哪些目标消费者是进行消费者定位必须解决的首要问题。这是汽车市场定位中用得较多的定位方式。例如，上海大众对两款 Polo 新车进行了差异化形象定位，两厢车型"劲情"定位于年轻、活力、时尚人群的精致小车；三厢车型"劲取"定位于事业处在上升阶段、追求气度品位和家庭感的人群。上海通用汽车先后推出了经济型轿车赛欧和中高档轿车别克君威。赛欧的目标消费者是事业上刚刚起步、生活上刚刚独立的年轻白领；别克君威的目标消费者是已经取得成功的领导者。

⑤ 根据竞争的需要定位。其一，定位于与其相似的另一种类型的竞争者或产品的档次，以便与之对比；其二，定位于与竞争直接有关的不同属性或利益。例如，有的企业强调"我们是老二，我们将更加努力"，暗示要比处于市场第一位的企业提供更好的服务。

如图 3-6 所示，已经有 A、B、C、D 4 种竞争产品，若有一个新进入者，可以定位于竞争者附近，即小型舒适车、中型安全车等产品，也可以远离竞争者，定位于一种新的区域，如大型安全车、大型舒适车。

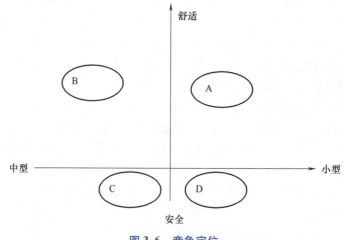

图 3-6　竞争定位

事实上，许多企业进行市场定位的依据，往往不是一个，而是多个结合使用。因为作为市场定位体现的企业及其产品形象，必须是多维的，应当是一个多侧面的立体形象。

通过STP战略，汽车营销策划人员可以深入认识目标车型的市场定位、进一步明确目标市场客户群的消费能力、性别、年龄和职业等因素，从而结合所在城市、所在商圈特点，确定本次策划活动的目标客户群。检讨评估目标市场、确定目标客户群之后，营销策划人员即可界定以下两方面内容。①目标市场的大小：了解目标市场的大小，即可了解主要及次要目标市场的人数多少，或客户总人数的实际潜力。②现有客户基础的大小：了解现有客户基础，即可自每一个目标市场特征中了解现有客户数及富有潜力的客户数。目标市场的资讯是不可或缺的，因为每一项营销目标都是要影响目标市场的行为。营销人员知道所要影响的客户人数多少，便可算出营销目标值的总数，同时也能知道是否合理可行，是否有助于达成销售目标，为下一步工作做好准备。

应用案例

New Polo 的目标客户群分析

New Polo的目标客户特征：26~30岁是购买主力，男性为主，超过80%，多数单身部分结婚，有小孩家庭约占30%，外资企业员工购买比例最高约占70%。

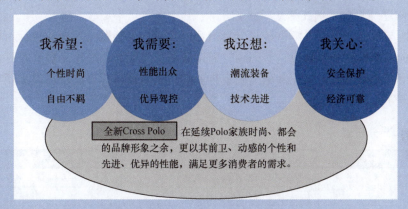

目标受众描述：

消费者认为New Polo在德系风格、高质量、力量感方面表现最优，同时被认为是最优雅、永恒的商品，在身份象征上也优于竞争对手。

希望的车型是：

- 高质量、有档次感的
- 运动的、有活力的
- 偏男性化的
- 科技先进的
- 都市时尚的

通过分析，全新 Cross Polo 和 New Polo 的客户共性是：

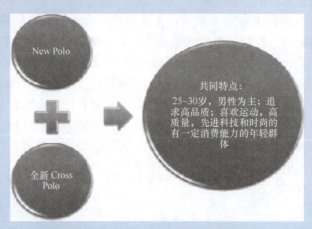

评析：在现代资源和经营能力有限、市场竞争激烈的条件下，汽车经销企业确定好目标市场，并围绕目标客户来策划具体的营销活动方案，有利于变整体弱势为局部优势，使得方案更加有的放矢。

3. 分析问题与机会、选择活动时机

分析问题与机会，可以了解营销目标的内容以及每一个问题与机会和目标市场行为的关系。营销目标的基础就是要解决这些问题，通过各种界定问题的方法发掘企业存在的问题及其原因或指出存在的机会，在此基础上确定企业的营销策划目标。这里可以运用前面学到的SWOT 法进行分析，见表 3-3。

表 3-3　SWOT 分析表

	对达成目标有帮助的因素	对达成目标不利的因素
内部（组织）	Strength（优势）	Weakness（劣势）
外部（环境）	Opportunity（机会）	Threat（优势）

运用这种方法，可以对目标车型所处的情景进行全面、系统、准确的分析研究，从而根据分析结果发挥优势因素、克服弱点因素、利用机会因素、化解威胁因素，接着选择合适的活动时机制订相应的营销目标、营销策略和活动计划等。汽车营销活动的时机选择如图 3-7 所示。

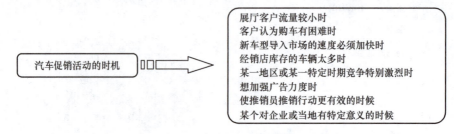

图 3-7　汽车营销活动的时机选择

4. 检讨往期销售、细化本次目标

汽车经销企业在制订本次策划活动目标时，需要先检讨往期活动的销售情况，如集客量、销售量、成交转化率等数据，并结合年度、季度或月度厂家的活动支持情况制订本次活动目标。活动目标包括企业活动期望实现的直接销售量目标、利润目标；未来一定时期企业形象、品牌形象的增值目标，即通过优质服务、活动推广来提升汽车经销企业的形象；还包括探索和积累营销经验的目标，培育造就一支高素质的汽车营销人才队伍，提高企业的营销能力，为企业可持续发展奠定基础。具体可细化为3个层次：公司层次目标、业务单位层次目标和营销功能层次目标，见表3-4。其中，业务单位层次目标的设定必须有可以量化的指标，如销量、市场份额、渗透率（即在目标市场上购车的百分比）、重复购车率（再次购车或介绍熟人购车的百分比）、汽车营销广告的到达率和参加率（或兑换率）等，这些数据可以帮助企业界定汽车营销活动的成败。

表3-4　营销目标层次

公司层次目标	业务单位层次目标	营销功能层次目标
探索和积累营销经验 提高企业的营销能力 为企业可持续发展奠定基础 ……	保持市场领先地位 集客量达到170组 成交量达到50辆车 重复购车率达到30% 产品获利率达到10% ……	增加宣传推广方式，提升企业形象、品牌形象 建立多种营销渠道 ……

如何制订活动销量目标

如何确定集客目标

任务三　活动主题的确定

 任务目标

知识目标	技能目标	素养目标
1. 了解营销活动的类型。 2. 理解创意的来源和技法。 3. 理解创意主题的特点。	1. 具备正确选择合适的活动类型的能力。 2. 具备根据主题的特点设计创意主题的能力。	培养学习者的探索与创新思维，以人为本，使学习者树立正确的创新观，在日常学习生活中培养创意思维。

建议学时

2学时。

相关知识

一、选择活动类型

活动主题就是一个活动策划项目要向消费者传达的主要信息或者核心概念。活动主题要突出产品或企业所能带给消费者的利益。活动主题要据车型的不同、市场需要的变化以及消费者对象的差异而精心谋划、有所侧重。

汽车经销商在设计活动主题时先要确定企业活动的类型,是车展类活动、试乘试驾类活动还是展厅类活动。

1. 车展类营销活动

车展全称为汽车展览,是由政府机构、专业协会或主流媒体等组织,在专业展馆或会场中心进行的汽车产品展示展销会或汽车行业经贸交易会、博览会等。车展包括国际大型车展、地域性车展。

4S店主要参加的是本店所在城市的地域性车展,另外,汽车经销企业为了促销和产品展示也会选择合适的地点,如商场、社区等举办车展活动,这类车展活动又称为巡展。

应用案例

奥游四海 广汽本田汇骏店巡展活动

五一,过去了!没买到心仪靓车的您后悔没有?没关系!广汽本田汇骏店满足您的愿望!

活动时间:20××年5月16日—5月17日

在四海一品举行巡展活动,届时展厅可享受巡展同等礼遇!

展厅与巡展同步礼遇

抢先一步:

活动期间进店关注本店微信公众号即送精美礼品(人手一份,永不落空)

不减不休:

广汽本田汇骏店不减不休,指定车型巅峰优惠直减高达38000.00元!!!

纯正用品在一身:

活动期间购车可任选原厂精品一项(数量有限,先订先得)

换购首选:

任意品牌置换歌诗图全系、雅阁2.4L享8000.00元补贴!置换雅阁2.0LX享5000.00元补贴!置换奥德赛全系享5000.00元补贴!

节能我话事:

第三代飞度1.5L CVT系列享受国家惠民补贴3000元!

一手掌握:

活动期间订车即可参与"银币一手抓",可抵减车价!

车展是汽车厂商和汽车经销商整体营销运作中的一个重要方面，汽车厂商可以通过车展向消费者传达造车理念和造车工艺水准、建立品牌形象和广告宣传；汽车经销商可以通过车展宣传经销商品牌、发布产品信息，促进销售；消费者可经由车展展示的汽车或汽车相关产品，了解汽车制造工业的发展动向与时代脉动，选购合适的车型。

2. 试乘试驾类营销活动

车展上客户更多的是被动式地看车，无法了解车辆的真正性能。企业举办试乘试驾活动是有效的媒体推广和销售促进的手段。试乘试驾是静态产品介绍的延伸，通过动态感受，能带给客户关于车辆最直接、全面的感观冲击和真实的细节体验。客户通过切身体会驾驶感受，亲身体验产品的性能，能加深对车辆的认同，从而增强其购买信心，激发购买欲望。同时，举办试乘试驾活动可吸引舆论领袖、传媒工作者关注，一次有效的试乘试驾活动将带来正确的产品认识、良好的产品声誉、正面的舆论扩散三位一体的效果。

有条件的4S店应尽可能配备专业器械，选择合适的试乘试驾地点充分地展示车辆性能，有效提升客户体验，最大限度地激发客户的购买兴趣，促进成交。试乘试驾地点选择包括专业地点和平稳路线两种。

（1）**专业地点** 深度试乘试驾活动常选择专业地点举行，如SUV可选择适合越野的地区进行；轿跑车可以设置高速赛道路线，其中包含多种路况，可充分试出车辆各种性能，这种在专业地点举办的深度试乘试驾活动适合邀请具有一定车辆专业知识的专业客户，引导其进行深度体验。

（2）**平稳路线** 常规试乘试驾地点的选择以平稳路线为主，侧重舒适性，在城市进行或模拟城市路况进行，重点邀请对于车辆专业知识了解不多的普通客户，引导其进行平稳驾驶。

试乘试驾地点规划必须能体现出汽车性能特点和优势，一般规划的路线有大直路、上下坡、高低速弯道、颠簸路段、安静路面段及适合紧急制动的路段等。设计特点包括：有安全的路线和换乘点；有足够的体验时间；有计划地展示车辆性能和特点；常规路线和深度路线结合。

> **应用案例**
>
> **"K金动力、荣耀天门"——荣威RX51.8T媒体试乘试驾**
>
> 缘起：20××岁末的"荣威驾控巅峰中国巡演活动"，奠定了荣威品牌的公众关注度与媒体影响力，成功树立了"贵雅亦激情"的荣威整体产品形象，为产品的品质营销奠定了良好的基调。
>
> 荣威RX51.8T将于20××年2月28日上市发布，并以"挑战天门"为活动平台，策划以产品体验为主导的事件营销。
>
> 活动目的：通过"挑战天门"的活动，以及天下第一公路奇观，迅速吸引媒体与公众的关注度，聚焦荣威RX51.8T上市活动。
>
> 通过"挑战天门"活动，集中体现荣威RX51.8T的强劲动力与绝佳操控性能。
>
> 通过活动、明星加持等环节持续制造热点，配合各地经销商活动，聚集人气吸引消费者参与试乘试驾活动，深入体验荣威RX51.8T的操控性与动力性，吸引更多的人来关注荣威RX51.8T，形成持续传播。
>
> 活动基本信息：时间：20××年3月26日—3月29日（共4天）

地点：湖南张家界天门山
长途试车路线：
黄花机场—桃花源—天门山（专业媒体）
黄花机场—天门山（大众媒体1）
天门山—黄花机场（大众媒体2）
天门山试车路线：上通天大道（99弯）
人员（暂定220人）：
上汽20人左右/媒体160人左右（包括网络媒体40人）/工作人员30人
轮次：
媒体分为专业媒体1场、大众媒体2场进行
大客户试驾安排在最后（在此不作详述）

3. 展厅类营销活动

展厅类营销活动即在4S店店内策划进行的营销活动。展厅内策划活动，锁定的多是目标客户或者潜在客户，活动的目的也是刺激消费或者回报客户，资源利用率比较高，工作人员在活动现场能因地制宜地推荐最新的车型和汽车相关精品。有效的展厅活动能提升店面人气，增加到店量和来电量，提高销售成交率。店头活动形式多种多样：节假日促销、联合促销、新车赏车会、淡季营销、延时服务季、光顾奖励、店庆活动、公益竞拍活动、特殊交车服务等。店头活动的核心在于"吸引力"，即如何吸引客户来店，应尽量使同品牌4S店的展厅类营销活动具备不可比性。

应用案例

全新君越 "品鉴会"

活动对象：别克新客户、老客户、潜在客户　　30人
　　　　　保险公司高端客户　　　　　　　　10人
　　　　　私企老板　　　　　　　　　　　　8人
　　　　　集团客户　　　　　　　　　　　　6人
　　　　　媒体　　　　　　　　　　　　　　4人
活动主题：全新君越"品鉴会"邀您一起鉴赏豪华座驾
活动形式：展厅车辆展示、太极表演、车模走秀、红酒品鉴、雪茄品鉴、歌曲演唱、客户互动、现场抽奖
活动流程：
09：30—10：00　嘉宾签到
10：00—10：10　太极表演
10：10—10：20　主持人串词
10：20—10：25　领导致辞
10：25—10：30　双君回顾短片

10：30—10：40　老君越车主证言
10：40—10：50　全新君越产品讲解
10：50—10：55　新车揭幕
10：55—11：00　歌曲《××××》
11：00—11：05　交车仪式
11：05—11：30　赏车+试驾（销售顾问讲解）
11：30-12：00　自由赏车、品酒、品雪茄（活动结束）

评析："品鉴会"中的各种活动，包括展厅车辆展示、太极表演、车模走秀、红酒品鉴、雪茄品鉴、歌曲演唱、客户互动、现场抽奖均在店内进行，活动期间提升了店面人气，提高了潜在客户对该4S店的认知。

二、设计创意主题

创意是指人们在经济、文化生活中产生的思想、主意、想象等新的思维成果，是一种创造新事物、新形象的思维方式和行为。它包括两层意思：一是指创造欲望，是人们心理上的一种强烈的发现问题和解决问题的冲动；二是意想不到的能带来效益的解决问题的方法，也就是创造性组成的一连串的"点子"。

营销策划也是一种创新行为，要创新，就要把创意贯穿于营销策划的整个过程，从构思到实施、从酝酿计划到统筹安排。创意是营销策划的生命和灵魂，创意成功与否是营销策划能否取得成功的关键。创意主题就是在策划目标指导下，围绕着策划活动类型，提炼组合最重要的活动信息，并用简短精练的语言加以原创性高度概括的活动内容，是活动精髓的体现。好的创意主题不仅需要创造出目标受众从来没接触过的印象、感觉或概念，令人耳目一新，而且要寻求客户的兴奋点、产品的卖点、企业的亮点、客户对企业及其产品的共鸣点。

如何确立活动主题

1. 创意的来源

（1）**主题创意来源于汽车本身**　车型自身定位的特点、产品的特性、产品的性价比、品牌诉求、产品的设计理念等都是创意主题的来源。如天籁某4S店策划活动的主题如图3-8所示。

（2）**主题创意来源于时节**　如面向某一特定节日或季节的营销活动策划。结合节日或季节特点的营销创意既能牢牢抓住"时节"带来的销售机会，又能有效吸引目标客户关注。消费者千差万别，但消费动机往往离不开不同时节的刺激，春天有外出踏青的需求，有情人节、妇女节；夏天要暑促更要"清凉一下"，有端午节、母亲节、儿童节、父亲节；秋季有中秋、国庆"金

图3-8　天籁策划主题"驰骋天地 万籁俱静"

九银十"的消费带动,有七夕节、中秋节、重阳节;冬季有买车过年旅游的想法,有圣诞节、元旦、春节等。一年四季不同时节以及各种节日往往能给营销策划者带来非常切合实际的创意灵感。

（3）**主题创意来源于时事** 利用人们所关注的时事热点来吸引客户。如果没能从产品、品牌或者时节角度找到合适的营销创意,不妨走到目标客户群之中,看看他们每天都在关注什么,都在被哪些事物吸引。从当下目标客户的关注点出发思考（即借势）,借其他看似与我们无关的事物,吸引目标客户的注意力。例如,利用热播的影视剧或者社会焦点,找到与自己要宣传的车型或者提供的服务相契合的方面,关联起来。

此类创意需要注意以下几点:①聚焦目标客户。"借势"之前首先要确定借什么势,关注这个"势"的人是核心目标客户,才能下"血本"投精力去做关联、公关。②找到创意与"势"的契合点。如果营销目的和大众关注点联系不紧密,就必须想办法加固联系、强化联系,让客户感觉不那么牵强,且要取得相关合作方的认可,防范法律风险。

（4）**主题创意来源于生活** 生活是创意最主要的来源,生活是丰富多彩的,它能为创意提供大量有价值的素材,而且能引发人们产生创意的灵感,很多优秀的创意都是对生活深入细致观察的结果。另外,汽车策划创意的产生也是为了满足实际的需要,只有贴近汽车消费者的生活,消费者才能更好地接受这些新奇的想法或主意,创意才更容易取得成功。汽车营销策划人员可以抓住现在人们生活中较为流行的活动,如英雄联盟、抖音等,将其融入策划活动中增加活动创意,这样更容易做到"借船出海"。

（5）**主题创意来源于幻想** 创意的产生,在一定程度上来源于人们的幻想。想象力是人类特有的一种思维能力,想象力的发挥,能使人们突破各种思维定式以及限制条件、环境的阻隔,使创造性思维得到最大程度的发挥。汽车营销策划人员可以发挥想象力,在已有的基础上大胆合理地想象,也能创作出出色的创意主题。

2. 创意思维的培养

创意思维的培养一般从以下4个方面着手:

（1）**培养创意意识** 人的创意意识分为习惯性创意意识和强制性创意意识。

习惯性创意意识一经形成,就具有稳定持续的特点,汽车营销策划人员平时要注意开发右脑,同时注意培养创意性的品格,包括尊重知识、仰慕创意的品质;养成勤于思考、善于钻研、敏于质疑的习惯;培育勇于探索、刻意求新、独树一帜的创新精神。

强制性的创意意识受创意的目的性支配,当创意活动的目的性达到后,这种创意意识多归于消灭。例如厂家发布策划活动任务、经销商为了增加特定时节的销量命令策划部自行提出策划方案等,这种临时性任务相当于外部强制,对于具有一定敬业精神和责任感的人来说,外部强制也可以使策划人员在一定时期保持旺盛的创意意识,满足心理上的成就感和满足感。

（2）**学会观察生活** 现实生活是创意的最终来源,汽车营销策划人员要想在生活中激发自己的灵感,产生创意思维,使自己的思维素质与水平得到提高,就要从以下方面发力:

首先,要从日常生活中的点滴做起,善于观察、体验和深入生活,仔细观察和积累日常生活中周围朋友、同事用车的关注点、兴趣点;洞察汽车消费波动、消费行为特征;琢磨令汽车消费者怦然心动、甘愿付费的各种理由。

其次,要拓宽兴趣面,开阔眼界,使自己的思想不断得到升华和提高,想象力也更加丰富；还应该随时利用机会，广泛涉猎，锻炼和提高自己的观察能力，使思维兴奋和活跃，想象力和创造力得到充分发挥。

（3）训练发散思维　在实践中，进行创意运用最为普遍的就是发散性思维方式。发散性思维又称为扩散性思维、辐射性思维、求异思维。它是一种从不同的方向、途经和角度去设想，探求多种答案，最终使问题获得圆满解决的思维方法。具体的方法包括：充分发挥人的想象力，淡化标准答案的约束，鼓励人们从不同的角度多个方面来进行思维，打破常规做法，对问题或事件进行大胆的质疑，进行反向思维。

（4）储备和积累广泛的知识　知识的储备和积累，对于汽车营销策划人员理性思维的形成与发展是极为重要的。汽车营销策划人员不仅要学习与策划、创意相关的知识，还要对其他领域的知识有所了解，了解宏观环境、产业状况、产品特性，借鉴别人的优秀创意等，只有注意加强对知识的广泛涉猎和积累，在创意的过程中，才能做到游刃有余，避免盲目性。灵感的获取也许只是一瞬间的事情，但是在灵感到来之前却需要有大量的思考和准备过程来铺垫。只有对某事某物进行长时间的考察、实验、思考才能获得好的创意。

出色的创意不是妙手偶得就是千锤百炼，而且多数是后一种情况。因此，这需要汽车营销策划人员注重培养创新意识，经常怀着一颗好学的心，让自己深潜到背景资料之中；怀着一颗善于思考的心，多角度去思考问题；怀着一颗好奇的心，认真观察生活，留心大众关注的焦点，以使想象力和创造力得到充分发挥，创作出有特色的主题。

3. 创意的技法

（1）模仿创造法　模仿创造法是指通过模拟仿制已知事物的方法，是创造性思维常用的方法。当不知如何拟定策划活动主题时，最便捷易行的方法就是通过资料收集，对已有的类似活动进行模仿后创造新的活动。这种模仿创造法不是抄袭、照搬，而是对已有活动的创意进行模仿借鉴，然后重新组合、改良，在此基础上选择与本企业、本次活动车型、本次活动目标有关的元素，因时、因地、因物、因势而创造最适合的创意。模仿只是入门的钥匙，紧接着必须致力于创造，这是这种方法的精髓，其目标是创造，而不是模仿。

（2）联想类比法　联想是由一个事物想到另一个事物的心理过程，由当前事物回忆过去事物或展望未来事物，由此事物想到另一事物，都是联想。联想是创造思维的基础，在策划创意设计过程中起着催化剂和导火索的作用；许多奇妙的新观念和主意常常首先由联想的火花点燃。任何策划活动都离不开联想，联想是孕育创意幼芽的温床。企业的营销活动运用常常会用到联想类比法，寓意深刻。

（3）移植参合法　移植参合法是指将某一领域的原理、方法、技术或构思移植到另一领域而形成新事物。它是策划者思维领域的一种嫁接现象。生物领域的嫁接或杂交可以产生新的物种，科技领域的移植、嫁接可以产生新科技成果。同样，企业策划也可通过对不同领域、不同行业的企业活动的某些方面进行移植，结合自身所处的行业、自身所服务品牌的定位及属性、自身相关产品服务的亮点去嫁接，从而形成新的企业活动主题，蕴含新创意。

（4）逆向思维法　当按照常规思维、使用常规方法不能解决问题时，即反其道而进行逆向思维以获得意想不到的效果的方法，即逆向思维法。这是一种打破常规、寻求变异的思维，也就是从反面去思考。汽车营销策划人员改变了从正面去探索问题的习惯，主动打破了常规的意向性、单一性，突破固定的思维模式和轨迹而提供全新的思维方式和切入点，拓宽了创意的渠道，往往可以产生超常的构思和创新的观念。

（5）组合创造法　组合创造法是指将多种因素通过建立某种关系组合在一起，从而形成组合优势的方法，这是现代企业营销活动常用的方法。例如，市场营销过程是产品、价格、分销、促销等可控因素的组合，营销观念中的产品是核心品、形式产品、延伸产品的组合。营销活动组合创造的基本前提是各组成要素必须建立某种关系而成为整体。没有规则约束即为堆砌，有了规则约束才会形成新的创意。跨文化营销、异业联盟都是组合创造的营销模式。

4. 创意主题的特点

（1）引人注目、吸引注意　策划方案的活动主题必须引人注目，能够打动消费者，即活动策划主题要能满足大众的需求，主题要形象，词句要能触动人心，具有强烈的感召力。在设计活动策划主题时，要保证主题有十足的吸引力，一定要点明这次活动能为消费者带来什么好处，并将其作为此次活动的宣传主题。不要用"跳楼价""疯狂砍价"等作为主题关键词，这种主题可能会造成相反的效果。很多消费者在看到这种活动主题时的第一反应就是"便宜的肯定质量不好"，其实消费者并不希望获得超低价产品，他们更希望在汽车企业的促销策划活动中买到自己需要的产品。所以在设计活动的主题时，既要考虑到促销的销量，也要考虑到品牌的形象，不要给消费者留下一种低成本、低质量商品的印象。

（2）通俗易懂、简洁明快　当把策划概念转变为语言和图像时，必须观点明确、通俗易懂、简洁明快，使人一目了然，鲜明地表达车型的特点或服务的特色，这样才能有利于品牌的宣传，易于大众媒介的传播和公众的接受。成功的策划主题应该是简单的，结构上不复杂，表达单一明确，不力图表达更多的信息内容，目标集中、重点突出，才能具备思想性与统一性。

（3）强烈刺激、感动客户　策划主题应当具备一定的冲击力，使策划作用的对象（即目标客户）产生相应的行动，如可以有意识、有目的地将"情"融入营销主题中，采用以情感互动的形式打动汽车消费者，拉近企业、产品品牌和消费者的距离。情感营销一直是当下很多车企非常喜欢的促销方式，这种促销方式在满足消费者需求的同时还具有打动消费者的作用，并以此产生情感共鸣来提高消费者的忠诚度，建立更加长久有效的客户关系。例如在端午佳节就可以采用包粽子、送粽子的形式增加商家与消费者的互动，以此来营造"情谊粽浓"的活动氛围，并以此来作为促销活动的主题，提升店面的名气和品牌效应。

（4）独特新颖、别具一格　策划主题要有自己独特的新意，要与同类产品的其他活动有不同的销售表达重点。要使活动主题具有新意，关键在于差别化策略的运作，可以从车型、服务、效用、心理价值等方面进行挖掘，使得活动主题具有个性化色彩，不同于其他活动，以给人留下深刻、长久的印象。

应用案例

写意大昌，水墨丰田

一、策划概述

颜体端庄稳重，体现着皇冠的舒适安全；行草流畅奔放，书写出兰德酷路泽的大气沉稳；隶书工整圆润，彰显着卡罗拉的典雅端庄，大昌和书法的完美演绎，将会是丰田汽车品牌新的诠释。

我国书法历来讲究形、神、气、韵，与汽车美学外观设计起、承、转、合有着异曲同工之妙。在举办长治民营企业书法、摄影大赛之际，大昌丰田借势策划20××年"写意大昌，水墨丰田"新年书法品鉴会。举办这样的活动，不仅是对现有客户的一种精神回报，也是丰田借助书法这一本土文化载体向社会展现大昌的精神风貌，将大昌丰田品牌揉进中国内涵，同时也可以对潜在的客户进行挖掘：让到场者切身体会丰田与书法作品完美结合，使客户在水墨书香的气息里享受大昌带来的优质服务。

二、活动主题

写意大昌　水墨丰田

评述：本次活动以书法、摄影大赛为切入点，将书法文化与汽车文化融合在一起，将活动营销提升到一种新的境界，同时也是对汽车销售手段的新尝试和新探索，活动主题独特新颖、别具一格，能很好地吸引到场者的关注，达到活动的效果。

项目四

汽车营销策划策略选择

任务一 产品策略的策划

任务目标

知识目标	技能目标	素养目标
1. 了解汽车产品整体概念。 2. 掌握汽车产品生命周期策略。 3. 掌握汽车产品品牌策略。	1. 具备准确选择产品组合策略的能力。 2. 具备根据产品不同生命周期的阶段准确进行活动策划的能力。	体会我国汽车品牌、我国企业家精神及优秀品质,培养学习者爱国情怀、社会责任和社会主义核心价值观等人文素质。

建议学时

4学时。

相关知识

一、汽车产品概述

汽车产品是一个包含了核心产品、形式产品、期望产品、附加产品和潜在产品5个层次的整体概念,如图4-1所示,能提供给市场,经过交换能满足消费者或客户对汽车需求和欲望的任何事物。

1. 汽车核心产品

汽车核心产品又称实质产品,是指汽车产品能向消费者提供的基本效用或利益。这是产品的最基本的层次,是满足消费者需求的核心内容。它是客户购买的目的所在,是客户追求的效用和利益。客户购买汽车产品,不仅是为了占有一件有形的、可触摸的汽车实体,而是为了满足自身特定的需要和欲望。因此,在汽车产品策划中必须以汽车产品的核心为出发点和归宿,设计出真正满足消费者需求的产品。

2. 形式产品

汽车形式产品是指核心产品借以实现的形式,即汽车产品形体或外部特征,包括品质、

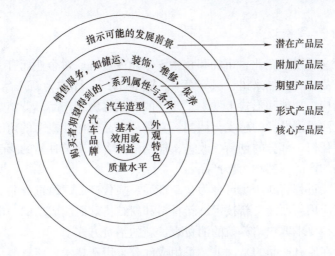

图 4-1 汽车产品整体概念的 5 个层次

式样、特征、包装和商标等。汽车产品的效用或利益都必须通过某种具体形式表现出来。

在汽车产品策划中，应对形式产品进行精心的设计，在体现产品核心与实体的基础上展现产品具有个性魅力的物质形态。汽车形式产品的具体体现见表 4-1。

表 4-1　汽车形式产品的具体体现

序号	实体	内容
1	汽车产品品质	主要是指汽车产品的功能、性能、适用性，这是满足消费者实际需要的最基本依据
2	汽车产品特色	主要是指汽车产品中有别于同类竞争产品的优势，这是产品立足于市场、参与竞争的主要手段
3	汽车产品形式	主要是指汽车产品的造型、式样、风格、类型，这是汽车产品吸引消费者的重要方面
4	汽车产品品牌	汽车品牌进入市场的开始阶段仅仅是作为一种商品交换中的识别符号，但是随着商品交换的实现，随着产品品质对于品牌的象征意义上的积累和升华，品牌逐渐具有了独立的商品化的"人格"，凝结其上的价值已经被人们普遍认识和接受。品牌战略已经成为市场竞争的锐利武器

3. 汽车期望产品

汽车期望产品是指客户购买汽车产品时通常期望得到的与产品密切相关的一整套属性和条件。例如，汽车消费者期望得到舒适的车厢、导航设施、安全保障设备等。

4. 汽车附加产品

汽车附加产品是指客户购买汽车产品时所获得的全部附加利益与服务，包括产品说明书、产品保证书、售前与售后服务等。例如现在的汽车 4S 店不仅出售汽车，而且提供汽车上牌、上保险、维修保养等一系列服务项目。可以预见，未来市场竞争的关键在于产品所提供的附加值，因此，汽车企业期望在激烈的市场竞争中获胜，必须极为重视服务，注重售前、售中和售后服务的策划。

5. 汽车潜在产品

汽车潜在产品是指最终可能实现的全部附加部分和新转换部分，或者说是指与现有产品相关的未来可发展的潜在性产品。潜在产品指出了产品可能的演变趋势和前景。

二、汽车新产品概述

对新产品的定义可以从企业、市场和技术3个角度进行。对企业而言，第一次生产销售的产品都称为新产品；对市场来讲，只有第一次出现的产品才称为新产品；从技术方面看，在产品的原理、结构、功能和形式上发生了改变的产品称为新产品。营销学的新产品包括前面3种类型，但更注重消费者的感受与认同，它是从产品整体性概念的角度来定义的，凡是产品整体性概念中任何一部分的创新、改进，能给消费者带来某种新的感受、满足和利益的相对新的或绝对新的产品，都称为新产品。

按产品研究开发过程，新产品可分为全新产品、换代产品、改进产品。

全新产品是指应用新原理、新技术、新材料和新结构等研制成功的、市场上前所未有的产品。同时，它往往要求客户培养新的消费观、新的消费方式。

换代产品是指在原有产品的基础上，采用或部分采用新技术、新材料、新结构制造出来的产品。它使原有产品的性能发生改变和提高。

改进产品是指在原有产品的基础上，对质量、性能、结构、造型等方面适当改进后生产的产品。改进后的新产品结构更加合理，功能更加齐全，品质更加优质，能更好地满足消费者不断变化的需求。

三、汽车产品组合策略

1. 汽车产品组合概述

汽车产品组合是指一个汽车企业生产和销售的所有汽车产品线和汽车产品品种的组合方式，即全部汽车产品的结构，也可简单地理解为企业的全部业务经营范围。汽车产品组合一般由若干汽车产品系列（汽车产品线）组成，而汽车产品系列由若干汽车产品品种组成。其中，汽车产品系列是指密切相关的一组汽车产品，这些汽车产品能满足类似的需要，销售给同类汽车消费群，而且经由同样的渠道销售出去，销售价格在一定幅度内变动；汽车产品品种是指汽车企业生产和销售汽车产品型录上的具体汽车品名和汽车型号。

衡量汽车产品组合可用广度、深度、长度和相容度这4个维度。其中，汽车产品组合的广度是指汽车企业生产经营的汽车产品系列（汽车产品线）的个数；汽车产品组合的深度是指每一汽车产品系列所包含的汽车产品品种（汽车产品项目）；汽车产品组合的长度是指汽车产品组合中的汽车产品品种总数，即汽车产品深度的总和；汽车产品组合的相容度是指各条产品系列在生产条件、最终用途、细分市场、分销渠道、维修服务或者其他方面相互关联的程度。

2. 汽车产品组合策略的分类

产品组合策略是指经销商根据自己的目标和市场的需要，对产品组合的宽度、长度和关联度进行最佳组合的决策。经销商在确定、调整和优化产品组合时，应根据市场需求、企业资源、技术条件、竞争态势等因素，经过科学分析和综合权衡，确定合理的产品结构。同时，随着市场因素的变化，适时地调整产品组合，尽可能使其达到最佳，为经销商带来更多的利润。

（1）扩大产品组合策略　这种策略包括拓展产品组合的广度和加强产品组合的深度。拓展产品组合的广度是指在原产品组合中增加一条或几条产品线，扩大生产经营范围。当经销商预测现有产品线的销售额和利润率在未来一到两年内可能下降时，就应考虑在现有产品组合中增加新的产品线，或加强其中有发展潜力的产品线，弥补原有产品线的不足。加强产品组合的深度是指在原有的产品线内增加新的产品项目，增加企业经营的品种。随着消费者需求的变化，经销商及时发展新的产品项目是增强产品竞争力的有效手段。因此，扩大产品组合策略可降低经营风险，满足消费者的不同需求。

（2）缩减产品组合策略　缩减产品组合策略即缩短产品线，缩小经营范围，实现产品专业化。市场繁荣时扩大产品组合可能为汽车企业带来更多的盈利机会。但当市场不景气或原料、能源供应紧张时，缩减产品组合反而会使总利润上升。这是因为从产品组合中剔除了获利很少甚至亏损的产品线或产品项目，使企业可以集中力量发展获利多、竞争力强的产品线或产品项目。因此，缩短产品组合可降低成本，获得稳固的利润。

（3）产品线延伸策略　产品线延伸策略是指部分或全部地改变汽车企业原有产品线的市场定位。每一个经销商对自己经营的产品都有其特定的市场定位。例如，经营高级豪华的产品其市场定位是高档市场，经营大众化的产品其市场定位是低档市场，介于两者之间的产品的市场定位是中档市场。产品线延伸策略可以分为以下3种。

1）向下延伸。向下延伸是指汽车企业原来经营高档产品，后决定在高档产品线中增加中低档产品项目。实施这种策略有一定的风险，如果处理不慎，会影响经销商原有产品特别是豪华产品的市场形象，而且有可能激发更激烈的竞争对抗。

2）向上延伸。向上延伸是指原定位于低档产品市场的经销商在原有的产品线内增加高档产品项目。采用这一策略也要承担一定的风险，要改变产品在客户心目中的地位是相当困难的，如果处理不慎，还会影响原有产品的市场声誉。

3）双向延伸。双向延伸是指原定位于中档产品市场的经销商在掌握了市场优势之后，决定向产品线的上、下两个方向延伸，一方面增加高档产品，另一方面增加低档产品，扩大市场阵容。

四、汽车产品生命周期策略

产品生命周期也称为产品寿命周期，是指一种新产品从开始进入市场到被市场淘汰的整个过程。典型的产品生命周期一般分为4个阶段：导入期、成长期、成熟期和衰退期，如图4-2所示。对于处在生命周期不同阶段的产品，其策划的基本思路也有所不同。

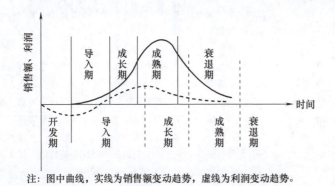

图4-2　产品生命周期各阶段的销售额和利润曲线

汽车产品生命周期各阶段的研判

进行汽车产品生命周期策略策划的基本思路如下：

（1）导入期　新车刚刚上市，会投入大量的费用在宣传和造势上，目的是集客和宣传新车型，一般会做新车上市或参与车展活动。

（2）成长期　有一定的客户基础，为了继续新增客户和转化客户，往往会开展试乘试驾和以节假日为主题的活动。

（3）成熟期　有较多的客户基盘，更多的是转化，多以团购、主题活动等做店面转化活动。

（4）衰退期　此阶段往往为了消库存而进行团购优惠活动等。

通过产品生命周期不同阶段策略策划，从而把每个产品周期与活动相结合，举例见表4-2。

表4-2　产品生命周期不同阶段策略策划举例

序号	阶段名称	策划的目的	活动策划形式	活动举例
1	导入期	集客和宣传新车型	经销商策划新车上市或参与车展活动	经销商参与车展活动： 进行场地建设：活动面积为450~750m^2，实际场地面积应大于活动面积 　A. 改装车长度为12.6m，车身展开高度为6m左右，展开宽度为8m 　B. 场地周围人流在5000人以上，最好是商业中心人流集中旺地 　C. 交通方便，便于12.6m汽车进场，且场地可通过相关部门的活动审批 广告投放：报纸、电视、户外大牌、电台、导旗、横幅、巡游 广宣物料制作：自主制作DM单、派发物料、准备活动相关礼品及现场延伸布置物料 宣传信息：LED滚动字幕，经销商促销信息
2	成长期	继续新增客户和转化客户	开展试乘试驾和以节假日为主题的活动	如五一、十一、元旦、春节期间，正值消费旺季，可通过试乘试驾和主题活动转化客户 　如A品牌汽车开展试乘试驾活动。经销商邀请暂时没有汽车的消费者，通过此次活动使这些消费者能够真正了解并喜欢上A品牌汽车 　活动内容：A品牌汽车与旅行社以及新闻媒体合作。首先，经销商为旅行社免费提供自驾游旅行用车，并策划到达旅游目的地的A品牌汽车的试乘试驾活动，重点突出A品牌汽车的节能环保功能。其次，与新闻媒体合作，由新闻媒体报道了这一神秘的汽车试驾活动，但旅行社和新闻媒体都没有透露汽车的具体品牌名称，只向游客们和公众提供汽车的内、外观图片和各方面的性能参数，让游客们在不知道汽车品牌的前提下进行驾车体验，也使客户真正体验到节能环保型汽车带来的清新享受 　通过电台、报纸和互联网进行传播，由这三大媒介跟踪报道自驾游情况，使其具有更强的真实性、感染力，更容易引起大家的共鸣

(续)

序号	阶段名称	策划的目的	活动策划形式	活 动 举 例
3	成熟期	将较多的基盘客户转化为现实客户	以团购、主题活动等做店头转化活动	背景板:"百年品牌,感恩有你" 车型看板:团购车型 冷餐区:果盘、冰淇淋、饮料、爆米花等 活动区:DIY 制作 更多活动敬请期待
4	衰退期	消库存	团购优惠活动	背景板:"店庆十周年,感恩有你" 特价车看板:库存 90 天以上车型 冷餐区:果盘、冰淇淋、饮料 充气抓钱机:放 10 元、50 元、100 元现金(计数后放回可作为优惠的额度、不可拿走),时间计时 30s 儿童活动区:沙画、气球制作

五、汽车产品品牌策略

1. 汽车产品品牌概述

"品牌"是一个名字、术语、符号或设计,或者是以上 4 种的组合,用以识别一个或一群出售者的产品或劳务,并以此区别于其他竞争者。品牌包括品牌名称和品牌标志。品牌名称为品牌中可以称呼的部分,如"劳斯莱斯""林肯""奔驰"等。品牌标志是品牌中易于识别,但无法以口语称呼的部分,如记号、图案、颜色等。

一个好的品牌,既能给企业带来利益,又能满足消费者的需求。目前,竞争激烈的汽车市场越来越表现为品牌竞争,品牌已成为自己的产品区别于其他产品的重要标志,人们可针对品牌联想出该企业产品的质量、价格和售后服务等特点。

2. 汽车品牌策略

汽车品牌策略就是通过品牌对竞争对手的否定、差异、距离来引导目标群体的选择,属于客户心理市场上的竞争,即汽车品牌策略主要是指汽车企业如何合理、有效地使用品牌,以达到一定的营销目标。汽车品牌策略通常有以下几种。

(1) 汽车品牌归属策略 如果企业采用品牌化策略,那么就应决定品牌归谁所有,由谁负责。在这方面主要有表 4-3 所示的策略可供选择。

表 4-3 汽车品牌归属策略

序号	品牌归属	内　　容
1	制造商品牌策略	汽车生产企业使用自己的品牌。采取这种策略是为了获得自立品牌所带来的利益。同时,许多销售者比较愿意购买汽车生产企业已经确立了品牌的汽车商品
2	中间商品牌策略	这一策略包括汽车制造商采用中间商品牌的策略和中间商自己建立和发展自己的品牌的策略。当汽车制造商进入一个自己不熟悉的新市场销售自己的汽车产品,或汽车制造商的商誉远不及中间商的商誉时,就应采用中间商的品牌,目的是利用中间商的良好信誉使车产品尽快进入目标市场
3	制造商品牌和中间商品牌混合使用策略	有些汽车中间商想建立自己的品牌,以便能更有效地控制价格,控制汽车生产企业,因此使用自己的品牌;但是为了获得汽车消费者的信任,维持高水平的品质,又不得不使用汽车生产企业的品牌,如上海大众品牌和上海汽车工业销售总公司的品牌就混合使用

(2) 汽车家族品牌策略　汽车家族品牌策略包括统一品牌、个别品牌、个别或统一品牌和将企业名称与个别品牌相结合，见表4-4。

表4-4　汽车家族品牌策略

序号	家族品牌策略	内容
1	统一品牌策略	统一品牌是指一个汽车企业的各种产品都以同一品牌推入市场，形成一个品牌系列。采取这种策略不仅可以大大节约推销费用，而且可以利用统一的品牌建立广告传播体系，声势浩大地将汽车企业精神和汽车产品特点传播给客户，使客户具有强烈和深刻的印象。此外，可以借助已成功的品牌推出汽车新产品，使汽车产品较快地打开销路。只有在汽车家族品牌已在市场上享有盛誉，而且各种汽车产品有相同的质量水平时，该策略才能行之有效，否则，某一汽车产品的问题会危及整个汽车企业的信誉。例如，奔驰汽车很少采用副品牌，对于有重大革新的汽车也只是以不同系列来区分；上海大众至今为止推出的产品使用的都是大众这个品牌，而这个品牌在中国市场上获得了好评
2	个别品牌策略	个别品牌是指一个汽车企业的不同产品采用不同的品牌。德国大众汽车集团有大众、奥迪、斯柯达等多个品牌的轿车。这种策略的主要优点在于不致将汽车企业声誉过于紧密地与个别产品相联系，如果该汽车产品失败，亦不致对汽车企业整体造成不良后果。同时，个别品牌策略还便于为汽车新产品寻求一个最好的名称，新的名称也有助于建立新的信心
3	个别或统一品牌策略	个别或统一品牌策略是指按产品系列或产品大类划分，同一产品系列的产品采用统一的品牌，不同系列的产品采用不同的品牌，因为不同产品系列之间关联度较低，而同一产品系列之内的产品项目关联程度较高。对德国大众汽车集团来说，VW品牌的产品基本上是中档汽车；而奥迪是高档轿车；Polo是经济型车。在这种品牌策略下，消费者很容易接受每种品牌所包含的意义
4	将企业名称与个别品牌相结合策略	将企业名称与个别品牌相结合策略是汽车行业中常见的一种品牌策略，且在企业各种产品的个别品牌名称之前冠以汽车企业名称可以使汽车产品正统化，享受汽车企业已有的信誉；而个别品牌又可使汽车产品各具特色。如通用汽车公司生产的各种轿车分别使用凯迪拉克、雪佛兰、庞蒂亚克等品牌，每个品牌前都另加"GE"字样，以表明是通用汽车公司的产品

(3) 汽车多重品牌策略　汽车多重品牌策略是指一种汽车产品使用两个或两个以上的品牌，使不同品牌的同一汽车产品在市场上开展竞争，有时会使两者销量之和大于原先单一品牌的先期产品总销量。不同质量等级的同一产品也可采用不同品牌或商标，以示区别。采用多重品牌的主要目的是扩大市场份额。但也要注意其可行性，如果不能扩大销量，则会徒然增加费用，结果适得其反。

多重品牌策略一直是世界汽车企业采用的重要策略。无论是居世界销量前列的通用汽车公司、老牌的大众汽车公司，还是后来居上的日本丰田汽车公司，都无一例外地采取了多重品牌策略以抵御竞争对手，并扩大自己的市场占有率。20世纪80年代中期，美国通用汽车公司为了在小型车市场抵御日本汽车的进攻，投资39亿美元成立了一家名为土星的分公司来生产小型车与日本汽车分庭抗礼，以改变该市场长期被日本汽车霸占的局面。最后，土星汽车以独特的设计、分销和定价体系及广告策略,成功地打败了韩国现代、日本斯巴鲁、德国大众和日本三菱等四大品牌。

任务二 定价策略的策划

  任务目标

知识目标	技能目标	素养目标
1. 了解汽车价格的相关知识。 2. 掌握影响汽车定价的因素。 3. 掌握汽车产品定价方法和价格调整策略。	1. 具备准确确定汽车价格具体构成的能力。 2. 具备根据不同的定价方法进行汽车产品定价策略的能力。	引导学习者树立正确的价值观念,诚信定价,遵守职业道德,进而打造良好、健康的工作环境。

  建议学时

4学时。

  相关知识

一、汽车定价策略基础

1. 汽车产品价格构成

(1) 汽车产品价格的构成要素　经销商汽车产品价格的构成要素包括汽车进价、汽车流通费用、国家税金和经销商利润4个方面。

1)汽车进价。汽车进价是汽车价格的重要组成部分,也是制订汽车价格的重要依据。

2)汽车流通费用。汽车流通费用是发生在汽车从汽车生产企业向最终消费者移动过程各个环节之中的,并与汽车移动的时间、距离相关,因此,它是正确制订同种汽车差价的基础。

3)国家税金。国家税金是汽车价格的构成因素。国家通过法令规定汽车的税率,并进行征收。税率的高低直接影响汽车的价格。

4)经销商利润。经销商利润是汽车价格的构成因素,是经销企业采购汽车产品的重要资金来源。

(2) 汽车产品直售价格　从汽车市场营销的角度来看,对于经销商而言,汽车直售价格的具体构成是在进价的基础上加上一定汽车直售费用和汽车直售企业一定百分比的利税。其中,经销商的进价就是汽车的出厂价格。

经销商的进价 = 汽车出厂价格 = 汽车产品成本 + 汽车生产企业的利税

汽车直售价格 = 汽车生产成本 + 汽车生产企业的利税 + 汽车直售费用 + 汽车直售企业一定百分比的利税

2. 汽车产品定价的程序

(1) 合理选择定价目标　定价目标有以下3种。

1）维持生存目标。维持生存是经销商处于不利环境中实行的一种特殊的过渡性目标。当经销商遇到汽车产品供过于求、成本提高、竞争加剧、价格下跌的冲击时，为避免倒闭、渡过难关，往往以保本价格，甚至亏本价格销售产品。在这种情况下，生存比利润更重要，可以暂时选择以维持生存为价格策划的目标。

2）实现当期利润最大化。追求最大利润，几乎是所有经销商的共同目标，但利润最大化并不等于制订最高价格。定价偏高，消费者不能接受，产品销售不畅，反而难以实现利润目标。一般做法是企业估计不同价格所对应的需求和成本，然后选择能够产生最大现期利润、现金流动和投资回报的价格。

3）实现市场占有率最大化和最大的销量。市场占有率是衡量经销商营销绩效和市场竞争态势的最重要指标，因为，赢得最高的市场占有率和最大的销量之后，经销商可以从生产企业获得更大的价格优势。

（2）确定价格范围　产品的价格范围通常是由低到高在以下几个尺度以内：单位成品的进价、价格底线、平均单位成本、上升价格、价格最高极限，如图4-3所示。比如，企业认为某个产品的价格应该在图4-3中的标尺4的位置，企业在对自己的产品进行价格策划的时候，先确定应该在哪个位置，然后参看定价范围指南，见表4-5。

图4-3　企业产品价格标尺

表4-5　定价范围指南

产品：　　　　　　　　定价范围：
1. 价格底线：
（1）出厂价占零售价的　　　　　%。
（2）制造商的建议价格　　　　　元。
（3）固定成本是　　元，可变成本是　　　元。
（4）收支平衡点是　　　　　元。
2. 对产品的价格需要特别考虑的是：
□服务　□声誉　□竞争地位　□质量　□需求量　□产品生命周期
□竞争　□市场渗透成本　□其他
3. 周转速度为每年　　　　　次。
4. 行业周转平均为每年　　　　　次。
5. 现行的价格是　　　　　元。
6. 预估的销量为　　　　　（单位）。
7. 最低要销售　　　　　（单位）才可达到收支平衡。
8. 客户满意的价格是　　　　　元。
9. 可能的最高价格是　　　　　元。

3. 分析影响定价策划的因素

综合考虑经销商定价目标、产品组合、当前竞争、潜在竞争、消费者需求的独立性、企业在目标客户心目中的形象等因素确定企业产品价格的接受范围，然后进行综合，便可以得出一个基本满意的价格。图4-4列出了经销商为了实现某种价格策划目标，可以自由定价的范围以及做出价格决策时所要考虑的所有因素。

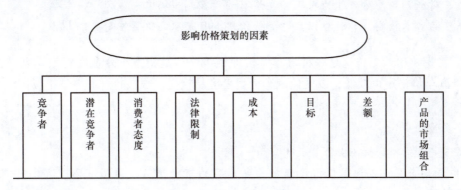

图 4-4 影响价格策划的因素

4. 计算并确定最终价格

从产品的市场定位角度看，可以根据定位情况分别给产品确定不同的价格位置。对于竞争因素、客户需求差异因素、企业在目标客户心目中形象因素都可以赋予相应的价格位置。把由上述因素决定的相应位置上的价格进行平均，便可以得到一个最终的价格。

二、汽车产品定价策略

1. 汽车新产品定价策略

（1）撇脂定价策略 这是一种高价保利策略，是在汽车新产品投放市场的初期，将汽车价格定得较高，以便在较短的时期内获得较高的利润，尽快地收回投资。

> **小知识**
>
> 撇脂定价策略的优点如下：
> 汽车新产品刚投放市场，需求弹性小，尚未有竞争者，因此，只要汽车新产品性能超群、质量过硬，就可以采取高价来满足一些汽车消费者求新、求异的消费心理。
> 由于汽车价格较高，因而可以使汽车企业在较短时间内取得较大的利润，在短时间内收回投资。
> 由于定价较高，便于在竞争者大量进入市场时主动降价，增强竞争能力；同时，也符合客户对价格由高到低的心理。
>
> 撇脂定价策略的缺点如下：
> 在汽车新产品尚未建立起声誉时，高价不利于打开市场，一旦销售不利，汽车新产品就有夭折的风险。
> 如果高价投放市场销路旺盛，很容易引来竞争者，从而使汽车新产品的销路受到影响。

撇脂定价策略适用的情况如下：
新产品较难仿制，竞争性小，需求价格弹性相对不高。
高价不会给消费者造成汽车企业牟取暴利的印象。
产品的用途、质量、性能或款式等产品要素与高价格相符合。
汽车对新产品的生产能力有限，高价有利于控制市场需求量。
新产品成本较高，暂时难以立即降低价格，且采取高价存在好处。

（2）渗透定价策略　这是一种汽车低价促销策略，是指汽车企业在将汽车新产品投放市场时将汽车价格定得较低，以便使汽车消费者容易接受，很快打开和占领市场。

小知识

渗透定价策略的优点如下：
1）汽车企业可以利用低价迅速打开新产品的市场销路，占领市场，从多销中获得更多的利润。
2）低价可以阻止竞争者进入，有利于控制市场。
渗透定价策略的缺点如下：
投资的回收周期较长，见效慢，风险大，一旦渗透失利，会给汽车企业造成巨大的损失。
渗透定价策略适用的情况如下：
制造这种汽车新产品所采用的技术已经公开，或者易于仿制，竞争者容易进入该市场。利用低价可以排斥竞争者，占领市场。
投放市场的汽车新产品在市场上已有同类汽车产品，但是，生产该汽车新产品的企业比生产同类汽车产品的企业拥有较大的生产能力，并且该汽车新产品的规模效益显著，大量生产定会降低成本，收益有上升趋势。
该类汽车产品在市场中的供求基本平衡，市场需求对价格比较敏感，低价可以吸引较多的客户，可以使汽车企业扩大市场份额。

以上两种汽车定价策略各有利弊，选择哪一种策略应根据市场需求、竞争情况、市场潜力、生产能力和汽车成本等因素综合考虑。这两种策略的选择标准见表4-6。

表4-6　撇脂定价策略与渗透定价策略的选择标准

定价策略的选择标准	撇脂定价策略	渗透定价策略
汽车市场需求水平	高	低
与同类竞争汽车产品的差别	较大	不大
汽车价格需求弹性	小	大
汽车企业生产能力扩大的可能性	小	大
汽车消费者购买力水平	高	低
汽车产品目标市场潜力	不大	大
汽车产品仿制的难易程度	难	易
汽车企业投资回收期长短	较短	较长

（3）满意定价策略 这是一种介于撇脂定价策略和渗透定价策略之间的汽车定价策略。采用这种策略所定的价格比采用撇脂定价策略所定的价格低，而比采用渗透定价策略所定的价格高，是一种中间价格。这种汽车定价策略由于能使汽车生产者和消费者比较满意而得名。由于采用这种策略所定的价格介于高价和低价之间，因而这种策略比前两种定价策略的风险小，成功的可能性大，但有时也要根据市场需求、竞争情况等因素进行具体分析。

2. 折扣和折让定价策略

在汽车市场营销中，汽车企业为了竞争和实现经营战略，经常对汽车价格采取折扣和折让定价策略，直接或间接地降低汽车价格，以争取消费者，扩大汽车销量。灵活运用折扣和折让定价策略是汽车企业提高经济效益的重要途径。企业在实行折扣和折让定价策略时要考虑竞争者实力、折扣成本、企业流动资金成本、消费者的折扣心理等多方面的因素，并注意避免市场内同种商品折扣标准的混乱，从而有效地实现营销目标。具体来说，折扣和折让定价策略包括以下 5 种。

（1）数量折扣策略 数量折扣策略是根据消费者购买的汽车数量给予不同的折扣。买方购买的汽车数量越多，折扣越大。

数量折扣可分为累计数量折扣和非累计数量折扣。前者规定买方在一定时期内，购买汽车达到一定数量或一定金额时，按总量给予一定折扣的优惠，目的是使买方与汽车企业保持长期的合作，维持汽车企业的市场占有率；后者是指按买方每次购买汽车的数量给予折扣的优惠。这两种折扣策略都能有效地吸引消费者，使汽车企业能从大量的销售中获得较多的利润。

（2）现金折扣策略 现金折扣策略是指对按约定日期提前付款或按期付款的买主给予一定的折扣优惠价，目的是鼓励买主尽早付款以利于汽车企业的资金周转。运用现金折扣策略时应考虑 3 个因素：一是折扣率的大小；二是给予折扣的限制时间的长短；三是付清货款期限的长短。

（3）交易折扣策略 交易折扣策略是指汽车企业根据各个中间商在市场营销活动中所担负的功能的不同而给予不同的折扣，所以也称为"功能折扣"。

（4）季节折扣策略 季节折扣策略是指在汽车销售淡季时给买方一定的价格优惠，目的是鼓励中间商和消费者购买汽车、减少库存、节约管理费、加速资金周转。季节折扣率应不低于银行存款利率。

（5）运费让价策略 为了调动中间商或消费者的购买积极性，汽车企业对他们的运输费用给予一定的津贴，为他们支付一部分甚至全部运费。

3. 针对汽车消费者心理的定价策略

（1）整数定价策略 汽车在对高档汽车进行定价时，往往把汽车价格定成整数，不带尾数。凭借整数价格使消费者形成高档消费品的印象，提高汽车品牌形象，满足汽车消费者的某种心理需求。

整数定价策略适用于档次较高、需求的价格弹性比较小的汽车产品。由于目前选购高档汽车的消费者都属于高收入阶层，所以会接受较高的整数价格。

（2）尾数定价策略 尾数定价策略是与整数定价策略相反的一种定价策略，是指汽车企业利用汽车消费者求廉的心理，在汽车定价时不取整数，而使所定的价格带尾数。这种带尾数的汽车价格会在直观上给消费者一种便宜的感觉；同时，还会给消费者一种汽车企业经过了认真的成本核算才定价的感觉，可以提高消费者对该定价的信任度，从而激起消费者的购买欲望，促进汽车销量的增加。

尾数定价策略一般适用于档次较低的经济型汽车。经济型汽车价格的高低会对需求产生较大影响。

（3）声望定价策略　声望定价策略是指根据汽车产品在消费者心目中的声望、消费者对汽车产品的信任度和汽车产品的社会地位来确定汽车价格的一种汽车定价策略。声望定价策略可以满足某些汽车消费者的特殊心理需求，如对地位、身份、财富、名望和自我形象等的需求，还可以通过高价格显示汽车的名贵品质。

声望定价策略一般适用于具有较高知名度、有较大市场影响力的著名品牌的汽车。

（4）招徕定价策略　招徕定价策略是指将某种汽车产品的价格定得非常高或者非常低，以引起消费者的好奇心理和观望行为，从而带动其他汽车产品销售的一种汽车定价策略。如某些汽车企业在某一时期推出某一款车型并降价出售，过一段时间后紧接着推出另一种车型，以此来吸引消费者时常关注该企业的汽车产品，促进降价产品的销售，同时带动同品牌其他正常价格的汽车产品的销售。

招徕定价策略常为汽车超市、汽车专卖店所采用。

（5）分级定价策略　分级定价策略是指在定价时，把同类汽车分为几个等级，不同等级的汽车采用不同价格的一种汽车定价策略。这种定价策略能使消费者产生货真价实、按质论价的感觉，因而容易被消费者接受。而且，这些不同等级的汽车若同时提价，对消费者的质价观冲击不会太大。

采用分级定价策略时，等级的划分要适当，级差不能太大或太小；否则，达不到预期的分级效果。

> **小知识**
>
> 针对汽车消费者心理定价策略的应用案例：
>
> 某汽车经销商采购的A品牌汽车定价采用了消费者心理定价的策略，即尾数定价和声望定价两种方法。
>
> 尾数定价这种带尾数的汽车价格一方面直观上给消费者一种便宜的感觉，另一方面会给消费者一种汽车经销商经过了认真的核算才定价的感觉，可以提高消费者对该定价的信任度；同时采取尾数定价，汽车企业一般对尾数选择9和8取合意，人们总是联想到"久"和"发"，给驾车人美好的向往，从而激起消费者的购买欲望，促进汽车销量的增加。

4. 针对汽车产品组合的定价策略

（1）同系列汽车产品组合定价策略　这种定价策略是把一个企业所生产的同一系列的汽车产品作为一个产品组合来定价。在其中确定某一车型采用较低价格，这种低价车可以在该系列汽车产品中充当明星产品，以吸引消费者购买这一系列中的各种汽车产品；同时确定某一车型为较高价格，这种高价车可以在该系列汽车产品中充当品牌产品，以提高该系列汽车的品牌效应。

同系列汽车产品组合定价策略与分级定价策略有相似的部分，但前者更注重系列汽车产品作为产品组合的整体化，强调产品组合中各汽车产品的内在关联性。

（2）附带选装配置的汽车产品组合定价策略　这种定价策略是指将一个企业生产的汽车产品与其附带的一些可供选装配置的产品看作一个产品组合来定价。例如，汽车消费者可以选装该汽车企业的电子车窗控制器、扫雾器和减光器等配置。汽车企业首先要确定产品组合中应包含的可选装配置产品，其次，要对汽车及选装配置产品进行统一、合理的定价。如果汽车价格相对较低，而选装配置的价格相对高一些，这样既可以吸引汽车消费者，又可以通过选装配置来增加企业利润。

附带选装配置的产品组合定价策略一般适用于有特殊、专用汽车附带选装配置的汽车。

任务三　渠道策略的策划

任务目标

知识目标	技能目标	素养目标
1. 掌握汽车销售渠道的概念。 2. 了解汽车销售渠道的功能和类型。 3. 掌握当前常见的汽车销售渠道类型。	1. 具备分析汽车销售渠道功能的能力。 2. 具备汽车销售渠道策划的能力。	培养学习者团结协作的精神。

建议学时

2学时。

相关知识

销售渠道是使汽车产品实现其价值的重要环节，它包括科学地确定汽车销售路线；合理地规划汽车销售网络；及时地将品质完好的汽车提供给消费者，以满足消费者的需求。

一、汽车销售渠道的概述

1. 汽车销售渠道的概念

销售渠道就是商品和服务从生产者向消费者转移过程的具体通道或路径。汽车销售渠道实质上是连接生产和消费之间的"桥梁"和"纽带"，它的起点是汽车生产者，终点是个人消费者或产业客户，中间环节是位于二者之间的中间商。尽管销售渠道的建立需要花费企业大量的资金、精力和时间，但是如果没有可靠的销售渠道，汽车企业生产的产品就不能及时地实现销售，从而影响企业营销目标的实现程度。

2. 汽车销售渠道的功能

建设汽车销售渠道是将汽车产品从制造商转移到消费者手中所必须完成的工作，它的目的是消除汽车产品与消费者之间的距离，弥补产品、服务和其他使用者之间的缺口。

(1) 收集提供信息（Information） 汽车销售渠道构成成员中的汽车销售中间商直接接触市场和消费者，最能了解市场的动向和消费者实际状况。汽车销售渠道能紧密观测市场动态、收集相关信息，及时反馈给汽车企业。

(2) 促进产品销售（Promotion） 汽车销售渠道系统通过其销售行为和各种促销活动可创造需求、扩展市场。人员促销、营业推广等促销方式都离不开汽车营销渠道的参与。

(3) 完善客户服务（Service） 汽车销售活动必须以客户为中心，各个环节的服务质量直接影响汽车企业在市场中的竞争实力，因此汽车销售渠道必须为客户提供周到、高质量的服务，提高客户满意度。

(4) 调整市场（Matching） 汽车销售渠道熟悉市场的实际需求，并向汽车生产企业及时通报这些情况，有利于企业调整市场配置的各项活动。调整活动主要包括集中、选择、标准化、格式化、编配分装、备件产品安排等。这一职能可以调整生产者和市场之间的平衡关系，使产品得以顺利、有效地流通。

(5) 强化物流效益（Physical Distribution） 要使汽车产品从生产者转移到消费者或客户，就需要储存和运输。汽车销售渠道可以协助生产企业解决将何种汽车、以多少数量在指定的时间送达正确的汽车市场，使汽车销售渠道整体效益达到最佳。

(6) 生意谈判（Negotiation） 汽车销售渠道承担着转移汽车产品的所有权，并就其价格及有关条件达成协议，将厂家生产的产品顺利送达消费者的责任。汽车营销渠道的工作就是寻找可能的购买者，与其沟通以促进成交并向生产者反馈市场信息、向生产企业订购产品。

(7) 共同承担风险（Risk Taking） 汽车市场的销售情况变化多样，有高峰也有低谷，渠道中的每个成员在产品销售过程中承担与渠道工作有关的风险。当市场销售发生困难时，渠道经销商往往与生产企业共担风险。

(8) 提供融资（Financing） 目前，我国的汽车经销商一般采用向汽车生产企业支付"保证金"以及"付款提车"的资金结算制度，这对汽车生产企业加速资金周转、减少资金占用起到重要作用。

3. 汽车销售渠道的类型

汽车从生产企业出发，经过一定的中间销售环节后才会到达最终消费者手中。在庞大的汽车流通领域，汽车销售渠道的类型多样。不同的汽车企业，从自身的特点出发，采取了各不相同的汽车销售渠道模式。

(1) 按渠道的长度分类 渠道长度是指汽车产品销售所经中间环节的多少及渠道层次的多少。所经中间环节越多，渠道越长；反之，渠道越短。最短渠道是不经过中间环节的渠道，如图4-5所示。

1）直接渠道：由汽车生产企业直售。汽车生产企业不通过任何中间环节，直接将汽车销售给消费者。这是最简单、最直接、最短的销售渠道。其特点是产销直接见面，环节少，有利于降低流通费用，及时了解市场行情，迅速开发与投放满足消费者需求的汽车产品。这种销售模式需要生产企业自设销售机构，因而不利于专业化分工；难以广泛分销，不利于企业拓展市场。但是，随着电子商务的发展、普及和完善，这种模式会被汽车企业作为重要的销售渠道之一。

2）一级渠道：由汽车生产企业转经销商直售。汽车生产企业先将汽车卖给经销商，再

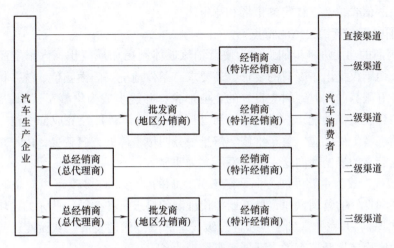

图 4-5　汽车销售渠道的类型

由经销商直接销售给消费者。这是经过一道中间环节的渠道模式。其特点是中间环节少、渠道短,有利于生产企业充分利用经销商的力量,扩大汽车销路,提高经济效益。我国许多专用汽车生产企业、重型车生产企业都采用这种分销方式。

3)二级渠道:由汽车生产企业经批发商转经销商直售。汽车生产企业先把汽车批发销售给批发商(或地区分销商),再由其转卖给经销商,最后由经销商将汽车直接销售给消费者。这是经过两道中间环节的渠道模式,也是销售渠道中的传统模式。其特点是中间环节较多、渠道较长。这一方面有利于生产企业大批量生产,节省销售费用;另一方面有利于经销商节约进货时间和费用。

4)三级渠道:由汽车生产企业经总经销商与批发商后转经销商直售。汽车生产企业先委托总经销商(或总代理商)并把汽车提供给总经销商(或总代理商),由其向批发商(或地区分销商)销售汽车,批发商(或地区分销商)再转卖给经销商,最后由经销商将汽车直接销售给消费者。这是经过3道中间环节的渠道模式。其特点是总经销商(或总代理商)为生产企业销售汽车,有利于了解市场环境、打开销路、降低费用、增加效益。缺点是中间环节多,流通时间长。一般来说,三级渠道多见于消费者市场。

(2)按渠道的宽度分类　销售渠道的宽度是指渠道的每个层次使用同种类型中间商数目的多少。多者为宽渠道,意味着销售网点多,市场覆盖面大;少者为窄渠道,市场覆盖面相对较小。

受市场特征和制造商销售战略等因素的影响,汽车销售渠道的宽度结构大致有3种类型:

1)独家销售渠道。独家营销渠道是汽车制造商在某一地区市场仅有一家代理商或经销商经销其产品所形成的渠道。通常双方协商签订独家经销合同,一方面规定汽车制造商不再在该地区发展经销商,另一方面规定经销商不得经营竞争者的产品。独家销售渠道是窄渠道。独家代理(或经销)有利于控制市场。

2)密集型销售渠道。密集型销售渠道又称广泛销售或开放性销售,是指汽车制造商尽可能多地发展批发商和零售商,并由他们销售其产品。

3)选择性销售渠道。选择性销售是指汽车制造商根据自己所设定的交易基准和条件精心挑选最合适的中间商销售其产品。选择性销售渠道通常由实力较强的中间商组成,能有效地维护制造商的信誉,建立稳定的市场和竞争优势。

4. 当前国内汽车营销渠道的特点

(1) *经销商的功能进一步加强*　为使营销流通体制更加规范化,汽车生产企业对专营合资、联营公司不仅提出了专营的要求,还要求有条件地统一门面颜色、统一标准、统一名称,在提供良好服务的同时,树立良好的企业形象,并逐步成为集整车营销、零配件供应、整车维修、信息反馈等功能于一身的经销商(四位一体)。各种经济成分所建立的经销商正在向整车营销、零配件供应、整车维修、信息服务四位一体的方向转变,由汽车生产企业独资或合资建立起来的经销商向这一趋势发展尤为明显。

(2) *区域代理成为主要发展方向*　随着代理制的实行,许多汽车生产企业为了建立稳定的经销体系和良好的营销秩序,已开始按代理制的要求,在全国一些大的区域建立营销总代理(一级代理),并在此基础上逐步向二级代理和三级代理发展,从而使这些代理经销商能够在特定地区稳定地开拓市场,开展汽车经销业务。

(3) *重视对经销商的培训和管理*　为保证经销商正常运作,汽车生产企业建立了各种与之配套的培训服务中心,负责对具有4S功能经销店的工作人员进行培训。

1) 设立销售、维修服务培训中心,负责对具有3S~4S功能的经销店的销售人员、维修人员进行培训,指导上岗。汽车生产企业采取多种形式对经销商员工进行培训。例如近几年,有很多汽车生产企业与院校合作来培训经销商的员工;也有的汽车生产企业定期让经销商员工到企业去培训。

2) 建立配套供应中心。经销商要长期保持3S~4S功能,其配件流通也要形成网络,以保证客户能买到纯正配件。

3) 完善物流管理中心,主要包括仓储管理和运输管理。仓储管理是依据地区分布科学地设立中转库。运输管理的最终目的是使车辆尽快地从产地分流出去,尽快到达客户手中。

(4) *品牌经营已经成熟*　目前,国内汽车销售的品牌经营模式已经成熟。品牌经营的特点在于,汽车生产企业对经销商网络从外观形象到内部布局,从硬件投入到软件管理,从售前到售中、售后等所有服务程序,实施统一的规范、统一的标志、统一的形象、统一的管理,并实施统一的严格培训。品牌经营不仅能够规范市场行为和程序,而且能够强化市场管理,避免过度或恶性竞争,树立品牌形象。更为重要的是,与非品牌营销相比,各种服务功能进一步得到加强,通过经营区域划分、统一价格政策、直接面向终极客户营销,从而减少了流通环节,降低了交易成本。

二、常见汽车销售渠道

1. 4S店销售

所谓4S就是整车销售(Sale)、零配件(Sparepart)、售后服务(Service)、信息反馈(Survey)四大服务。4S店一般是由经销商投资建设,按照汽车生产厂家规定的标准建造。它拥有统一的外观形象、统一的标识、统一的管理标准,只经营单一的品牌。它是一种个性突出的有形市场,具有渠道一致和统一的文化理念。4S店在提升汽车品牌、汽车生产企业形象方面发挥着很大作用。目前,4S店仍然是主流的汽车销售渠道模式,渠道模式可表述为厂商-专卖店-最终客户。

2. 二网销售

二级经销商也称为二网，一般是一级代理或地区总代理的销售处。二网的营业执照和 4S 店的营业执照名称差不多：××××汽车销售有限公司；如果有维修业务，就是××××汽车销售服务有限公司。

二级经销商是针对厂家特约维修店（4S 店）而言的，即二级经销商是没有厂家认证的小汽车经销商。二级经销商本身没有车辆库存，需要从 4S 店拿车，但由于没有像 4S 店那样受厂家限制，而且本身投资比 4S 店低，所以二级经销商的价格会比 4S 店低一些。二级市场较 4S 店的优势是比较明显的，由于不受厂家直接管理，所以经常在价格方面会有较大的优惠出现，这也是二级市场最受消费者关注的原因所在。二级经销商所售车型均来自 4S 店，而且售后保养等服务也是在 4S 店做，所以从车辆本身来讲，并没有任何问题。

3. 网络销售

近年来，信息科技的发展，尤其是网络的普及，大大拓宽了人们获取信息的渠道，而网络几乎成为消费者了解汽车产品和品牌的主要渠道，消费者通过网络来了解车市行情、选择车型和商家等。汽车经销商开始大胆采取网络营销这一新的营销方式。网络营销能充分发挥企业与客户的互相交流优势，而且企业可以为客户提供个性化的服务，是一种新型的、互动的、更加人性化的营销模式。

网上 4S 店这种全新的以网络为依托的营销平台，是汽车网络营销广度与深度的完美结合。它在充分利用网络的交互性、广泛性等基础上，整合各方面的优势资源于一体，在汽车生产厂商、经销商和消费者之间搭起了一座最好的沟通桥梁，开启了电子化和数字化营销的新篇章。

与传统的汽车营销模式相比，网上 4S 店的最大优势在于整合了文字、图片、音频、视频和网络等技术，特别是网络独具的 3D 功能为生产商品牌的推广和宣传提供了创新营销平台。网上 4S 店发挥自身整合优势，3D 画面和立体三维图像不仅带给受众耳目一新的感受，同时视觉效果更加立体、直观，带给客户一种身临现场的感受。网上 4S 店的展厅通过发挥 3D 技术的优势，让汽车多维度展现在受众面前，使其更为直观地感受汽车的整体外观、车体结构和乘坐空间，使品牌得到全面展示。

4. 汽车超市

汽车超市这种百货超市式的大型汽车交易市场是在城市中规划出一块专业销售汽车的市场，其中聚集了各种品牌的汽车专卖店，同时具备车辆展示、销售、美容保养、专用服饰和图书以及贷款、保险、上牌等一站式的服务功能。这种销售模式营业面积较大，销售品种齐全，消费者能在超市内完成购车的各个环节，超市内部竞争激烈。相对传统 4S 店的经营形态，"汽车超市"的优势体现在以下方面：一是将高、中、低车型同场销售，为消费者提供最多的选择，使其享受更全面的售后服务；二是以规模效应降低销售成本和管理费用，利用各种品牌销售业绩之间"互补"来规避市场风险；三是通过新业态实现资源整合，将价格和服务整合为核心竞争力。汽车超市在世界各国都比较流行，如北京北方汽车超市就同时销售上汽大众、上汽通用、东风本田、广州本田等多个品牌的汽车。

三、汽车销售渠道的策划

1. 汽车销售渠道影响因素

（1）<u>企业特性</u>　　不同的汽车企业在规模、声誉、经济实力、产品特点等方面存在差异，即企业特性不一，这对中间商具有不同的吸引力和凝聚力，因而企业在设计销售渠道时，应结合企业特性选择中间商的类型和数量，决策企业销售渠道模式。

（2）产品特性　汽车产品由于品种多、重量大、价值大、运输不便、储运费用高、技术服务专业性强等原因，对中间商的设施条件、技术服务能力和管理水平要求较高。汽车产品的销售渠道宜采取短而宽的销售渠道类型，并宜以自建销售渠道为主。但不同企业的汽车产品特性不一，不应强求一致，各企业在组建销售渠道系统时应充分考虑本企业的产品特性。

（3）市场特性　不同企业的不同汽车产品，其市场特性是不一样的。就我国汽车市场发展趋势来看，轻型车和轿车将是汽车市场的主角，其市场分布面广，这就要求相应汽车企业的销售渠道应宽一些。

（4）生产特性　汽车生产在时间或地理上比较集中，而使用分散，其销售渠道一般应有中间环节，不宜采用直接环节。

（5）竞争特性　企业设计销售渠道时，应充分研究竞争对手的渠道状况，分析本企业的销售渠道是否比竞争者更具活力。如果缺乏活力，应对渠道做出调整。

（6）政策特性　企业在选择中间商或建立自销网点时，应充分考虑国家和当地的政策特点，选择合法的、有诚意并能够分担风险的中间商。

2. 汽车销售渠道设计

汽车销售渠道设计决策是企业的一项重要战略决策，需与企业营销目标、地区市场机会和条件相适应。汽车销售渠道策划重要的是通过销售渠道设计获取企业的竞争优势。

汽车销售渠道策划包括确定销售渠道目标、设计销售渠道结构、评估销售渠道方案和选择销售渠道成员。

（1）确定销售渠道目标　销售渠道目标如下：确保渠道运营顺畅、扩大产品销量、方便客户、开拓市场、扩大知名度、增强经济性、提高市场覆盖面、控制渠道。

（2）设计销售渠道结构　设计销售渠道结构主要包括销售渠道的长度设计和销售渠道的宽度设计。销售渠道结构设计的标准如下：能够不间断、顺利、快速地使汽车产品从生产领域进入消费领域；具有较强的辐射能力；具有商流和物流相一致的特点；能够带来显著的经济效益。

（3）评估销售渠道方案　评估销售渠道方案，较为广泛采用的方法是财务法、交易成本分析法和经验法。经验法是依照营销实战中积累的管理上的经验来判断并选择销售渠道设计方案，其标准主要有：经济性、控制性和适应性。

（4）选择销售渠道成员　选择经销商是渠道策划的关键环节，这要求策划者及企业尽可能通过多种途径来选择经销商、评估经销商以及确定合作关系。在选择渠道成员时，可参考以下指标：

1）中间商的信誉，如开业历史年限、汽车产品经营规模等。

2）中间商与市场的关系，如其地理位置与本品牌的目标客户的远近、中间商的客户群与本品牌目标客户群是否相同等。

3）中间商的经营能力，如企业内部管理情况、盈利状况、财务支付能力、运输能力、仓储能力等。

4）中间商的服务能力，如企业组织架构、员工数量、员工素质等。

(5) 通过合同的方式确定双方的责任与权利　为建立长期的良好伙伴关系，制造商与经销商需明确双方在销售市场、产品供应、市场开发方面的权利和义务，如制造商应制订好公平规范的价格目录表和折扣明细单，并明确付款条件，为经销商提供关于质量和价格等方面的担保。除此之外，合同中需要明确经销商在其销售区域的特许权，为经销商提供技术、财务、管理、人员培训等方面的支持与帮助，便于对经销商的控制管理和保证本品牌的服务质量符合标准。

(6) 销售渠道的调整　销售渠道的调整是为了适应市场环境的变化，对企业原有的整个渠道系统或部分渠道系统加以修正和改进。销售渠道的调整主要涉及3个层次：增加或剔除某些渠道成员；增加或减少某些销售渠道；调整、改进整个销售系统，在所有市场创立全新的销售渠道销售其产品。通过改进或调整，可使企业的销售渠道结构层次更加合理，能够以最少的成本发挥最佳的营销功能，提高企业竞争力。

1）增加或剔除某些渠道成员。增加或剔除某些渠道成员属于结构性调整。做这种调整需要做经济增量分析，即分析增加或剔除某些渠道成员后，对企业利润有何影响，影响程度如何，以及对其他经销商会有何影响。

2）增加或减少某些销售渠道。增加或减少某些销售渠道属于功能性调整。当增减中间商不起作用时，需要考虑增减销售渠道。这样的调整需要做系统分析。

3）调整改进整个销售系统。调整改进整个销售系统属于功能性调整。一般在下列情况下可考虑调整整个销售系统：销售渠道明显过时；现有销售系统与能够满足目标客户需求的理想销售系统之间的差距太大。这种调整决策需要企业的最高管理层做出。

应用案例

汽车互联网销售进入生态圈时代

2018年，我国乘用车市场迎来近20年来首次销量同比下滑，处于一线的经销商库存和销售压力陡增；然而"屋漏偏逢连夜雨"，易车、汽车之家将经销商会员费用上涨20%。流量变贵了，流量也变少了，据某垂直网站发布的某地级市会员业务数据，店均线索（400电话+网络订单）量由2017年的183组/月下降为2018年的159组/月，同比下滑13%，线索的质量也在下降，部分汽车垂直网站的线索有效率甚至低于50%。

汽车类导流网站线索数量、质量齐降的背后，一个重要的背景是：大中型城市购车群体消费相对饱和，小城市以及乡村市场的"小镇青年"消费潜力更大。就如东风日产所倡导的"人·车·生活"，主机厂、经销商已经开始着手将营销资源投向汽车垂直媒体之外，购物、视频、游戏等成为热点领域，而这些已经成为"小镇青年"们最热衷的领域。

淘宝/天猫作为市占率最高的综合性购物网站，成为主机厂生态圈投放策略的首选；主机厂往往选择与其合作建立网络店铺，开始销售整车、配件等产品。鉴于汽车作为大宗消费品的复杂性，目前淘宝店铺上畅销的多是试驾体验券（到店试驾可以兑换礼品）、金融促销券（贷款免息政策升级）、小额价格折扣券（如99元抵1000元）等。事实上，淘宝/天猫网目前已经成为在农村市场影响力极大的综合性购物网站，这一方面得益于其在乡镇级市场设立了村淘代购点，与乡镇人群实现了高频度接触；另一方面，"淘宝村"的大量涌现，在带动农村就业的同时，也提升了淘宝网在农村市场的知名度。

对于汽车消费而言，不是说易车、汽车之家做错了，而是属于它们的红利期即将过去。未来的汽车互联网营销、DCC 营销不再是一枝独秀，而是百花齐放，互联网媒体间相互交融成为趋势。

任务四 促销策略的策划

 任务目标

知识目标	技能目标	
1. 了解汽车促销的理念。 2. 掌握汽车促销的策略及其应用。	1. 具备制订广告策略的能力。 2. 具备选择合适的汽车销售促进方式的能力。 3. 具备制订异业联盟策略的能力。	**素养目标** 培养学习者树立法律意识，不进行虚假或引人误解的营销宣传。

 建议学时

6 学时。

 相关知识

一、汽车促销概述

汽车促销是促进汽车销售的简称。它是指汽车企业对汽车消费者所进行的信息沟通活动，通过向消费者传递汽车企业和汽车产品的有关信息，使消费者全面了解汽车生产企业和销售企业，了解感兴趣的汽车产品，产生购买的欲望。

促销方式一般分为两大类：人员促销和非人员促销。非人员促销包括广告、公共关系和营业推广 3 个方面。

促销的实质是达到企业与消费者买卖双方之间的信息沟通。一方面，企业作为产品和服务的供应者或卖方，需要把有关企业自身形象及产品性能、特征、价格等的信息广泛地传递给消费者或中间商。这种由卖方向买方的信息传播沟通，是买方得以做出购买决策的基本前提。另一方面，作为买方的消费者需要把对企业及产品的认识和需求动向反馈给卖方，促使卖方根据市场需求进行生产。这种由买方向卖方的信息传递，是卖方得以做出营销决策的重要前提。可见，促销的实质是卖与买方的信息沟通。这种沟通是一种由卖方到买方和由买方到卖方的不断循环的双向沟通，如图 4-6 所示。

二、人员促销策略

1. 汽车人员促销的含义及特点

人员促销是通过与客户的人际接触来推动销售的促销方法。汽车人员促销具有广告宣传

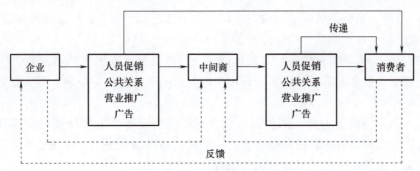

图 4-6 交易双方信息沟通

等促销方式所无法比拟的优势,主要有以下几个特点:

1)双向性。在人员促销的过程中,销售人员可以向客户推销讲解产品的质量、性能、售后服务以及客户拥有后的好处和愉快心情等,起到促销的作用。销售人员还可以倾听客户的意见和要求,了解客户的态度和疑虑,收集和反馈企业在销售工作中存在的问题,为企业改进销售管理提供决策依据。

2)灵活性。销售人员可以在沟通的过程中直观地了解客户的反应,并推测客户产生的心理变化,从而据实情适时改变推销表达和销售方法,迎合各个客户的需求,促使最后实现成功交易。

3)针对性。广告宣传促销所面对的受众十分广泛,其中很大一部分受众根本不可能成为企业的客户,而人员促销带有一定的倾向性,目标较明确,往往可直达客户。

4)人员促销在大多数情况下能实现潜在交易达成(只要客户确实存在对商品的需求)。

5)人员促销经常用于竞争激烈的情况,也适用于推销价格昂贵和性能复杂的商品。

一般的广告宣传不适用于专业性很强的复杂商品的推广,这时就需要训练有素的销售人员为客户介绍产品并解答问题,促使潜在客户购买,从而达到成交的目的。

人员促销也有一些缺点,主要是成本费用较高。企业决定使用人员促销时必须权衡利弊,综合决策。

2. 汽车人员促销的流程与方法

(1) 汽车人员促销的流程 如图 4-7 所示。

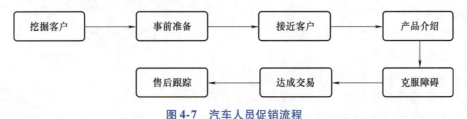

图 4-7 汽车人员促销流程

具体描述如下:

1)挖掘客户。这是推销工作的首要任务。

2)事前准备。销售人员必须掌握产品知识、客户知识、竞争者知识这三方面的内容。

3)接近客户。即销售人员开始登门访问,与潜在客户进行面对面的交谈。

4)介绍产品。在介绍产品时,要注意说明该产品可能给客户带来的好处,要注意倾听对方发言,判断客户的真实意图。

5）克服障碍。销售人员应随时做好应付各种不同意见的准备，克服交易障碍。

6）达成交易。最难的两个阶段即接近客户和达成交易。

7）售后追踪。优质完善的售后追踪能让客户对产品和本次服务感到满意，这样能提高重复购买的概率。销售人员应认真执行订单中所保证的条件，如交货期、售后服务、安装服务等内容。

（2）汽车人员促销的方法　销售人员应根据不同的销售气氛和推销对象审时度势、巧妙而灵活地采用不同的方法和技巧吸引客户，促使其做出购买决定，达成交易。

汽车促销人员必须掌握的基本推销方法有：

（1）试探性方法　若销售人员对客户不太了解，可以利用事前设计好能引起客户注意、激发客户购买欲望的推销语言，反复对客户进行试探，然后根据客户的反应实时制订推销计划。面对较为陌生的客户，销售人员要着重宣传产品的功能、风格、声望、感情价值和拥有后的满意度等。

（2）针对性方法　若推销人员比较了解客户的需求特点，可以事前拟定好针对性较强、投其所好的推销语言和措施，有的放矢地宣传、展示和介绍产品，让客户感到推销人员是为自己出谋划策，真心诚意地为其服务，进而产生强烈的信任感，最后达成满意的交易。

（3）诱导性方法　销售人员要设计鼓动性、诱惑性强的购货建议（不是欺骗），诱发客户产生对产品的需求，激发客户实现这种需求的强烈动机，才能唤起客户的潜在需求。接着观察客户的反应并向其介绍产品的效用，说明所推销的产品恰好能满足这种需求，从而诱导客户购买。如果不能立即促成交易，而能改变买者的态度并形成购买意向，为今后的推销创造条件，也是一种成功。销售人员要始终注意自己所提建议的成功性，言辞要有条理、有深度，语气要肯定，不能模棱两可，更不能有气无力，避免说服的一般化，要以具体事实为依据。这就要求销售人员掌握较高的推销艺术，设身处地为客户着想，恰如其分地介绍产品，真正起到诱导作用。所以，一名合格的汽车销售人员应具有丰富的产品知识和管理学、社会学、心理学等方面的知识。

三、汽车广告策略

1. 汽车广告的作用

汽车广告是汽车企业用以对目标消费者和公众进行说服性传播的工具之一。汽车广告要体现汽车企业和汽车产品的形象，从而吸引、刺激、诱导消费者购买该品牌汽车，如图4-8所示。

（1）建立知名度　通过广告，企业可以向汽车消费者传达新车上市的信息，吸引目标消费者的注意。汽车广告宣传可避免销售人员向潜在消费者描述新车时花费大量的时间，从而快速建立知名度，迅速占领市场。

（2）促进理解　通过广告，企业可以向目标消费者有效地传递新车的外观、性能、使用等方面的信息，引

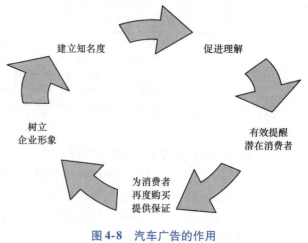

图 4-8　汽车广告的作用

发他们对新车的好感和信任，激发其进一步了解新车的欲望，进而产生购买行为。

（3）有效提醒潜在消费者　当潜在消费者已了解某款新车型，但还未准备购买时，汽车广告能不断地提醒他们，刺激其购买欲望，这比人员促销要经济得多。

（4）为消费者再度购买提供保证　汽车广告能提醒消费者如何使用、维修、保养汽车，为他们再度购买提供保证。

（5）树立企业形象　对于汽车这样一种高档耐用消费品，消费者在购买时，十分重视企业形象（包括信誉、名称、商标等），汽车广告可以提高汽车生产企业的知名度和美誉度，提升其市场占有率。

2. 汽车广告的种类

（1）告知性广告　告知性广告是指以向目标受众提供信息为目标的广告。告知性广告主要用于汽车新产品上市的开拓阶段，旨在为汽车产品建立市场需求。例如，日本丰田汽车公司在进入中国市场时，打出"车到山前必有路，有路必有丰田车"的广告，震撼人心。

（2）说服性广告　说服性广告主要用于竞争阶段，目的是建立对其某一特定汽车品牌的选择性需求。在使用这类广告时，应确信能证明自己处于宣传的优势地位，并且不会遭到更强大的其他汽车品牌产品的反击。例如，"QQ秀我本色：个性、时尚"的广告（图4-9），突出了该汽车产品的个性、时尚。

（3）提醒性广告　提醒性广告用于汽车产品的成熟期，目的是保持消费者对该汽车产品的记忆。例如，林肯汽车仍经常为已经处于成熟期的林肯汽车做广告（图4-10），提醒消费者对林肯汽车的注意。

图4-9　说服性广告——奇瑞QQ

图4-10　提醒性广告——林肯

> **应用案例**
>
> **北汽绅宝的广告营销效应**
>
> 在创新营销方面，北京汽车一直走在前沿：2016年9月，在北京（BJ）20上市前夕，北京汽车与花椒直播展开深度合作，打造了汽车行业首档密室生存类直播节目《生存之王》，一举狂揽2355万人次观看。2017年12月，借势大热电影《芳华》上映，北京汽车与"芳华五美"之一的李晓峰及小红书展开跨界合作，将全新车型——全新绅宝D50上市信息迅速触达超3300万人次。2018年9月，在绅宝智行上市之后，北京汽车在抖音平台官方账号发布65个"官方"短视频，很快播放量就超过83万人次。

在被豪车包揽的短视频营销阵地中，北京汽车凭借前瞻和创新快速占领了一席之地。从 2018 年 11 月 1 日开始，北京汽车以"绅宝智行 因 AI 不凡"为传播口号，在抖音再次掀起一波短视频营销浪潮。绅宝智行与 7 位抖音名人深度合作，结合产品特质和名人调性定制短视频，播放总量在短短一个月内突破 3000 万，点赞量超 100.4 万。

3. 汽车广告促销的步骤

汽车广告促销的步骤如图 4-11 所示。

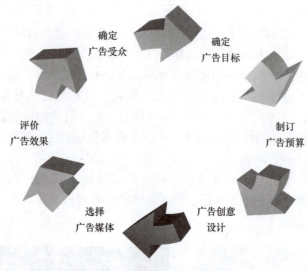

图 4-11 汽车广告促销的步骤

（1）确定广告受众 确定广告受众是营销能否成功开展的一个关键环节。根据产品购买者定位是最直接的确定广告受众的方法。

> **应用案例**
>
> 别克凯越：以实干求超越的中坚者之车。上海通用别克凯越汽车是一款具有动感外观、人性化空间、先进配备的中级轿车。上海通用将其定位为以实干求超越的中坚者之车，其目标客户为中层经理人、小型私营企业主。广告宣传中，除了强调实用、可靠、时尚外，着力渲染该款轿车能够体现用户务实进取、严谨踏实、对事业全力以赴、对生活全情投入、追求不断超越自我的生活态度。
>
> 宝马：社会高层中的现代者。宝马汽车的定位结合了两种消费者的分类方式。首先，根据受教育程度、收入、公众认知程度来确定其社会地位的高低。其次，将消费者的价值观分为传统和现代两类，传统价值观的核心要素包括家庭、责任意识、社会阶层观念、财产所有权等，现代价值观的核心要素包括西方化、教育、多元化等。在此基础上，以社会分层和价值观念变化为纵、横轴建立坐标系。豪华轿车的消费者都处在社会的高层，但其价值观可能传统，也可能现代，宝马用户的价值观是现代的。传统价值观和现代价值观的消费者在选择汽车时的要求也不尽相同。前者更看中的是空间宽敞、后座舒服、

安全、耐久，后者更看中的是空间宽敞、外观设计、个性化和科技含量。宝马汽车和奔驰汽车的用户都是社会高层，但奔驰汽车主要受众是传统企业家阶层，代表连续性和社会等级；而宝马汽车主要受众是新兴的和现代的企业家、新职业精英、具有能量和活力的年轻人。

（2）确定广告目标　企业应根据实际情况确定广告目标。广告目标可以刺激消费者的购买欲；寻找新客户；鼓励老客对新产品的试用等。

（3）制订广告预算　汽车广告有维持一段时间的延期效应。虽然汽车广告被当作当期开支来处理，但其中一部分是可以用来逐渐建立汽车品牌与产品商誉这类无形价值的投资。因此，制订汽车广告预算时要根据汽车企业的实际需要和实际财务状况来做决策。此外，还要考虑以下5个因素：

1）产品生命周期阶段。在推出新车型时，一般需要花费大量广告预算才能建立其市场知名度。

2）市场份额和消费者基础。想增大市场销售额或从竞争者手中夺取市场份额，需要大量的广告费用。

3）竞争程度。在竞争者众多和广告开支很大的汽车市场上，汽车品牌必须加大宣传，才能引起目标消费者的注意。

4）广告频率。广告频率即将汽车产品传达到消费者的重复次数，广告频率决定着广告预算的高低。

5）产品替代性。当企业打算在汽车市场众多品牌中树立自己与众不同的形象，而宣传自己可以提供独特的物质利益和特色服务时，广告预算需要相应增加。

（4）广告创意设计　有创意的汽车广告在让受众耳目一新的同时也能让受众快速、长时间地记住广告中的产品。

（5）选择广告媒体

1）汽车广告媒体的种类。汽车广告媒体又称为汽车广告媒介，它是汽车广告信息借以传播的物质技术手段。广告媒体种类繁多，主要有电视、报纸、杂志、广播电台等，它们的功能各有千秋。只有选择好适当的汽车广告媒体，才能使汽车企业以最低的成本达到最佳的宣传效果，对汽车的销售起到促进作用。

广告媒介特点分析

2）选择汽车广告媒体应考虑的因素。①目标消费者的媒体习惯。例如，购买跑车的大多数消费者是中青年成功人士，而他们最喜欢收听、收看的广播和电视就是宣传跑车的最有效的广告媒体。②汽车产品想展现的优势。不同的汽车广告媒体，在展现汽车产品外形、色彩、功能等方面的作用各有所长。例如，有些汽车产品需要充分表现汽车的精美外观设计，利用杂志印刷精美的特点，给受众以视觉上的冲击就是相当不错的选择。③汽车产品想展现的广告信息。例如，包含大量技术资料的汽车广告信息一般要求以专业性杂志做媒介，一条宣布第二天有重要出售信息的广告一般用广播或报纸做媒介。一般情况下，汽车产品的针对性很强，因此比较适合在专业杂志和报纸上做广告，这样能直接面向特定的受众，有助于用较低预算实现预期效果。④汽车产品的媒介费用。不同的汽车广告媒介，其费用不尽相同。例如，电视广告费用以播出时间长短和播放时段来计费，非常昂贵，而报纸广告相对稍便宜。

（6）评价广告效果　广告效果评价有传播效果评价和销售效果评价两种。

> **应用案例**
>
> ### 上海通用：昂科拉的年轻宣言
>
> 昂科拉作为别克品牌旗下的首款SUV，其上市仪式充满年轻气息，在其上市之后，上海通用汽车公司投放了一组由6段视频组成的关于"80后"的广告。"计划聚餐，结果突然要加班；计划出游，结果碰上台风天；计划以后，结果她决定和你分手；没有比计划更不靠谱的东西，也没人知道下一步会发生什么……想到什么，就去做咯！我要一个能到处跑的家，开始一次说走就走的旅行！我1981。"
>
> 尽管很多车企或者产品都宣称以"80后"为消费主体，但是绝对没有像别克昂科拉这样彻底的，通过6段不同的视频来展现年轻人的心态和产品的契合点，直击年轻人的内心深处，更重要的是这组广告在收获了众多好评以及情感共鸣的同时，在市场上也得到了积极的反馈。根据上海通用汽车公司发布的数据显示，刚刚上市一个月，昂科拉销售就达到6000辆，其预订更是达到2万辆。

1）传播效果评价。汽车广告的传播效果即汽车广告对于消费者知晓、认知和偏好的影响，是汽车广告效果的重要方面。传播效果的评价可在汽车广告发布之前或发布之后进行。其方法有以下几种。

① 直接评分法。直接评分法即要求消费者对广告依次打分。打分时应注意以下方面：此广告吸引消费者注意力如何？此广告促使消费者进一步细读的可能性如何？此广告的中心内容是否交代清楚？此广告的诉求有效性如何？此广告激起行为的可能性如何？

② 组合测试。组合测试即请消费者观看一组汽车广告后，请他们回忆所看过的广告，看他们能记住多少内容，以此来评价一个广告是否突出主题及其信息是否易懂易记。

③ 试验测试。试验测试即利用仪器来测量消费者对于汽车广告的心理反应的情况，如心跳、血压、瞳孔的变化等现象，以此来测量广告的吸引力。此类试验只能测试广告的吸引力，而无法测量受众对广告的信任情况、所持态度和意图。

2）销售效果评价　一般来说，汽车广告的销售效果比其传播效果更难以测量。因为除了广告因素外，销售还受到许多因素的影响，如产品性能、价格、售后服务、竞争对手的行为等。通常，用历史分析法和试验分析法来衡量汽车广告的销售效果。

① 历史分析法。历史分析法即运用统计技术将过去的销售业绩和过去的广告支出与当前的销售业绩和当前的广告支出联系起来分析，以此来评价广告的效果。

② 试验分析法。在某些地区广告开支高些而在另一些地区开支低些，如果高开支试验导致销量大增，说明广告开支过少；如果高开支试验没有增加销量或者低开支试验没有导致销量下降，说明广告开支过大。这种方法必须保持足够长的时间，以观察改变广告开支水平后的滞后效应。

4. 汽车网络广告媒体的选择

（1）垂直媒体　汽车垂直媒体包括垂直网站和垂直搜索，是指专门发布汽车相关信息，提供单一、独立的汽车信息搜索的搜索引擎。用户可以通过此类垂直媒体进行准确的检索，获取所需信息。常见的汽车垂直媒体有汽车之家、腾讯汽车、易车网、搜狐汽车、爱卡汽车网、新浪汽车等。其主要优点是服务专业，传播准确，操作便利；缺点是服务或产品范围相对狭窄，单一行业市场规模较小，业务拓展能力较弱。

（2）自媒体　自媒体又称为个人媒体或者公民媒体，指私人化、平民化、普泛化、自主化的传播者，以现代化、电子化的手段，向不特定的大多数或者特定的单个人传递规范性及非规范性信息的新媒体的总称。常见的汽车自媒体平台有微博、微信公众号、百度贴吧和汽车类短视频。其特点是客户黏性大，传播影响力大；但是传播失实现象普遍，监督薄弱，容易形成不利舆论。

（3）汽车官方网站　汽车官方网站是汽车品牌体现其意志想法，车辆信息公开，并带有专用、权威、公开性质的一种网站。每一个汽车品牌都有自己的官方网站。官方网站信息权威，具有公信力，具有真实性和法律效应；但是内容单一，只有一种品牌介绍，且传播速度慢。

（4）新兴宣传平台

1）易企秀（图4-12）。易企秀是一款针对移动互联网营销的手机幻灯片、H5场景应用制作工具，将原来只能在PC端制作和展示的各类复杂营销方案转移到更为便携和易于展示的手机上，用户可随时随地根据自己的需要在PC端、手机端进行制作和展示，随时随地营销。易企秀是一款针对移动互联网营销的手机网页DIY制作工具，用户可以编辑手机网页，分享到社交网络，通过报名表单收集潜在客户或其他反馈信息。

图4-12　易企秀

用户通过易企秀，无须掌握复杂的编程技术，就能简单、轻松制作基于HTML5的精美手机幻灯片页面。同时，易企秀与主流社会化媒体打通，让用户通过自身的社会化媒体账号就能传播、展示业务，收集潜在客户。易企秀提供统计功能，让用户随时了解传播效果，明确营销重点、优化营销策略。易企秀提供免费平台，用户可以零门槛使用易企秀进行移动自营销，从而持续积累用户。

易企秀适用的地方包括企业宣传、产品介绍，活动促销，预约报名，会议组织，收集反馈，微信增粉，网站导流，婚礼邀请，新年祝福等。

2）抖音（图4-13）。抖音短视频是一个旨在帮助大众用户表达自我、记录美好生活的短视频分享APP。抖音应用人工智能技术为用户创造丰富多样的玩法，让用户在生活中轻松快速产出优质短视频。它是一个专注15s视频的短视频分享社区，用户可以选择歌曲，配以短视频，形成自

图4-13　抖音

己的作品，也可以上传剪辑作品。它与小咖秀类似，但不同的是抖音用户可以通过视频拍摄快慢、视频编辑、特效（反复、闪一下、慢镜头）等技术让视频更具创造性，而不是简单地对口型。

抖音从2017年10月开启高速增长模式之后，活跃用户急速增长。利用抖音短视频、竖屏广告、话题挑战赛等形式，通过有趣、有创意的内容裂变进行品牌营销，已经成为时下热门的营销方式，因此越来越多的企业开始布局抖音营销。通过这种营销方式，企业可以更好地与消费者进行互动，利于获得用户的认可，提高品牌的影响力。

应用案例

宝马+抖音，打造汽车品牌营销典范

如何传达品牌认知、如何拓客引流、如何区别于竞争对手是汽车行业需要解决的三大问题，即使是知名度很高的宝马品牌，也十分重视这3个问题。

在看准短视频这个强大营销媒介后，宝马就迅速出击，与抖音平台合作，打造宝马超级品牌日。期间，宝马发起话题：2018全新宝马X3带你打卡，浏览量超过2078.2W，与用户互动的同时，也增强了"新车上市"品牌曝光的效果，推动营销模式的便捷化、主动化。紧接着，在汽车行业半梦半醒的情况下，宝马又火速加入抖音企业认证，获得蓝V特权，锁定特定昵称，获得官方认证标识，在保证企业号独特性的同时彰显了企业身份。宝马中国抖音企业号（图4-14）主要以宣传全新BMW X系列为主。其作品主要以赵又廷、宋佳出演的微电影《神奇爸爸》先导预告花絮、宝马系列技能操作片以及单纯的宣传片为主，每个作品曝光率和点赞量都获得不错的反响，使其成为汽车品牌与短视频相结合营销推广的典范。

图4-14 宝马中国

可以说，宝马与抖音合作，直接解决了汽车行业的三大问题：抖音的超量曝光率解决了品牌认知传达难的问题；在抖音上发起话题挑战，抖友们积极参与互动，强大的浏览量及互动解决了如何拓客引流的问题；开通抖音企业号，锁定昵称，官方认证，在保证企业号独特性的同时彰显企业身份，解决了如何区别于竞争对手的问题。

宝马与抖音的合作成为汽车品牌营销推广的典型案例，也解锁了汽车品牌在抖音上的营销价值。

3）微信公众号。对于汽车4S店来说，除了利用微信宣传车企品牌，更为重要的是为销售服务。4S店开通微信公众号通常有以下几个目的：一是紧跟互联网营销潮流，二是即时互动功能方便客户了解购车和用车方面的信息，有利于汽车4S店做销售服务。更为重要的是，关注汽车4S店公众号的人都是老客户或者有购车需要的新客户，这时就会有用户主动询问购车、用车的信息，而这对汽车4S店来说就是营销的最佳时机。

对于4S店的公众号运营来说，应主要把握以下3点：第一是回复用户的咨询；第二是做好销售服务；第三是推送促销信息。那么，汽车4S店的微信运营之道是什么呢？

① 汽车4S店微信公众号用来做什么。汽车4S店微信公众号要利用新媒体的私密性和速度性等特点进行营销，如果营销内容本身很有热点和主题，可以迅速在不同的人群之间扩散和传播，引起大家充分的关注。这是非常明显的优势，而且成本比较低，在消费者之间的传递，并不需要很高的成本。所以，由于可信度比较高、成本比较低、速度比较快，优势也比较明显。

② 汽车4S店微信公众号如何让客户知道。尽管微信营销在维护客户关系和促进销售方面给4S店带来积极影响，但前提是客户主动关注企业账号。作为知名度不高的中小汽车经销商在微信营销时所面临的难题是如何吸引客户关注。只有在得到客户关注后，企业才可以进行信息推送，主动权在客户手上。所以4S店要通过网上宣传、门店展架以及发布优惠信息顺带宣传等方式展示公众号二维码，吸引更多的客户关注。同时，要加强与各地方的车友会沟通，让微信作为车友会主要的沟通工具。这也意味着，各地车友会的组织和推动对车企传播有很大的好处。例如，微创宝微信公众平台在给客户进行运营的时候是利用社群+朋友圈+公众号等进行传播的，最重要的是互动。

③ 利用二维码做折扣和优惠活动来吸引客户。客户可以通过扫描二维码来添加朋友、关注汽车4S店公众号，汽车4S店可以设定自己品牌的二维码，用折扣和优惠来吸引用户关注，开拓O2O营销模式。如果汽车4S店只是简单地与客户开展活动，大部分客户是不买账的，因为汽车4S店卖的是车，不是小精品，不会因为小便宜，就上门购买的。所以，汽车4S店微信营销人员需要提供一个明确的诱因或理由作为客户的行动号召，如"请扫描二维码，购车将获得8折优惠"，这样的优惠才会刺激。公众号不仅仅是提供价值，更多的是构建信任、获得互动。

④ 信息发送时注重话题的设计和选择。微信一对一的聊天功能能够建立起实体店与客户间的直接联系，通过公众平台，汽车4S店可以实现客户分组及地域控制在内的消息推送。但是，不同的客户对购车的要求不尽相同，所以汽车4S店要注重话题的设计和选择。例如，一个客户关注了一家汽车4S店的微信，并且准备购车，而他的预算是15万元左右。汽车

4S店这时就要搞清楚，这个客户是为家人购车、为了结婚购车，还是为了其他原因而购车。如果是为家人购车，话题的设计上就要突出车的空间优越性；如果是为了结婚而购车，话题的设计上就要突出浪漫，例如购车送马尔代夫旅行等。4S店的运营一定要注重与客户的互动，弄清楚其需要什么样的车、购车的目标，这样更容易成交。

⑤ 注重对微信话题的改进。对于汽车4S店来说，一定要注重话题的改进。每家汽车4S店推出的信息，对于汽车4S店微信运营有着决定性的作用，因为目标基本上全是要购车的，而如何吸引目标客户购车是非常重要的。

⑥ 活动营销。汽车4S店通常采取的活动营销就是赠送一些优惠券或者小礼品。要特别强调的是：汽车4S店送客户的物品一定要有企业特色。而另一种活动营销的形式，就是在客户已有的消费内容中，让客户体验到优惠，体现出线上和线下的差别，最重要的是可以让客户利用微信预约汽车服务保养及维修，可以有优惠等。

四、销售促进策略

1. 汽车销售促进及其目标

汽车销售促进又称为营业推广，对刺激消费者购买和提高经销商的积极性有较好的作用。汽车销售促进属于短期性的刺激工具，用以刺激汽车消费者和贸易商较迅速或较大量地购买某一品牌的汽车产品或服务。汽车销售促进在汽车行业中被广泛使用，是刺激销售增长尤其是销售短期增长的有效工具。

汽车销售促进的具体目标要根据汽车目标市场的类型变化而变化，具体包括：

1）对消费者来说，汽车销售促进的目标包括鼓励消费者购买汽车和促使其重复购买；引导潜在消费者购买；争取竞争者品牌的使用者购买。

2）对经销商来说，汽车销售促进的目标包括招商引资，吸引他们购买非流行的汽车产品，建立新的汽车品牌；提高经销商的品牌忠诚度和扩张新的经销网点，抵消竞争性的促销影响，促使经销商参与制造商的促销活动。

3）对汽车销售人员来说，汽车销售促进的目标包括鼓励他们创建一种新的汽车产品市场，激励他们发掘更多的潜在消费群体。

2. 汽车销售促进方式的选择

选择汽车销售促进的方式时，要综合考虑汽车市场营销环境、目标市场的特征、竞争者状况、销售促进的对象与目标、每种汽车销售促进工具的成本效益预测等因素，还要注意将汽车销售促进与其他促销组合的工具（如广告、公共关系、人员促销等）互补配合。

扫一扫

如何选择销售促进策略

（1）针对消费者市场的销售促进方式

1）分期付款。一些消费群体要一次性对汽车进行全额支付较为困难，因此世界各汽车公司都有分期付款业务。

分期付款通过"首期付款"的方式（图4-15），将价格"降"下来，实现了较低消费层次的现实购买力，并以余款延期交纳的方式解决了购销双方资金和资源的双重闲置。但对汽车生产企业来说，分期付款使资金流回笼缓慢甚至停滞，企业承担了较高的风险。因此，需要制订分期付款的法规，明确各方的权利和责任，建立信用评估机构，推进"分期购车"的健康发展。

图 4-15　分期付款

> **应用案例**
>
> "苏州爱邦购吉利帝豪全系车,立享吉利金融计划,0 首付 0 利息 0 手续费 0 抵押费,吉利帝豪最低 65800 元起,操作方便,灵活选择更适合您的购车方案,0 元把车开回家,轻松圆您有车梦。"此举使得这种微型车的月销售量达到 15000 多辆。

2)租赁销售。汽车租赁销售是指承租方向出租方定期交纳一定的租金,以获得汽车使用权的一种消费方式。汽车专业租赁公司是继出租用车市场后又一大主体市场,是生产企业长期、稳定的用户之一。租赁销售是刺激潜在需求向现实需求转化的有效手段。

汽车租赁销售促进了汽车销售,使汽车工业获得了自我发展的资金来源,为汽车生产企业技术更新提供了资金保证。汽车租赁销售促使经销商不断改进服务,大大提高了客户满意度。

3)优惠券。根据促销活动规则,凡是持有购车优惠券(图 4-16)的客户,可以在购买特定车型的时候享受到优惠券的作用,从而少付一部分货款,但要注意优惠券的购买期限搭配。

4)降价补偿。汽车商家承诺在某个时间段内绝不降价,若是在该时间段内降价了,消费者可以得到降价部分的补偿。

> **应用案例**
>
> ### 东风标致大幅"差价补偿"策略
>
> 在降价过于频繁的 2004 中国车市,"差价补偿"其实不是个新鲜词,很多经销商都做过,但真正将"差价补偿"演绎到极致的是东风标致。在 2004 年的广州车展期间,它宣布标致 307 全线降价近两万元,并提出了"差价补偿"的促销手段。这一来一回,对于差价补偿,东风标致至少拿出 6000 万元用于补偿。
>
> 作为较大的汽车厂家、知名的汽车品牌,率先以如此大的幅度做差价补偿,这种勇气和决心肯定会给消费者留下深刻的印象,在消费者被降价吓得不敢再买车的时候,标致第一个站出来,给了消费者信心,同时也给对手带来了难以形容的压力。

5)价格折扣。在比较特殊的日子里,如店庆、国庆节等,消费者前来购买可以享受折扣优惠,这也是商家进行销售促进的常用手段。

6)置换业务。汽车置换业务是包括汽车以旧换新(图 4-17)、二手汽车更新跟踪服务、二手汽车再销售等项目的一系列业务组合。

图 4-16 购车优惠券

图 4-17 以旧换新——二手车置换

7)附送赠品。购买汽车产品，附赠汽车用品，如每购一辆汽车送一台导航仪，还有机会抽到车载冰箱、音响、免费售后保养等奖品，促进汽车销售。

8)使用奖励。汽车企业为了促进汽车销售，对使用该企业汽车产品的优秀用户给予精神和物质上的奖励。例如，一汽大众对哈尔滨地区 30 万～40 万 km 无重大修理的汽车驾驶人给予在德国参观学习的奖励；东风汽车公司对使用本企业汽车达到数万公里且从未出过事故的驾驶人给予物质奖励，举行庆功表彰大会等。

(2) 针对经销商交易的促销方式

1)扩大返点比例。为了鼓励经销商销售汽车的积极性，可以对其加大返点的比例，目的是刺激和鼓励其销售更多的汽车。

2)折让。汽车生产企业的折让可用以作为经销商宣传其产品特点的补偿。广告折让用以补偿为该产品做广告宣传的经销商；陈列折让用以补偿对该产品进行特别陈列的经销商。例如，一汽大众对其产品的专营公司免费提供广告宣传资料，以成本价提供捷达工作用车，对销售人员优先培训等。

3)免费商品。对销售特定车型的汽车或销售达到一定数量的经销商，额外赠送一定数量的汽车产品，也可赠送促销资金，如现金、礼品等。

(3) 针对销售人员的促销方式

1)提成。可运用针对汽车销售人员的促销工具，如制订比较详细的销售提成结算规则，且按时兑现，这样可以提高销售人员售车的积极性。

2)奖励。当汽车销售人员完成任务或者超额完成任务后，在年终给予汽车销售人员一定的奖励，在认可其销售业绩的同时也可提高下一季的战斗力。

3)纪念品广告。促销人员向潜在消费者赠送标有产品信息但价格不高的物品，换取消费者的姓名和地址。这些物品及宣传资料通常由汽车生产企业提供。

五、公共关系策略

1. 汽车公共关系策略概述

公共关系策略是通过传递关于个人、公司、政府机构或其他组织的信息，来改善公众对他们的态度。汽车公共关系促销是一个重要的汽车营销工具，是指汽车营销企业充分运用公共关系的手段与理念，为了有利于汽车营销目标顺利实现，建议性地与供货商、用户及外部环境建立良好的关系。

随着买方市场的到来，国内的汽车经销商逐渐意识到了危机，开始不断开辟新的营销途径。其中，公共关系营销在汽车营销中的重要作用是显而易见的，因为我国的汽车市场还处于起步阶段，绝大部分消费者对汽车的了解都来自媒体的报道，媒体的介绍和评价对消费者的购车决策起着决定性的作用。通过公关公司可以确立企业在社会中的正确位置，引起社会的广泛认同，将企业经营利益与社会利益兼顾，实现企业与社会利益的相互转化，最终赢得更大的企业发展空间。

2. 公共关系促销的对象

公共关系促销的对象是公众，是一些群体（图4-18）。这些群体的利益被某个机构的行动和政策所影响，反过来这些群体的行动和意见也影响着这个机构。一般来说，公众可以分为内部公众和外部公众，现在公众、潜在公众和将来公众，重要公众、次要公众和边缘公众等。

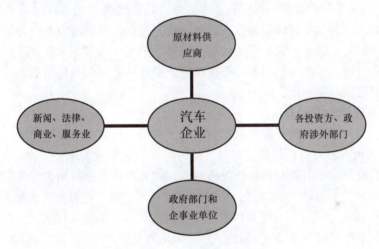

图4-18 汽车企业的公众

3. 公共关系促销的实施步骤

为了能够在正确的时间和地点使用公共关系，管理层应当确定公共关系促销目标，选择公共关系主题及载体，实施公共关系促销计划，评估公共关系活动的效果。

（1）确定公共关系促销目标 公共关系促销人员应为每一项公共关系促销活动制订特定的目标，如建立知名度、建立信誉、激励销售人员和经销商、降低促销成本等。一般来说，公共关系促销的费用比广告宣传的费用低，公共关系促销越有成效，越能节省广告宣传费用和人员促销费用。

（2）选择公共关系主题及载体 公共关系促销目标确定后，公共关系促销人员就要鉴别或拟定有趣的题材来宣传。公共关系促销主题要服从企业的整体营销和宣传战略。公共关系促销宣传词要与企业的广告宣传、人员促销和其他宣传相结合。

公共关系促销的载体有以下几种：

1）新闻。公共关系促销人员需找出或创作一些对公司有利的新闻。

2）演说。演说也能提高公司的知名度。

3）特别活动。特别活动包括新闻发布会、大型开幕式、焰火展示、热气球升空、多媒体展示和各种展览会等。

4）书面材料。书面材料包括年度计划、小册子、文章以及公司的新闻小报等。

5）公益活动。例如为残奥会募捐等活动。

(3) **实施公共关系促销计划**　对于公共关系促销人员与传播媒体人员的个人友谊很重要。他们可以通过熟识的编辑和记者进行宣传报道，来实现公共关系促销计划；他们知道媒体想要什么，如何让媒体满意，进而使他们的稿件不断被采纳。

(4) **评估公共关系活动的效果**　若公共关系活动开展在其他促销手段之前，可以通过以下方法进行评估：

1）展露度衡量法。展露度衡量法是采用一系列活动来检视公共关系报道在媒体上的展露次数和时间，进而了解宣传报道的影响范围，衡量公众对产品的注意、理解、态度3方面的变化。

2）计算公共关系促销策略的投资收益率。该方法是将公共关系促销活动实施后的销售额和利润的增加与公共关系促销活动投入前相比较。这是最有说服力的一种评估方法。公共关系投资收益率越高，说明公共关系活动越有成效。但是，公共关系促销活动往往与其他促销活动是同时进行的，因此，任何方法都很难准确地评估公共关系促销活动的效果，只能是一个估计数字而已。

4. 公共关系促销的主要方法

现代企业公共关系活动的开展可谓丰富多彩，常用的公共关系促销方法有：

(1) **创造和利用新闻**　企业公关部门可编写有关企业的重要事件、产品等方面的新闻，或举办活动创造机会以吸引新闻界和公众的注意，扩大影响、提高知名度。例如，日本丰田汽车公司每年举办"丰田杯"足球赛，对提高丰田公司的知名度有很大作用。

(2) **参与各种社会活动**　通过各种有意义的赞助活动，如给灾区人民、"希望工程"和偏远地区捐赠汽车等，树立企业关心社会公益事业的良好形象，培养与有关公众的友好感情，从而增强企业的吸引力和影响力。

(3) **开展各项有意义的活动**　通过丰富多彩的活动，如举办产品和技术方面的展览会或研讨会、演讲会、有奖比赛、纪念会、开幕式或闭幕式等，引起广大公众对企业和产品的注意，提高企业及产品声誉。现在许多世界著名的汽车公司十分注重在我国的公共关系促销。例如，在我国举办的多次汽车展览会上，许多大型国际汽车公司都展现了他们的优良汽车产品和技术实力，对提高他们的产品和企业在我国的声誉起到了巨大作用。

(4) **编写和制作各种宣传材料**　宣传材料包括介绍企业和产品的业务通讯、期刊、光盘、幻灯片或电影等公众喜闻乐见的宣传品等。

六、异业联盟策略

随着市场的发展，各项成本不断透明化，利润逐渐降低，白热化的市场竞争越来越残酷，不同行业的企业联合起来，信息互换、优惠联动、合作共赢、积众为强，共同对抗商业市场变化的不断冲击。由此，异业联盟应运而生。

1. 异业联盟的优势

(1) **资源整合、资源共享**　异业联盟是一种创新的商业模式，通过跨行业的合作整合资源、共享资源，扩大客户群体。这种方式一方面可扩大企业的客户范围，另一方面客户也可了解到更多的消费信息和积极的消费引导。异业联盟使得合作主体的业务在更大的范围扩大，其经营成本会有所下降，而且信息量的增加会使企业有更大的市场发展空间。

（2）品牌与口碑的传播　　利用异业联盟的方式可以减少广告和推广的费用，相当于企业合作的所有商家都在为其做广告宣传。这种合作方式既能降低成本，还能带来广告效应，为品牌和口碑建立良好的群众基础。

（3）建立客户的信任和好感　　异业联盟本身是通过与其他行业的合作来为自身获取更多的销售机会。例如汽车销售单位可以与周边的KTV、美容或者汽车保险行业等进行合作，让客户得到好处，就会产生二次消费，甚至介绍他们的亲友来消费，让企业进入良性循环。

（4）为客户建立一个物超所值的消费平台　　通过异业联盟，客户资源不断扩大，就等于合作企业共同拥有了一个庞大稳定的消费群体。对消费者来说，希望获得额外的价值，而异业联盟可以为客户省钱，让客户得到物超所值的商品。

2. 异业联盟的流程

实施异业联盟首先需要搜集需要的信息，如消费者的行为习惯、消费者的购买历史等；其次需要通过对产品的特征的有效分析来寻找相关的客户，使产品与客户的匹配度达到最佳。再次是实施关联，将市场中的机会转变为异业联盟各个企业共同的机会。在此过程中，一定要充分关注国内市场的真实状况，并根据联合系统的识别数据进行合理的配置。最后是效果评估。这个环节就是对每一个联盟的各个方面进行总结，最后得到有效的经验。

3. 异业联盟实施基本策略

（1）产品方面的策略　　建立联盟是为了更加快速准确地挖掘出消费者日常的购买习惯，以及日常的购买规律，再采用关联形式列举出更好的组合策略，所以适当加宽产品线是非常必要的。在异业联盟中，需要将产品的宽度尽量拓宽，保证产品的综合性能，这样就能够保证经营的风险降低到最小的程度。同时，还要加长产品线，在异业联盟的过程中，一定要保证产品的数量，商品的型号、规格、种类一

如何进行异业联盟营销

定要齐全，这样才能够适应大多数消费者和他们的购买能力。此外，还需要加强产品的关联性。异业联盟之间一定要相互联系，这样才能够保证在联盟的过程中，使产品科学合理，适应消费者的需求。

（2）价格方面的策略　　在异业联盟的过程中，为了满足不同客户对不同产品的价格的需求，企业需要采取一些手段来带动产品组合整体的价值。除了最常用的成本导向定价，还有一些其他的方式，如根据产品组合的特点进行交叉定价、根据消费者的根本需求进行交叉定价、根据竞争的形式进行交叉定价等手段来控制价格，从而促进产品的销售。

（3）促销方面的策略　　在市场中，异业联盟主要是通过联合促销的形式来体现价值的，往往通过促销活动将自己的名声扩大化，使自己的市场扩展得更加符合现代消费者的需求，从而扩展品牌效益。与此同时，与消费者之间建立起更加融洽的关系，进而使联盟的每家企业都能够共同进步、共同受益。参加异业联盟的企业，就可以通过联盟一方的通路、人脉或者是资金等将自己的品牌信息向消费者传达，进而获得双赢或者是共赢。

（4）服务方面的策略　　随着时代的进步与发展，传统的营销方式已经不能保证企业在市场中的地位，所以，就需要在服务方面做出调整。首先，一定要保证服务的设计与标准

相吻合，只有拥有明确的服务战略，才能够保障消费者的权益，同时提高消费者的满意度以及消费者的真诚度。其次，一定要注重企业的管理承诺，一旦出现企业营销管理失败的状况，企业的态度往往会让消费者寒心，所以，必须重视承诺。

应用案例

创新的商业运行模式

201×年4月，北京现代与国美电器在北京范围内推出"春季尊享惠动京城"活动。此项活动的推出涉及渠道推广、品牌传播、产品展示、售后服务等市场营销的多个方面，实现了资源的共享，为消费者带来更多实惠。以往的让利只是单一的优惠，力度不仅有所限制而且覆盖面也有局限性，而这次双方合作在为期一个月的活动中除了日常性优惠、五一特惠日外，还有北京现代客户团购日和国美客户看车团、抽取瑞纳一年使用权等活动，让双方的消费者聚集在一起，增加互动，真正实现了1+1＞2的活动效果。

北京现代与国美电器此次的跨业强强联合，犹如一剂强心针促进了双方在本地区的销售业绩，同时联盟的形成也使产品在渠道、营销、推广上的成本大大降低，将节省的成本让利给消费者，真正做到让利于民。这与北京现代一直致力于持续不断创新、提升客户满意度、提升竞争力的目标不谋而合。通过更加细致的挖掘，提升产品在消费者心目中的美誉度，真正实现销量与口碑的双重提升。

项目五

汽车营销活动计划制订

任务 汽车营销活动计划制订的框架

任务目标

知识目标	技能目标	素养目标
1. 了解活动安排的事项。 2. 认识特色活动的类型。 3. 了解活动流程和现场查勘的内容。	1. 具备合理安排活动的能力。 2. 具备根据活动目标设计特色活动的能力。 3. 具备根据工作任务和工作责任设计活动流程和拟定活动预算的能力。	培养学习者确立正确的服务观,真实地站在消费者的角度考虑问题,为消费者提供可靠的消费信息和产品。

建议学时

6学时。

相关知识

汽车营销活动计划是营销策划人员在策划营销活动之前预先拟定的具体活动内容和步骤。制订、执行和控制汽车营销活动计划,是汽车营销活动策划过程的重要步骤,计划的制订有助于营销策划人员明确策划目标和工作进度,有助于争取内部的支持和配合以及外部各方的合作。汽车营销计划的主要内容见表5-1。

一、活动安排

汽车营销活动计划要达到相应的效果,在实施过程中需要采取组织措施、技术措施、经济措施、管理措施使之顺利进行。营销策划人员应跟踪企业营销活动的每个环节,检查营销活动计划的执行情况,如营销活动进度,比对实际结果与计划是否一致,如果不一致或没有完成计划,就要找出原因,并采取相应的必要措施,以确保计划的完成。因此,营销活动的进度安排成为营销活动计划的重要环节,对于计划卓有成效地开展,实现营销目标起着重要的作用。一个准备充分的营销策划必须对活动的人员安排、工作的具体进度安排做出详细的规划。

表5-1 汽车营销活动计划的主要内容

项目	计划
活动背景介绍	
活动目标	
活动内容	
活动安排	
特色活动	
活动流程	
场地查勘	
活动预算	
有关人员任务分配	
相关资料	

1. 策划人员安排

任何营销策划都是以实施为前提，当策划案付诸实行时，人员的安排必不可少，所以必须在营销活动计划中做好完善的规划。人员安排大致分为策划阶段的人员安排和实际实施阶段的人员安排两种。

（1）策划阶段人员安排　在策划阶段，可以要求各相关部门提供一至两名成员协助，着手大型策划时，往往还需要借助公司以外人员的专业知识，吸纳不同领域的专业人员，以便多方面分析，尽可能做到"面面俱到"。接着以策划提案者为中心，成立策划小组。策划小组必须做到整体有一定的共识，共同检查与策划有关的一切部署，向相关部门说明策划的概要。最后，以目标、创意、行动力、可操作性为基准，了解各部门的反应和意见，寻求客观的建议以对策划进行修改。

策划小组成员的数量，一般是7~8位比较合适，如果需要借助公司外的专业人员，可以适当增加人数。人员安排过程中，应事先向成员传达策划的主旨，并事先安排议程，以提高参与者的参与意愿，事后还需写一份总结报告。

（2）实施阶段人员安排　在策划实施阶段，可以按照以下方法计算实际需要的人手：

1）以过去的策划活动为基础，计算所需要的人员。

2）根据本次营销活动的规模，计算所需的人员。

3）根据企业活动总营业额，设定每个人的营业额，算出人员数量。

人员数量＝企业活动总营业额/人平均营业额

通过以上方法，计算出大概的人员数量，同时必须检讨以下项目进行人员数量的调整：检讨业务内容、检讨外包业务、检讨加班时间、检讨与营销活动相关的成员表现、检讨与营销活动相关的其他部门。

2. 策划进度安排

除了人员安排外，一个计划充分的营销策划还必须对工作的进度做出详细的安排。一般而言，制订工作进度计划需要考虑以下3项日程的安排：策划期间的日程安排；实施前准备期的日程安排；实施期间的日程安排。

一般先设定策划的实施时间,再以逆向推算的方法设定策划期和准备期,以及实施所需要的时间。策划的实施时间是策划案中最重要的部分,如果实施的时机不对,很可能导致计划的失败。所以,在策划案中一定要明确制订实施时间,以及为实施所安排的准备期。有时候,准备期会包括在实施期之内,但在实际作业中,由于作业内容并不相同,所以应该有所区分。

当明确了各项工作各自所需时间后,就需要做出统筹安排,制订出一个详细的工作进度计划,以确保每项工作的顺利实施和相互间的衔接,避免时间上的浪费。它应包括每一具体活动的计划开始日期和期望完成日期,可用详细形式或"主进度计划"形式表示,也可用表格形式表示,但多以图示法表示。常用的制订工作进度计划的工具有甘特图和负荷图。

1）甘特图概述。甘特图也称"横道图""条形图",是由亨利·劳伦斯·甘特发明的,包括个人甘特图和时间表两种任务表达方式。在甘特图上,项目的每一步在被执行的时间段中用线条标出,完成以后,甘特图能以时间顺序显示所要进行的活动,以及可以同时进行的活动。如图5-1所示,甘特图中横轴表示时间,纵轴表示项目,线条表示期间计划和实际完成情况,不仅可以显示活动开始和结束日期,而且也能显示期望活动时间,活动的每一步在被执行的时间段中用线条标出,因此可以直观表明计划何时进行,进展与要求的对比,从而便于管理者弄清项目的剩余任务,评估工作进度,可显示出项目间前后次序的逻辑关系,同时显示了项目关键路径与相应的活动。

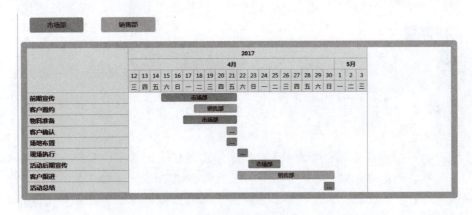

图5-1　汽车营销活动甘特图

2）编制甘特图的步骤。

① 明确项目涉及的各项活动、项目。内容包括项目名称（包括顺序）、开始时间、工期、任务类型等。

② 创建甘特图草图。将所有的项目按照开始时间、工期标注到甘特图上。

③ 确定项目互动依赖关系及时序进度。绘制实用草图,按照项目的类型将项目联系起来,并且安排项目进度。此步骤将保证在未来计划有所挑战的情况下,各项活动仍然能够按照正确的时序进行,也就是确保所有依赖性活动能够并且只能在决定性活动完成之后按计划展开。

④ 计算单项活动任务的工时量。

⑤ 确定活动任务的执行人员并适时按需调整工时。

⑥ 计算整个项目时间。

甘特图作为一种活动进度安排工具，简单易读，不涉及复杂计算和分析，能帮助策划者发现实际进度偏离计划的情况。但由于甘特图仅仅部分地反映了项目管理的时间、成本和范围三重约束，主要关注进程管理即时间约束，如果关系过多，繁杂的线图将增加甘特图的阅读难度。

3）负荷图。负荷图（Load Chart）是一种修改了的甘特图，如图5-2所示。该图不是在纵轴上列出活动，而是列出整个部门或某些特定的资源，相当于工作中心的能力计划。营销策划的管理者通过检查负荷图中的负荷情况，明了资源的负荷情况，如哪些资源是满负荷的，哪些资源还未得到充分使用，可以对营销策划进行计划和控制。

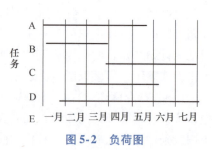

图5-2　负荷图

二、特色活动

从狭义上来说，汽车营销特色活动是为实现营销计划目标而设计的符合活动主题、节假日氛围的一系列活动，常见形式包括歌舞表演、模特走秀等。广义上的特色活动即特色营销，是指企业结合自身的特点，在适应市场需求的基础上，在自己较为擅长的领域以别具一格的产品特征和营销手段开拓市场，从而拥有某一消费层次上相对较为固定的消费群体。

> **应用案例**
>
> 数字化时代的到来，使汽车制造商可以利用数字方法去创造所谓的"虚拟汽车"，以改变其原有的营销方式。例如，奔驰汽车公司正在试验一种新奇的汽车销售方法——利用一台专用的计算机为客户在屏幕上提供高速影像，以便客户能够为"虚拟汽车"选择自己喜欢的配置。这一过程不仅能给客户带来新奇感，还会令客户获得自豪感和参与感。客户在一个数字化的虚拟汽车模型上进行操作，根据自身的意愿将其转换成为一个实体模型，只需按动几次键盘和鼠标，各种各样的汽车图案便会呈现在屏幕上，客户可以从中选择最符合自己品位的汽车。一旦客户确定了他们所期望的车辆配置和部件，奔驰公司便会很快向客户通告供货日期。

1. 特色营销活动的作用

特色活动大致可分为两类，第一类是带动气氛类，顾名思义，其作用是活跃现场气氛，使活动现场热闹非凡，激发顾客的购车欲望。例如亲子涂鸦活动（图5-3）、美食节（图5-4）、魔术表演、特色抽奖、舞狮等，在活动中设置此类特色活动，掀起活动高潮，可使顾客感受主题气氛，引起顾客共鸣，在欢乐的氛围中拉动汽车销售。

图5-3　亲子涂鸦活动

第二类特色活动是展示产品类。这类特色活动通过展现汽车的某项突出性能来吸引顾客购买，同时也可获得关注，如图 5-5 所示。但目前市面上常见的"砸车""载人承重比赛"等活动普遍缺乏科学理论，多为噱头，所以策划此类活动还需注意安全性。

图 5-4　现代汽车韩国美食节

图 5-5　传祺 GS4 发布会装人大赛

2. 影响因素

传统的四大营销因素（4PS），即产品（Product）、价格（Price）、地点（Place）和促销（Promotion），实际上代表了汽车厂商的观点和利益，与现代市场营销观念的理论——"用户主权论"格格不入，它对于如何适合日益挑剔的汽车客户并不十分贴切。因此，与 4PS 相对应的 4CS 概念应运而生。4CS 的整体营销思想包含以下内容：客户需要与欲望（Customer Needs and Wants）、费用（Cost）、便利（Convenience）、传播（Communication），即客户的欲求与需要、客户获取满足的成本、客户购买的方便性、沟通。特色活动的策划正是放大用户需求，以一种活动形式为载体实现营销。

3. 制订技巧

（1）融合流行活动、迁移时事热点　　时事热点永远伴随着关注度和流量，时刻引领着大众的好奇心。营销策划人员可将汽车营销活动与流程活动有效融合，迁移时事热点吸引客户注意力，在特色活动方面提高客户的参与感。例如近年来兴起的 DIY 活动、AR 网上车展、节油赛等，都为汽车营销注入了新活力。

（2）衡量与本次活动的贴合度　　特色活动千变万化，但不管是何种特色活动，都有相通的方法，例如活动内容切合主题、形式新颖、亮点突出。策划特色活动时，可选择恰当的切入点，若贴合活动时间，可举办与此时间特点贴合节日、季节等方面的活动；若贴合活动车型，则可考虑设计与车型互动、以车辆为主体的活动。

（3）考虑实际举办因素　　除了活动创意，特色活动的可行性也是关键。特色活动的规模、样式往往受限于活动预算和开展地点，若在展厅举办活动，可选取室内游戏，考虑空间利用度；若在室外活动，则可考虑大型展示活动、客户互动活动等。总而言之，一定要在现有资源的基础上，选择效果好、具有特色的活动。

> 应用案例

幸福像花儿一样——通用别克妇女节插花活动

一、市场分析

1. 3月面临着年度汽车市场的第一次力度营销,春季车市利好政策的推出使得市场竞争更加激烈。

2. 阵阵春意,万物复苏,妇女节重点把握,促销形式多元化。

二、活动背景

3月春暖花开,天地万物全都焕然一新,这一切变化中的事、物、景都给人以希望。在这"花枝招展"的时节迎来3·8妇女节,美丽的女士们在这动人的节日中显得更加迷人可爱。

三、活动形式

以3·8妇女节为活动契机,在展厅营销处温馨、祥和的节日气氛下,组织女性客户到店开展互动娱乐项目,让受众感受到别克品牌的关怀。活动针对女性开展,以时下流行的"艺术插花"为形式载体,现场开展花艺展示、插花艺术讲解、自助花艺活动,让受众在她们的节日里感受到喜悦。

四、活动目的

经过2月的市场活动,重要车型压力有一定程度的降低,但3月重点车型依然存在库存压力,必须保持有效的市场热度来缓解压力。

女性群体对新事物充满好奇与渴望,"花"又是女性的代名词,所以针对有效群体,开展展厅互动活动,提升潜在客户关注度,同时促使客户成交。

五、活动信息

活动性质:店内针对群体互动活动。活动时间:3月8日14:30—16:00。

活动地点:通用别克4S店。活动对象:女性客户、自由到店客户等。活动人数:20组。

六、场地布置方案

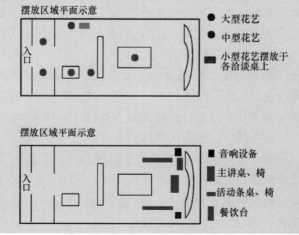

七、活动安排

时　　间	工 作 内 容
提前 15 日	确定活动的具体实施方案
提前 10 日	确定各区域的位置及布置细节
提前 9 日	开始现场各个画面的设计制作和全部物料准备工作
提前 7 日	所有物料全部开始制作
提前 5 日	确定演绎节目的演员
提前 3 日	再次检查活动议程及所需物料清单
提前 1 日	开始布展
提前 1 日	对项目工程进行全面检查、验收

八、活动流程

时间排布	事　　项	执 行 细 则
14:00—14:30	来宾入场，发放手花号牌；来宾参观展车、花艺作品	销售顾问做好接待工作；花艺师解说作品
14:30—15:15	花艺师对插花艺术进行讲解	广告公司音响控制；市场部人员衔接餐饮
15:15—16:00	来宾在花艺师指导下自助完成花艺作品，并可留作纪念	花艺师协助来宾完成花艺作品；广告公司播放舒缓的音乐
16:00	抽奖	客服人员与来宾互动；向来宾赠送现场花艺作品

九、活动宣传

媒　　体	发 布 时 间	发 布 主 题	版面/类型
易车网	3月1日—3月8日	幸福像花儿一样	Vip 会员 1 个月
汽车之家	3月1日—3月8日	幸福像花儿一样	1 个月
江南都市报	3月1日—3月8日	幸福像花儿一样	2 期
105.4 电台	3月1日—3月8日	幸福像花儿一样	5 天，20 次/天
969 电台	3月1日—3月8日	幸福像花儿一样	30 天，8 次/天
江西晨报	3月6日	幸福像花儿一样	整版 1 期
短信	3月1日—3月8日	幸福像花儿一样	2 次，40 万条

十、应急预案

1. 恶劣天气影响参加活动人员的积极性

应急预案：3月7日由销售顾问确认各自客户当天是否到达，如果有特殊情况，当天可采取接送的形式；活动当天准备足量雨具供来宾使用。

2. 活动吸引的来店客户少，导致参与人数过少

应急预案：如果当天参与人员较少，在销售顾问介绍完车型后，根据客户的需求现场邀约自然到店的客户参与活动，尽可能增加活动参与人数。

三、活动流程

为了方便实施营销策划活动，需要将营销战略和策略具体落实为各项具体的工作、各时段具体的任务，也就是要制订出周密细致的活动流程，把策划活动起止全部过程拟成时间表，具体何日何时要做什么都标注清楚，以备策划过程中控制与检查之用，使营销计划更具可操作性。

1. 活动流程内容

活动流程是指一系列连续有规律的活动，这些活动以确定的方式和确定的时间发生或执行，从而促使策划活动能顺利进行、营销目标能圆满实现。活动流程具体包括：做什么、何时做、何地做、何人做、怎么做、对谁做、为什么做、需要多长时间、需要多少物质、人员及费用、达到什么程度等。汽车营销策划人员应按照这些问题为每项活动编制出详细的程序，以便于执行和检查，见表5-2。

表5-2 活动流程简表

序号	开始时间	结束时间	活动项目	活动概述	地点	物料	责任人	备注

2. 活动流程注意事项

为了使制订的活动流程更具有可操作性，策划小组成员在制订活动流程时需要注意以下几个方面，做好充足的准备工作。

1）提前熟悉卖场和车型。调整展车摆放位置，将主推车型摆放在活动现场的突出位置，同时注意活动搭配车型及颜色的陈列。

2）布置现场氛围。为了达到更好的活动效果，需要烘托活动氛围，布置氛围道具有：气球、PVC管（气球拱门）、麦克风、音响、地毯/地贴、彩带、吊旗等，以及其他与活动有关的道具，务必保证活动当天相关道具能正常运作。

3）召开动员大会。策划团队对活动方案进行讲解、培训。活动目标必须清晰，任务分解务必到位。在活动前进行人员状态调整，尤其是要增强销售人员的信心。

4）确定人员分工组合。策划团队分工明确，务必做到定岗定位、责任鲜明。如果涉及邀请企业外主持人或嘉宾，需要着重落实活动当天的到位情况。

5）制订奖励方案与惩罚方案。为保证营销计划的有效落实，需要进行业绩目标制订与分解，制订相应的奖惩方案来激励或约束相关人员各司其职，努力保证活动流程的顺利开展。

6）营销计划制订完成到活动正式开始一般会有一段时间，策划团队需要在这段时间内及时审查计划的可执行性。如果某些客观条件发生变化，有必要对设计好的活动流程进行适当的调整。

策划团队可以从不同角度出发，提供多套方案以供选择，也可以从客户的角度去思考问题，换位思考，看看活动流程有什么缺陷，要注意完善细节，不能出现任何差错。

应用案例

"品味卓越 创领未来"——全新一代帕萨特湖南品鉴会

1. 活动目标

1）提高帕萨特城市展厅的形象。

2）提高帕萨特客户及潜在客户对帕萨特品牌文化及车型的认识，从而提高客户对品牌的忠诚度。

3）获得潜在换车忠诚客户。

4）获得潜在客户。

2. 活动时间：20××年5月1日（14:00—17:00）

3. 活动项目流程设计

时 间	时 长	内 容	目 的	概 述
14:00—14:30	30min		体验新车理念	嘉宾签到入场、茶歇、暖场音乐播放
14:30—14:35	5min			开场表演：大小提琴表演
14:35—14:40	5min			主持人××开场
14:40—14:50	10min			品牌历史视频播放
14:50—14:58	8min			领导揭幕、新车闪耀登场、模特出场
14:58—15:00	2min			卖点介绍（销售顾问）
15:10—15:14	4min			答谢来宾互动、有奖问答、主持人引导鉴赏与试驾
15:14—16:14	1h	帕萨特鉴赏会		红酒品尝、茶歇、销售顾问向具体客户介绍每一个卖点
		帕萨特试驾会	体验统驭操控乐趣	专业陪驾介绍帕萨特动力技术突破
16:15—17:00	45min	结束		整理活动数据

4. 媒介宣传

宣传时间	宣传主体\媒体	客户受众	宣传内容	形 式
4月	公司销售部、客服部、市场部	公司潜在客户、客户、合作单位	活动预告	短信、电话、宣传单、海报
	新闻、报刊			
	广播广告			
活动结束	湖南各大主流媒体		活动新闻、专题报道	新闻、报刊

5. 费用预算

序号	项目内容	数量	费用/元	备注
1	网站首屏	2个版面	8000	10天
2	《潇湘晨报》	1/2个版面	2500	2期
3	《长沙晚报》	1/2个版面	2580	2期
4	《湖南都市报》	1/2个版面	2700	2期
5	广播广告	120s	2740	10天
6	彩信	15000条	3500	
7	主持人	1名	110000	××（知名主持人）
8	大小提琴手	2名	600	
9	模特、宾仪	10人	1500	
10	舞台搭建	1个	4500	
11	物料	若干	20000	2幅条幅、1幅挂幅、3个背景板、1张大型纸、若干桌卡、若干胸牌、1张地贴、红地毯、区标、1个拱门、若干网点物料、1个奖品箱
12	点心、红酒、饮料	若干	50000	
13	礼品	若干	10000	
14	杂费	若干	5000	
15	《长沙晚报》	1/2版面	2000	
16	宣传单/海报	20000/150张	2500	
17	场地费用		3500	
18	短信群发	30000条	3000	
	总计		229340	

评析：本次全新一代帕萨特湖南品鉴会，活动流程项目设计内容包括时间、时长、内容、目的、概述，每个活动项目的起止时间明确，并列出了具体时长，方便操作。

四、现场查勘

1. 现场查勘的作用

（1）核实活动计划中场地选择的真实性　在实际工作中，虽然营销活动已经考虑到现场环境问题，但是实际情况随时会发生变化，很多营销活动虽然有很好的活动策划，但是由于策划专员没有能够进一步明确现场情况，导致活动缺乏执行性。因此，市场策划专员在活动实施之前要对活动现场进行查勘，以确认营销活动计划中关于场地选择部分的内容与活动现场一致，从而保障活动的开展。

（2）初步了解方案的可实施性　　汽车营销活动能否顺利实施受到很多客观因素的影响，例如交通、供电、物业、周边环境等都有可能会影响到活动的执行。市场策划专员通过对上述情况的调查和了解，并将收集到的信息及时反馈给市场策划专员，以保证方案的可实施性。

（3）为活动策划提供第一手资料　　好的计划源于好的构思，虽然策划专员制订了全面的活动方案，但是策划难免和实际有所冲突，市场策划专员通过现场查勘，可以获得更精准的第一手资料，从而保障活动顺利进行。

2. 现场查勘的方法

（1）访问法　　访问法是指市场策划专员通过与现场人员交谈，了解活动现场基本信息的方法。访问法可以获取的信息大致包括场地使用面积、供电设施、安保措施、场地周围交通等信息。

现场查勘的作用及工作流程

（2）观察法　　观察法是指研究者根据一定的研究目的、研究提纲或观察表，用自己的感官和辅助工具直接观察被研究对象，从而获得资料的一种方法。观察一般利用眼睛、耳朵等感觉器官去感知观察对象。由于人的感觉器官具有一定的局限性，观察者往往需要借助各种现代化的仪器和手段，如手机、照相机、摄像机等来辅助观察，记录活动现场。

3. 现场查勘的内容

（1）确认好活动现场，做好拍摄、尺寸测量工作　　查勘完需要整理3份文件：现场照片，现场平面图，现场物料清单及尺寸、数量。相机、卷尺、皮尺、白纸、笔是勘查现场的必备工具。

1）拍摄时要有正面图、侧面图、全景图等，尽量多拍现场照片，以防后期缺少某个角度的照片而需要重新拍摄。

2）测量尺寸时，一定要有平面图，平面图越准确越好，平面图最好是用已经绘制好的，如果没有，就根据测量的尺寸手绘。

3）根据场地尺寸规划合适尺寸的现场物料，接着在活动现场尺寸、物料清单制作尺寸、材质、数量等都确定的情况下，绘制现场布置效果图、整体效果图、局部效果图（入口效果图、舞台效果图—活动前、舞台效果图—活动中、指引牌效果图、签到处效果图、餐饮效果图、节目表演效果图等）。

（2）现场设备安装状况　　为了保证活动的顺利进行，需要确保各项设备、物料准备就绪。由此，需要确定电源离活动现场的距离；确认安全选项，桁架、易碎物品、电源线等是否安全；确认清单物料的数量及供货质量，如落实无线麦的数量及质量，舞台、灯光、音响、烟雾机、频闪、聚光灯等是否正常工作，以及人员上下台是否方便。

五、经费预算

1. 预算的内涵作用

预算作为一种数量化的详细计划，是对未来汽车营销活动的细致、周密安排，是未来经营活动的依据。其主要特征为数量化和可执行性,因此,预算是一种可以据以执行和控制经济活动的、最为具体的计划,是对汽车营销活动目标的具体化,是将汽车企业或公司活动导向预定目标的有力工具,也就意味着必须与企业的战略或目标保持一致。

2. 预算的工作要点

为保证预算的有效性,策划人员的工作要点是制订合理的计划;全盘考虑整个营销活动,沟通企业内部和外部相关部门;管理各项活动目标的设计、计划的组织实施;及时获知预算在执行的过程中出现的问题,并进行相应的调整,避免资源的浪费。

3. 预算的构成和预算方法

汽车营销策划的经费预算包括两大方面:策划活动经费和营销策划活动费用。内容不同,计算方法也不同。

(1) 策划活动经费　策划活动经费是指企业要为策划活动所支付的费用,其主要项目如下:

1)市场调查费用。市场调查可以由策划团队进行,也可以委托专业调查公司或雇佣专业调查人员进行。市场调查费用是一项重要费用,资金不足会造成调查资料失真,调查结果有误差。因此,要根据市场调查的规模大小和难易程度来准确预算所需费用。

2)信息收集费用。信息收集费用主要是指信息检索、资料购置及复印费,信息咨询费,信息处理费等,需依据信息收集的规模和难易程度来确定所需费用。

3)人力投入费用。为了完成不同的工作,要投入一定的人力。这一费用比较容易计算。

4)策划报酬。如果是企业市场部营销策划人员自行策划,可以以奖金加绩效的形式发放策划报酬;如果委托"外脑"协助策划,则要事先商定策划费用的多少和支付细则。

(2) 营销策划活动费用　营销策划活动费用是指按照营销策划方案执行时所发生的费用,包括实施营销活动本身的费用以及在活动中许诺给消费者的优惠条件所带来的利润损失。费用匡算不能只有一个笼统的总金额,要进行分解,计算出每一项营销活动的费用,这要求策划人对各种实际费用了如指掌。例如,在匡算促销费用时,除了列出总金额外,还要匡算出广告费用、推销员费用或营业推广费用等。对于广告费用,还要分解成电视广告费用、电台广告费用等。其中,电视广告在不同时段、不同频道的费用,报纸广告在不同版面、不同尺寸的费用,营业推广在各种场合的费用等,都要求策划者事先了解清楚。各项费用开支的数目和具体的分配方案通常以图表的形式表示,见表5-3。预算表的格式和内容要视营销活动内容而定,不同的营销活动预算清单不同。

策划活动费用的预算可以参照正常营销费用比例作为预算基础,一般运用的方法有销售百分比法、量入而出法、竞争对等法、目标任务法、调整法,见表5-4。

1)销售百分比法。销售百分比法是以年度车型销售额的一定比例确定营销费用的方法。有两种情况:一是上年度销售额,二是本年度预估销售额。

表5-3 汽车营销活动预算表

项　　目	预 算 内 容	数量	单位	单价/元	小计/元	备注	执行时间
1. 宣传费用	1）易拉宝 2）软文广告 3）抖音 4）宣传单页制作 ……						
2. 礼包费用	1）车载冰箱 2）电视 3）4L 机油 4）300 元油卡 5）其他 ……						
3. 人员费用	1）主持人 2）销售顾问 3）工作人员 4）摄影师 ……						
4. 场地费用	1）室内场地费 2）室外场地费 3）舞台搭建费 4）杂志 5）其他						
5. 活动组织费用	1）舞蹈 2）特色演出 3）茶歇费 ……						
6. 物料费用	1）背景板 2）签到板 3）游戏牌 4）抽奖箱 5）签到笔、签到纸 6）其他物料						
7. 其他费用	抽奖券 流程表 环保袋 ……						
总计							

表 5-4 营销策划活动费用的预算方法

方　　法	具 体 内 容
销售百分比法	以目前或预估的销售额为基准乘以一定的百分比作为汽车营销的预算
量入而出法	以企业负担得起的汽车营销费用为汽车营销预算
竞争对等法	以主要竞争对手的或平均的汽车营销费用支出为汽车营销预算
目标任务法	汽车营销是根据营销推广目的而决定的,营销人员需先设定其市场目标,然后评估为达成此目标所需投入的汽车营销费用为其预算
调整法	列出各个项目的收费标准,然后按实际情况对方案不断进行调整

小知识

例：某汽车4S店本年度全年销售额为1000万元,总共用去50万元的营销费用,那么本年度参照上年度的标准,也用50万元,即5%用于营销活动策划。但考虑到企业的发展,预计本年度销量将实现1500万元,这时营销费用按上年5%的比例,预算就应为75万元,分摊到每次活动预算中。

2）量入而出法。量入而出法是指根据企业收入、考虑一定的利润,除去其他不可避免的费用支出后确定营销预算的方法。

小知识

例：某企业在2018年销售净值为1000万元,其中成本为800万元,利润为100万元,营销费用为100万元。那么,在确定下一年的营销费用时,就可以此为据：假如企业要实现1500万元的销售收入,按去年的标准加上今年物料涨价、人力成本涨价等情况,可能投入成本比例要增加,为1250万元,预计利润为140万元,那么尚余110万元,这110万元就作为今年营销的全部预算费用。

3）竞争对等法。竞争对等法是将同行竞争对手的营销预算作为本企业的预算标准的方法。它主要有两种形式。

① 领袖表同法：以竞争对手中或同行业中处于领先地位的、具有良好营销效益的领袖企业的营销投入作为本企业营销预算的标准。

② 行业平均额法：参照本行业平均营销预算额,以平均营销费用投入作为本企业的预算标准。

4）目标任务法。目标任务法是将营销方案所要实现的目标分解成具体的任务,计算完成这些任务所需要的资金投入,确定实现营销方案的费用预算的方法。

5）调整法。此方法是先将计划采用的汽车营销手段列出一份清单,暂时不考虑费用的问题,根据各个项目的收费标准,对清单列出的所有汽车营销项目进行总的预算,然后按实际情况对方案进行调整,直到调整的预算方案对企业而言可接受为止。

4. 预算的原则

（1）效益性原则　效益性原则是指以最少的经费投入而产生最大的营销效益,即低效益或者没有营销效益的营销策划经费投入应当在预算中避免。

（2）经济型原则　经济型原则是指在保证营销活动计划顺利实施的条件下，尽可能节省不必要的费用开支。营销策划活动是一项经济活动，在活动开展过程中，必然要考核其投入与产出的比值，要想取得好的经济效益，必须遵守经济性原则。

（3）充足性原则　充足性原则是指投入的营销策划经费足够保证营销活动计划的全面实施。策划经费是企业投入的营销成本，直接影响企业利润的高低。经费高了会造成资源浪费，低了会影响营销效果，保证不了活动计划实施，甚至会使策划方案夭折。因此，企业需要对活动策划经费投入的充足性做出评估。

（4）弹性原则　弹性原则是指营销策划经费的预算要根据未来环境的动态变化而表现出灵活机动性。企业营销活动会受到环境变化的影响，当营销环境发生变化时，原有的策划经费也应相应调整，与环境变化相适应，做出弹性安排。只有这样，才能保证营销目标实现。

总之，策划费用是影响策划结果的关键因素，策划预算既是策划实施的保证，更是策划方向的原动力。检查企业运行状况，经常查看预算就能知道其问题所在，从而保证营销计划的成功实施。

项目六

汽车营销策划活动实施与评价

任务一 汽车营销活动网络媒体的选择及运用

任务目标

知识目标	技能目标	素养目标
1. 认识软文及其关键要素。 2. 掌握软文撰写和发布的要点。 3. 了解软文的营销评估。	1. 具备运用不同的标题拟定方法草拟与活动相匹配的软文标题的能力。 2. 具备运用软文编写方法及注意要点编写完整的软文,并对软文进行评价的能力。 3. 具备对软文进行发布和信息跟进的能力。	引导学习者多角度、思辨性地看问题,提高分析问题和自我管理的能力。

建议学时

6 学时。

相关知识

一、软文概述

软文是相对于硬广告而言的,由企业的市场策划人员或广告公司的文案人员来负责撰写的"文字广告",是指通过特定的概念诉求、以摆事实讲道理的方式使消费者走进企业设定的"思维圈",以强有力的针对性心理攻击迅速实现产品销售的文字(图片)模式。软文营销与传统的硬广告的区别见表 6-1。

表 6-1 软文营销与硬广告的区别

区别 项目	内容	宣传方式	费用	作用	挑战性	灵活性	开放性
硬广告	简明直接	沸沸扬扬	高	即时记忆	较小	较小	较小
软文营销	间接融入	润物无声	低	深远影响	较大	较大	较大

软文的定义有两种，一种是狭义的，另一种是广义的。

（1）狭义的定义 狭义的软文指企业在报纸或杂志等宣传载体上刊登的纯文字性的广告。这种定义是早期的一种定义，也就是所谓的付费文字广告。

（2）广义的定义 广义的软文指企业通过策划在报纸、杂志或网络等宣传载体上刊登的可以提升企业品牌形象和知名度，或可以促进企业销售的一些宣传性、阐释性文章，包括特定的新闻报道、深度文章、付费短文广告、案例分析等。

二、软文的关键要素

软文作为软广告的一种形式，其主要目的是使受众接收到软文要表达的信息和观点，即软文写作带着极强的目的性，这就决定了策划人在写作软文前要明确两大关键要素。

1. Why——为什么写

软文营销要始终围绕营销目标开展，就是要明确软文营销的行动目标。这个行动目标就是软文营销要达到的目的，是为了树立品牌还是为了拉动销售，是对竞争对手采取的策略做出回应还是配合公司的重大战略部署，必须明确。如果有多个目标，一定要排出顺序，否则就是没有目标。只有目标明确，才能写好软文。

2. Who——写给谁

软文写作的目的就是将企业所表达的信息传达给潜在消费者。因此，要求软文撰写者锁定目标群体、选准传播对象，在这些群体中进行精准营销和推广，才能真正打动潜在消费者，带来实际购买，打造良好的企业形象与品牌形象。从另外一个层面讲，只有解决好"向谁推广"的问题，才能知道该如何推广，其重要程度不言而喻。关于如何准确锁定传播对象，具体方法主要有以下几个：

（1）对消费者市场进行细分 消费者市场细分因素很多，有地理因素、人口因素、心理因素等。在进行正式写作之前，要将其进行细分，如对准职场女性这一市场，则软文多要从职场女性的服饰搭配、人脉扩展、适应职场要领等方向出发。

（2）分析消费群的阅读习惯 在软文的写作以及投放过程中，都要考虑消费群的阅读习惯，包括消费者的阅读载体、阅读方式、阅读能力等，不同的消费群有不同的阅读习惯。例如中老年人与潮流一族在阅读习惯上肯定不同，不仅会有阅读载体的差别，更有阅读方式以及阅读能力的差别。

（3）了解消费群的社交习惯 在软文的投放推广过程中，还要了解消费群的社交习惯，如习惯互联网社交还是线下社交互动，喜欢微博、微信还是经常使用邮箱等，可以根据消费群的社交习惯，进一步确认传播渠道以及传播时间等。

三、软文的撰写

1. 表现形式

（1）科普型文章 这类文章通过科学地介绍汽车产品所采用的新技术、新方法，让消费者接受这种理念，认识到这种技术的价值，进而接受产品。科普型文章多为那些将新技术作为卖点的汽车企业所使用。

（2）试驾类文章 对于消费者来说，他们在购买汽车产品时与购买其他产品不同的是十分看重驾乘的感受和体验，因此试乘试驾类文章也是汽车软文广告的一种重要形式。一般的试驾类软文形式是媒体的试驾报告和老客户的使用体验等。

（3）新闻性文章　　对于一家在国内乃至国际上都颇具影响力的企业，每天都有可能发生一些或大或小的新闻事件。其中一些事件往往是媒体所需要的，尤其是专业媒体。其实，企业在技术进步、产品推出、服务创新、品牌塑造、事件推广（如赞助活动、公益行为）等方面的举动，如果通过新闻的形式传播出去，一定会给企业增加无形资产，对品牌积累大有裨益。

应用案例

大众春晚看一汽，一汽-大众送红包！！

背景与情境：2019年央视春晚分会场之一坐标定位于北国春城——长春一汽，一汽-大众在微信公众号上发布了一则软文，题为"大众春晚看一汽，一汽-大众送红包！！"通过短视频播放与受众群体一起回顾过去的一年、宣布一汽将成为2019年春晚分会场、预告活动——"为庆祝春晚走进一汽，探歌、探岳携百度APP，除夕全天（2月4日0点—24点），派发海量双探车型购车红包！"、发布活动流程等，成功地将一汽-大众与春晚合二为一，建立和强化了大众的品牌形象，并且在消费群中产生了很大的影响。

评析：大众该软文的成功，一方面是标题迎合了热点事件，牢牢地抓住了受众的眼球；另一方面是其深谙掌握消费者心理，与消费者产生心理共鸣，则宣传事半功倍的道理。一汽-大众一切以消费者为核心，通过借势营销积极培育市场。它抓住了一汽人对这片土地的深厚感情，与受众群体产生共鸣，真真切切让消费者体会到企业理念及其要传递的价值，通过新年活动，把握住目标消费人群的心理需求，从而形成了巨大的社会影响力。

（4）抒情性文章　　这类文章一般通过感性的文字，勾勒出汽车品牌独特的个性与价值，展现一种特殊的生活方式和体验，引起目标消费者的情感共鸣。在这类文章中，尊贵、豪华、成功、地位、身份等都已不再是生硬的东西，抢占心里阵地与精神阵地会收获更大的成功。

（5）人物型文章　　这类文章通过对该企业领军人物的成长历程的描写，展现企业的良好风貌及精神内涵；或者撇开企业描写购买该品牌车型的车主，挖掘车主的人格魅力和成功历程，将车与人联系在一起，显示车所代表的身份和地位。

（6）案例型文章　　这类文章通过典型案例的叙述来突出汽车的优良性能。例如一汽-大众就以"捷达汽车行驶80万公里无大修"为例来证明汽车的性能优良与耐用；又如某汽车企业拿出具体节油数据，让消费者知道某车能节多少油，以证明它的经济性。

（7）业绩型文章　　这类文章主题鲜明，用优秀的销售业绩来吸引读者的关注。如"97个订单，东风日产创造奇迹""4天销售89辆"等。销量好，说明汽车的性能、品质好，得到了消费者的认可，把它用数字、事实展现出来，更能打动消费者。

应用案例

一汽丰田推出"安心车主行动"

"客户第一"是一汽丰田成立伊始便确立下来的经营理念，多年来始终贯穿于其经营活动的方方面面。近期，一汽丰田率先提出以车主"0损失"为目的的客户关怀方案，便是"客户第一"理念的又一次体现。

> 同样秉持这一理念，一汽丰田于近日推出"安心车主行动"，即无论是现有车主还是未来新购车客户，若出现因群体事件遭受恶意破坏而产生损失的情况，修理费用由一汽丰田承担，当车上人员遭受伤害时，一汽丰田提供治疗费用及误工补偿。
>
> 进入我国十几年来，一汽丰田不但推出专为我国消费者量身打造的产品，还不断丰富产品线，形成涵盖高级、中高级、中级、入门级轿车，SUV、城市SUV、豪华商务中巴等细分市场的10款车型。在提供高品质产品的同时，一汽丰田始终致力于为客户提供高品质服务，努力降低客户保有汽车期间的总体费用，以"专业对车、诚意待人"的诚信服务理念令客户畅享精彩的汽车生活。
>
> 除了产品、服务等关系客户切身利益的活动，一汽丰田还在情感、价值层面积极探索，让更多客户"体验拥有汽车的喜悦"。连续多年致力公益事业，持之以恒地践行企业社会责任，令一汽丰田在环保节能、教育安全等领域取得了有目共睹的成就。此次"安心车主行动"的推出，也标志着一汽丰田对客户的关怀从关系其切身利益的产品、服务，向更高境界的内心情感需求方向发展。

问题：该软文的成功之处在哪里？又是如何打好感情牌的？

分析提示：

对于汽车行业，在汽车品牌向人们勾勒一种独特的人车生活方式，以及阐释一种独特的社会价值观时，一定会引起消费者的兴趣。在这种兴趣中加入某种感情，会进一步提升营销效益，本篇软文就以"客户第一"为情感营销点，毕竟没有用户会拒绝一家客户至上的汽车厂商和后续服务。

同时，当汽车品牌向人们兜售生活情趣及驾驭乐趣时，感性化的描述会在精神层面产生巨大影响。

2. 起好标题

文章的标题犹如企业的LOGO，代表着文章的核心内容，其好坏甚至直接影响了软文营销的成败，因此标题的作用不容小觑。所以，在创作软文的第一步，就要赋予文章一个富有吸引力、神秘感的标题。标题的形式有以下几种：

（1）直白式　直接明了地表明文意，如"××上市，巨额优惠"。

（2）方法式　利用"如何……"这种句式提出问题并引出方法，例如"如何选择一款适合自己的车"。

（3）建议式　"去……最……"给读者以直观建议，例如"去××官网看车，最划算的选择"。

（4）预告式　"今年最重要的……将是……"以预告的方式引起读者对新事物的好奇，例如"今年最重要的车市新闻，将是××车席卷神州"。

（5）反差式　反差对比能产生冲击性和刺激性，例如"上上网点点赞抽抽奖××零元拥有××车"。

（6）悬念式　公布一部分信息，隐藏一部分信息，靠公布的信息引起公众对隐藏信息的好奇；告诉过程，不告诉结果；告诉"是什么"，不告诉"为什么"，例如"我为什么青睐××车"。

（7）数字式　数字主要起总结提示作用。标题中运用数据，能够让读者对信息一目了然，例如"百万人的选择与你相同"。

（8）呼告法　撇开读者，直接对第三者说话，借以表达激动的心情，加强词语的感染力，例如"××车上市价格犹抱琵琶半遮面，会是一个亲民的价格吗"。

（9）揭秘式　引起读者探求内幕的好奇心，例如"×××车热销背后"。

3. 内容撰写

如何撰写
软文正文

软文的传播内容即软文营销的主体。在软文写作之前，撰写者不仅需要对营销内容进行规划，还需要对软文其他部分的内容做好安排。只有将这两部分内容融洽地结合在一起，才能实现更好的传播效果。

（1）营销内容　营销内容即软文中涉及的产品性能、功效以及优势等，是软文撰写的重中之重，也是营销的点睛之笔。可以采取铺陈的文字，对产品进行直白的介绍；也可以采用专家的观点、消费者的体验等，提高产品的说服力；还可以与同类型的产品进行比较，以凸显本产品的优势。

（2）其他内容　一篇软文是否引人入胜，是否能达到"润物细无声"的传播效果，关键在于内容的铺陈是否自然，在于营销内容与其他内容的衔接是否流畅。因此，营销部分以外的内容也需要精心安排，既可以是情感抒发，也可以是幽默段子，还可以纵论国际时事、社会热点以及家庭生活。

软文内容撰写时需要注意以下几个方面：

（1）行文简洁，便于浏览　软文的读者主要是网民，阅读的方式往往是快速浏览。一般网络软文的标题字数控制在16～20字，正文字数在500～1500字最为合适。如果字数太少无法传播足够的信息，而如果字数过多、篇幅过长，很多读者没有耐心看完全部。因此，一定要把无关的内容去掉，还要去掉那些不必要的字、词、句。

（2）图文并茂，生动直观　据软文广告数据分析，基本上大部分的汽车软文都配有图片。软文中添加图片不仅能增强文章的说服力，还能达到直观形象的效果。图片内容可包括品牌LOGO、车型图片、促销活动广告画面、经销店地址地图等。上传图片时需要注意的是：当前许多商务网站提供的免费网上商店的模板一般是固定的，这就要求软文撰写者在剪切图片时，根据该模板的样式确定剪切图片的尺寸和样式。

（3）分段明确，层次清晰　汽车软文内容在排版时段落要明了，主次要分明。读者面对大量的文字信息，时间和精力都是有限的，要想在众多的信息中脱颖而出，软文的正文文字就必须明了、突出。常用的方法有：将文章分几个大段落来排版，每个大段落设一个小标题，小标题要醒目；文章的首段导语式文字应该单独提列出来，并突出显示，使读者一目了然。

（4）杜绝术语，去除晦涩　软文要通俗易懂，简洁明了，一目了然，新闻性和可读性并举。不要使用专业术语或晦涩的词语，严禁出现不为大众熟知的人名、地名，或引起歧义的地名缩写；杜绝枯燥的专业术语，或者公文式的话语，口语化和漫画化往往是通俗、形象的基本策略。

（5）直奔主题，客观中立　软文会将产品说明、宣传资料、产品广告等浓缩成一个简短、凝练、具有吸引力和说服力的商务信息，撰写时宜采用客观中立的语言。读者由于长期被广告包围，渐渐对广告有了防御心理，所以应尽量少出现广告性质的信息。

（6）添加链接，丰富内容　　一方面，可以直接在软文中添加官网网站链接、单车型网站链接、官方活动专区链接等，丰富软文内容，让客户更深入、直观地了解车型；另一方面，要利用搜索引擎，在专业的说明和解释处设置关键字官网链接，字体也要有别于其他内容，以便引导目标客户逐步了解产品。

4. 总结收尾

软文最后要总结收尾，以提高文章的可读性。掌握以下几种软文收尾方式，会让软文撰写"进退自如"。

（1）自然收尾　　记叙性文章中，常常以事情终结作为自然收尾。

（2）首尾呼应式　　结尾与开头遥相呼应，文章的开头若提出了论题或观点，中间不断展开，进行分析论证，结尾时回到开头的话题上来。这种收尾方式多应用于议论性文章，能够让结构更完整，从而给读者一种美感。

（3）点题式　　文章行文中没有明确提出观点，在结尾时，要用一句或一段简短的话明确点出文章的观点，起到卒章显志、画龙点睛的作用。这种方式的结尾能够帮助读者悟出全文的深意，提升软文的品质，从而给读者留下深刻的印象。

（4）名言警句式　　用名言、警句、诗句收尾，让软文意境深远，或者揭示某种人生的真情。它往往用三言两语表述出含义深刻、耐人寻味的哲理性或警醒性内容，使之深深地印在读者脑海中，达到"言已尽，意无穷"的效果。文章结尾，如果能够巧妙引用名言警句，定能使文章增色。

（5）抒情议论式　　用抒情议论的方式收尾，有着强烈的艺术感染力，是用作者心中的真情，激起读者情感的波澜，从而引发共鸣。这种结尾方式应用较广，可以用于写人、记事、描述物品的记叙性文体中，也可用于说明文、议论文的写作。

（6）余味无穷式　　结尾之处留白，让读者自由驰骋、纵横想象，读者可以适当补白、续写，这样的思维阅读会有令人惊奇的收获和非同寻常的深刻体验。韵味悠长的结尾除了妙手偶得之外，绝大部分都是对生活有了独特的感情后，再加以精心提炼形成的结晶。

（7）请求号召式　　在前文讲清楚道理的基础上，向人们提出某些请求或发出某种号召。

（8）展开联想式　　由此及彼，由表及里，由小到大，由具体到抽象，使主题得到升华。

四、软文的发布

1. 软文发布之前的检查

在发布软文之前，一定要仔细检查一遍，检查顺序建议如下：

1）行动目标是否明确。
2）软文的标题是否足够吸引人。
3）软文的内文是否上下连贯。
4）软文中关键词植入是否过密。
5）软文的配图是否合适，是否有法律风险。
6）软文是否有结尾。
7）网络软文的超链接是否正确。
8）软文中是否有错别字，特别是涉及的人名、地名、产品名称。

9）软文中的标点是否有明显错误。

2. 软文发布的途径

1）平面媒体，如报纸、期刊等。

2）网络媒体，主要指全国以及地方门户网站，如新浪、搜狐、网易、中国网、千龙网、广州视窗、东北新闻网、红网、荆楚网等。

3）电视广播，主要指广告的软性植入。

4）搜索引擎，如百度知道、百度空间、百度百科、网易有道等。

5）网络论坛，如新浪论坛、网易论坛、人民网论坛、天涯社区等。

6）博客，主要指企业自己开设在各大门户网站上的博客。除了自己的博客之外，还可以找名人博客发布，或者在其他点击量高的博客中以留言形式发布。

7）微博，特别是影响力大的名博。

8）微信，微信公众号推送，或者人员转发。

9）分类信息网站，如58同城、手递手、赶集网等。

10）资源性平台，如豆瓣网、百度文库等。

11）企业内部，如企业邮件、企业内刊及宣传册等。

拓展阅读

软文与硬广告整合营销
车企与影视圈的联袂演出

东南汽车将目光对准了软文植入，旗下的V3菱悦出现在电视剧《裸婚时代》中，带动该车销量破万，一举成为公司的支柱品牌。软文植入自然，能够将产品巧妙地融入节目和游戏的情节中，让观众不知不觉地对产品留下印象。而且，许多产品能够在剧中起到推动情节发展的作用，牢牢占据一席之地。

例如，植入电视剧《何以笙箫默》的海马汽车，利用剧中人物的特性，为角色配备不同风格的车型，扩大了产品认知，提升了品牌形象。电视剧播出后，海马汽车的百度搜索量和实体销售店的消费者人数大增。

2015年2月2日，美国国家橄榄球年度冠军赛超级碗比赛当天，每秒广告费高达15万美元，转播商和组委会拿走7.8亿美元，其中，车企贡献了50%的金额。我国车企面临着比美国更为庞大的汽车市场，因此也不甘落后，频频亮相各大电视选秀节目，包括《奔跑吧兄弟》（第一季）的赞助商凌渡等。

目前，产品植入主要有两种方式。一种是在节目中由主持人无数次重复播报的硬广告，例如《奔跑吧兄弟》（第一季）的开场白："奔跑吧凌渡，奔跑吧兄弟。本节目由上海大众汽车奢饰宽体轿跑凌渡冠名。"另一种是将产品融入电视剧或综艺节目游戏中的软文，例如植入《何以笙箫默》的福美来M5和海马S7。

比较企业广告营销的两种做法，通常认为软文具有更好的效果。相对于硬广告，软文更容易让观众接受，而且能在潜移默化中影响消费者。对于企业而言，软文的性价比更高。最佳的做法是，采用两者结合的植入方式，将软文融入硬广告中。

硬广告简单粗暴却代价高昂，并且常常给消费者造成视觉上的压力。英菲尼迪更豪掷几千万元，赞助《爸爸去哪儿》（第二季），品牌知名度迅速上升至一线豪华品牌，2014年销售3万辆，造就"敢爱"品牌。

与硬广告相比，软文的精妙之处在于一个"软"字。软文能够将宣传内容与软文内容完美地融合在一起，消费者在阅读软文的时候，既能了解文案创作所要宣传的东西，又能得到消费者所需要的内容。因此，一篇好的软文是双向的。

3. 软文发布的最佳时间安排

首先，确定投放的时间段。一般来说，首次投放软文的时间安排在某种新车型上市之前，这样可以给消费者一种"预兆"，制造某种悬念，从而为新车型的上市打好基础、做好铺垫。

其次，根据软文投放的媒体选择最佳时间。在投放软文时，应该结合消费者需求、产品特点以及发布渠道等不同因素，来选择合适的时间。如果软文发布的时间允许，平面媒体尽量选择在有重大选题的刊期刊登，因为有重大选题刊期的平面媒体的销量和传阅率都会明显提高。网络媒体软文尽量选择在周一至周五的上午10：00—11：00投放，因为很多编辑会在这一时间段转载文章。

新浪微博商务部的调研数据表明微博用户活动有如下规律：

1）微博用户周一、周二反应冷淡。用户往往面临比较大的工作压力，心理处于紧张期，对于企业微博的反馈并不是非常积极。

2）周三、周四互动最集中。用户进入一周的稳定期，对于微傅的反馈积极性有明显的提高。但是企业目前对于这两天的利用不足，发微博比例偏低。

3）周五、周六、周日用户更活跃。用户处于对周末的期待中，相对于评论而言，更乐意进行简单的转发。

4）工作日下班后的时间段（18点—23点）营销价值大，企业需关注；周末午饭后（13—14点）和晚饭前后（17—20点）的用户互动更加积极，这个时间段用户转发和评论都比较积极。

5）周末的23点之后仍是用户积极互动的时间。由于周末休息较晚，23点之后企业微博仍然可以获得较多的用户反馈。

因此，微博软文的发布时间选择在用户活跃度高的时间段，收效会更好。微信软文发布可以参考微博软文发布的时间段。

此外，还要确定软文发布的频率。在对软文进行传播时，要根据市场特点以及消费者需求，考虑软文的发表频率。通常情况下，存在比较集中的品牌宣传需求，如价格优惠活动、新品上市等，软文发布比较密集。

五、软文的营销评估

1. 软文营销评估的意义

无论是中小企业将软文营销外包了，还是大企业内部组建团队实施的软文营销，客观地对软文营销的效果进行评估都有两个方面的现实意义。

首先，对于软文营销本身来讲，能够通过效果评估，去鞭策营销策划人员进一步思考软文营销下一个流程的循环应该将重点放到哪里；也能够及时总结好的经验，为下一步提高软文营销水平奠定基础。

其次，对于实施软文营销的团队来讲，也是一种学习和进步的机会。软文营销涉及的环节比较多，影响因素比较复杂，软文营销效果评估能够客观上使软文营销团队注重调研、思考，有利于软文营销团队与企业的市场部、销售部及其他部门的团结合作。

因此，软文营销必须评估，尤其是对于长期实施软文营销的企业来说，更需要如此。唯有如此，软文营销的创新能力才会持续提高，才会让企业最终切身感受到软文的力量。

2. 软文营销评估的方法

软文营销对于企业认知度、品牌知名度、产品线下的销售促进等作用不容忽视，即便不能进行数据统计，但效果客观存在，也能够通过一些客观的指标做一个相对客观的效果评估。一般来说，对软文营销效果的评估方法可总结为以下几种：

（1）成本评估法　主要适用于以销售为导向的企业。将实施软文营销周期内的销售业绩与同时期对比，软文营销投入的费用与业绩增长额对比，如果远远超出业绩增长额，那么软文营销的效果就毋庸置疑了。这种方法适合用于评估平面软文和网络软文。

（2）留资转化率评估法　留资率指实施软文营销后，在垂直媒体平台页面留资行为次数占浏览量总点击次数的比例。但留资的客户并不一定都能按照预约全部到店，所以要比较留资转化率。将通过宣传获得的客户数量和实际预约试乘试驾的客户数量进行对比，留资转化率越高，说明软文宣传的效果越好。

（3）转载率评估法　可以简单理解为二次传播量评估法。无论是平面软文还是网络软文都适用。平面媒体的软文引起网民主动引用或者评价，即可认为是一次二次传播。网络软文主要看网站、论坛的帖子转载置顶率。

（4）流量分析评估法　这种方法主要适用于推广网站的网络软文，其为网站带来了多少点击量，可以通过站长工具非常精确地统计出来。这个评估方法最客观。

（5）置顶率评估法　这种方法主要适用于网络论坛中的帖子形式软文，简单来说就是有多少次被置顶了。

必须指出的是，软文营销的效果评估不能绝对化，因为在个别情况下，软文的行动目标不一定是销售，有可能是危机公关，有可能是信息反馈。因此，建议软文营销的效果评估将以上几个方法综合考虑，可以出具详细的软文营销执行报告，将软文及发布平台逐一列举，并对评估效果进行书面分析，便于客户客观地评价。

3. 软文营销评估的标准

（1）网站流量的变化　软文发布之后，因为配合宣传推广，必然会造成网站流量的变化。网站流量转化率是指用户进行了相应目标行动的访问次数与总访问次数的比率。相应的行动可以是用户登录、用户注册、用户订阅、用户下载、用户购买等一系列用户行为，因此网站转化率是一个广义的概念。简而言之，就是当访客访问网站的时候，把访客转化成网站常驻用户，也可以理解为访客到用户的转换。

软文是否提高了网站转化率，是软文营销评估的首要衡量点。

（2）网络口碑是否提升　"口碑"一词源于传播学，由于被市场营销广泛地应用，所以有了口碑营销。

传统的口碑营销是指企业通过朋友、亲戚的相互交流将自己的产品信息或者品牌传播开来。现今的口碑营销是指企业在调查市场需求的情况下，为消费者提供需要的产品和服务，同时制订一定的口碑推广计划，让消费者自动传播公司产品和服务的良好评价，从而让人们通过口碑了解产品、树立品牌、加强市场认知度，最终达到企业销售产品和提供服务的目的。

软文是营造网络口碑的利器，在软文发布后，需要检验网络口碑是否零差评。网络口碑对消费者的认知、情感、期望、态度、行为意向和实际行为等都会产生影响。许多关于网络口碑的研究表明，相较于网络广告，网络口碑更能促进消费者对新产品的认知和接受。网络口碑对于信息搜索过程、用户态度和购买决策等都有相当大的影响力。

（3）品牌形象是否提升　企业想要树立良好的品牌形象，无非通过两种方式：一是通过公益活动提升企业形象；二是通过营销宣传提高品牌认知度。软文发布后的效果评估，必须把品牌认可度是否提高作为首要的评估依据。作为品牌资产的重要组成部分，品牌认可度是衡量消费者认识及理解品牌内涵和品牌价值的标准。品牌认可度体现了企业的竞争力，甚至是核心竞争力。尤其是在产品和服务品质相差不大的大众消费品市场，消费者往往倾向于根据品牌认可度做出购买决策。

营销专家大卫·艾克提出了品牌建设的四个阶段：从品牌知名到品牌认知，进而产生品牌联想，最后形成品牌忠诚。因此，品牌建设也有一个可复制的模式，首先，品牌需要具备较高的知名度。然后，消费者需要充分了解该品牌的内涵、个性等，而且基于这种了解所带来的情感共鸣应该是积极而正面的。最后，消费者在使用了产品，并认可了产品价值后，会选择重复购买，成为忠诚的消费者。

（4）销量是否大幅度增加　营销的最终目的是销售，提高品牌力是为了提升销量，因此销量的提升才是评估软文营销效果的最终依据。

（5）每日咨询频率是否提升　衡量一篇企业软文营销的效果，电话咨询量趋势也是不容忽视的一个方面。企业咨询量的多少是衡量其价值的重要指标。咨询量是指通过拨打客服电话或者点击在线客服进行咨询的访客数。

通常，会拨打电话或者点击在线客服进行咨询的访客都是有沟通意向的客户，所以企业的咨询量越高，说明进入网站有沟通意向的访客数越多，通过在线客服达成交易的客户数量也会相应增加。

在一项关于网络客户咨询方式的调查中，有 3.4% 的客户表示喜欢主动上门咨询，而 57.4% 的客户表示倾向于通过在线客服工具咨询，8.7% 的客户表示会主动打电话咨询，7.3% 的用户表示习惯于主动填写网站相关留言内容，还有 23.2% 的用户倾向于通过其他方式咨询。

任务二　H5 技术在汽车营销活动宣传中的运用

任务目标

知识目标	技能目标	
1. 了解新媒体 H5 的含义和传播特点。 2. 掌握 H5 的分类和形态。 3. 掌握 H5 的制作过程。	1. 具备运用 H5 页面制作工具，设计 H5 作品的能力。 2. 具备在汽车营销策划活动中灵活地运用 H5 做好宣传的能力。	素养目标 激发学习者的民族自豪感和国家荣誉感。

建议学时

6学时。

一、H5在新媒体运营领域中的基本概念

H5是一种代码格式，全称为HTML5（超文本标记语言），也指用H5语言制作的一切数字产品。"超文本"是指页面内可以包含图片、链接，甚至音乐、程序等非文字元素。"标记"指的是这些超文本必须由包含属性的开头与结尾标志来标记。浏览器是通过对HTML的解码把网页内容显示出来，这也正是互联网的基础。

HTML5是对HTML标准的第5次修订，其主要的目标是将互联网语义化，以便更好地被人类和机器阅读，并同时为各种媒体的嵌入提供更好的支持。HTML5是开放Web标准的基石，它是一个完整的编程环境，适用于跨平台应用程序、视频和动画、图形、风格、排版和其他数字内容发布工具、广泛的网络功能等。

对于新媒体来说，H5是一个具体的为展示而做出来的产品。

二、H5特性

随着网络与新媒体的高速发展，H5展现着极其旺盛的生命力。H5之所以被人们广泛接纳、为移动社交营销创造巨大的价值，源于其独特的传播特性。企业借助H5在强交互、易分享、多媒体、跨平台等方面的优质特性达到了更理想的营销效果。

H5能引发如此广泛的效应，其原因是它不只是一种标记语言，还为下一代互联网提供了全新的框架和平台，包括提供免插件的音频和视频、图像动画、文字、互动以及更多酷炫而且重要的功能，并使这些应用标准化和开放化，从而使互联网能够轻松实现类似桌面的应用体验。

1. 强感官刺激

对于营销人而言，每天挖空心思所想的就是如何创造出更酷炫的广告形式惊艳世人。然而，限于技术、载体等因素，以往通行的广告类型只有视频广告、平面广告、户外广告等类型，所能提供的创意空间有限，且不能适应移动端的传播需求。H5能够将视频、音频、动画、图文、3D、全景、VR等所有媒体形式集于一身，从而成为营销人所能想象到的最强媒体载体。支持更多的内容形式，也就意味着能够容纳更多的创意组合，从多个维度给予受众更强的感官刺激。而且，由于H5技术的飞速发展，每隔几周就会产生一种人们闻所未闻的新玩法、新功能，新鲜感更强，更具活力。

作为超强创意载体的H5最适宜产出差异化内容，有利于提升品牌辨识度，在营销大战中脱颖而出，抢占消费者的注意力。

2. 强用户参与

相对于图文、海报、视频这种单向度的广告形式，H5具备更丰富的互动表现力，主要体现在以下几个方面：

（1）强互动 评论、弹幕、点赞、排行、双屏、摇一摇、重力感应等丰富的动作手势有助于用户即时反馈，减少流失率，特别是在需要表达大量信息的场景；另外，评论、图片上传、弹幕这样的 UGC 形式更受年轻群体的欢迎。

（2）场景化 H5 可以实时获取用户的时间、位置信息，基于场景给用户推送个性化内容，代入感强。

（3）社交化 基于社交关系的广告内容设计容易激励用户参与。

3. 跨平台属性

H5 的最显著的优势在于跨平台性，HTML5 技术适配多终端。

传统移动终端上的 Native App，开发者的研发工作必须针对不同的操作系统进行，成本相对较高。Native App 对于用户还存在着管理成本、存储成本以及性能消耗成本。HTML/JavaScript/CSS 语言所开发的应用只要一次开发就能进入所有浏览器进行分发。即使是走传统的 App Store 应用商店渠道，也只需要将底层用 HTML5 开发的应用"封装"为 App，从时间和资金成本上讲远小于跨系统移植。例如用互动大师搭建的站点与应用可以兼容 PC 端与移动端、Windows 与 Linux、安卓与 iOS。它可以轻易地移植到各种不同的开放平台、应用平台上，打破各自为政的局面。

这种强大的兼容性可以显著地降低开发与运营成本，可以让企业特别是创业者获得更多的发展机遇。对于用户来说，在微博、微信、App 里都可以一键转发，操作方便，能够引起爆发性的传播，有效驱动"裂变式营销"，使得一次低成本、低投入的营销行为获取百万级流量的巨大回馈。这种高额回报的技术基础，不仅来源于 H5 本身所能提供的感官刺激，还来源于它自身携带的一些社交功能组件，如双屏交互、转发抽奖等，这些都与移动社交平台的生态环境相适应。

H5 之于营销的价值，其核心内容可以归结为"低成本、高效能"两个方面。因此，随着 H5 的风靡，越来越多的营销从业者开始尝试使用这一载体，对整个用户市场的价值导向造成了巨大的影响，这使得 H5 成为企业互动营销的重要工具、移动社交营销的标配载体。

三、H5 的分类和形态

H5 页面目前按其设计的目标可以分为商品展示型、活动营销型、品牌推广型和总结报告型。

商品展示型的 H5 旨在介绍产品功能，将产品特性通过 H5 页面的互动功能展现出来；活动营销型的 H5 页面根据其所处不同具有多种形式，常见的有邀请函、贺卡等；品牌推广型的 H5 页面的重点在于塑造品牌形象，传达品牌理念，常见的方式是图文结合；总结报告型的 H5 页面通常通过展现大事件达到总结的作用，渗透传递品牌理念。

H5 的形态多种多样，目前较为普遍的可分为以下几种。

1. 测试类 H5

测试类 H5 目前比较流行，而且成本较低，一般以一些故事情节和时事去导入或与节日营销的热点相结合。测试类 H5 的交互主要是通过点击跳转实现的，主要有两种形式，一是点击选项直接跳转页面，二是在页面内设置跳转组件，如"下一题""继续测试"之类的按键。测试类 H5 除了内容新颖，可以引导客户一步一步完成测试外，还含有丰富的趣味性，可满足用户新鲜感。

图 6-1 中的"别克 H5：左右脑大作战，这么烧脑的测试你敢挑战吗？"通过 3 个左右大脑的游戏，来挑战你的左右脑的配合度。游戏机制和产品的链接度很强，通过"左右脑配合"的概念让用户感受到这款车的"全新 1.5T 直喷涡轮增压发动机"与"7 速智能双离合变速器"将高性能与低油耗完美结合。

图 6-1　别克 H5：左右脑大作战，这么烧脑的测试你敢挑战吗？

2. 抽签类 H5

抽签类 H5 在生活中经常出现，每到各种节日，尤其是春节，朋友圈就会涌现大量抽签的 H5，而从平台检测结果来看，每到春节此类 H5 的点击量就高达一千多万。每逢佳节大家都希望听到美好的祝愿，所以这种营销方式屡试不爽。交互方式基本就是摇一摇，文字要给人以美好的感觉。例如"明年有好运""明年会发财""明年会事业成功"等祝愿词，用户更愿意转发出去，祈祷一个好结果。所以，此类 H5 其实是一个抓住人的心理特点去做的营销，如图 6-2 所示。

3. 游戏类 H5

游戏类 H5 下有很多种形式，公众接触较多的转盘抽奖类、集赞、寻找不同点等小游戏，把众多宣传元素加入游戏中，在用户体验 H5 时，将

图 6-2　新年翻拍 H5

广告与游戏内容一起体验。别克就与小黄人合作了一款类似"大家来找茬"的游戏（见图 6-3），不仅吸引了大批小黄人的粉丝，也吸引到一些喜欢挑战的游戏玩家。H5 以漫画的形式展现出来，让粉丝和游戏玩家轻松愉快地和小黄人做游戏，同时展示了别克 GL8 的超大容量。

图 6-3　别克 H5：瞪大眼找大眼

4. 展示类 H5

展示类 H5 是 H5 种类中制作较为简单的，一般可以通过免费的制作平台去实现。汽车 4S 店往往采用此类 H5 进行活动宣传、客户邀约、产品介绍等。H5 推广宣传可视广告，无论从画面、设计、文案、背景音乐、效果等都需一一琢磨，但目前很多门店侧重利用 H5 形式包装宣传，细节处理欠佳，使得 H5 整体看起来更像是 PPT，所以展示类 H5 的关键仍在于感官体验。

Jeep 出了一个 H5：你见过这些怪咖吗？（图 6-4）进行车圈作品展。很多汽车品牌都会寻找关键意见领袖（KOL），Jeep 为达到品牌传播的目的，找的不仅仅是 KOL，它还有自己的名字——Jeeper，所以 Jeep 通过生活形态展示 Jeeper，给用户的感觉是开上 Jeep 似乎就可以和这些人一样，去四处旅游，从而使品牌理念得以宣传。

四、H5 制作详解

H5 已经成为企业在数字营销领域必不可少的重要内容载体。据抽样调查，目前国内大约有八成以上的各类企业都曾用 H5 的形式展现和推广企业的品牌、产品和服务。为了达到 H5 互动营销的预期效果，必须具备 H5 营销专业知识，制作时遵循一定的基本流程。

1. H5 的定位

在进行 H5 策划之前，首先要先进行精准定位，明确各方对于这个 H5 的预期：这个 H5

图 6-4　Jeep H5：你见过这些怪咖吗？

策划人想做成什么样才算成功？企业对它的期望是什么，消费者对它的期望是什么？这就要求我们从以下几个层面来进行思考和创作：

（1）H5 在整个营销策划案中所处的地位　H5 通常不会独立存在，而是服务于整套的产品营销推广方案。因此，在策划一个 H5 之前，必须首先清楚地进行定位，厘清一个 H5 在整个营销战略体系中所占据的位置，究竟需要它达到什么目标，是提高汽车产品曝光率，增加公众号关注量，还是引导消费行为？这将在很大程度上决定该 H5 的创意方向。如果该策划案是以 H5 为核心或先导来进行前期宣传的，那么就要更多地花费心力凸显该 H5 的主动传播价值，即在 H5 中凸显汽车产品特质，使消费者看过这个 H5，愿意主动转发，只有这样才能产生真正有益的流量，培育出对汽车产品本身有认同的客户群。反之，如果该 H5 居于附属地位，服务于促销活动、试乘试驾活动或新车上市宣传等，那么在主动价值之余仍然需要关注该 H5 的被动传播价值，需通过加入转发集赞、签到有礼等附加福利机制来推动消费者进行转发。

（2）H5 所面向的目标受众　明确 H5 受众范围的前提条件是明确产品的市场属性。出于投入产出比的考量，营销策划都追求精准投放。但是由于 H5 的特性是能够在小成本投入的基础上产生难以限量的传播价值，达到边际效益最大化，这就给予了更丰富的选择范围：是做面向全市场的大范围营销，追求越多越好；还是仅面向某车型特定的目标小众群体？例如在广州推广一款面向年轻人的车型，如果是针对小众群体，就会大量使用广州年轻人熟悉的"俚语""昵称"等,以此引发受众的共鸣,而这些内容就将不熟悉广州地区俚语的其他大众排除在外了,很难唤起他们的兴趣。

2. H5 的策划

H5 创意策划的基本内容在于确定该 H5 的核心创意点。核心创意点要以活动主题为依据,并选取表达此创意点的最佳表现方式,包括该 H5 的设计风格和文案风格,创作包括主形象、主视觉,以及文案、标题、转场等在内的细节内容。

(1) 确定 H5 的风格和调性　和其他艺术作品一样,H5 也有自己的调性。它指的是该 H5 的内容风格,即其以什么样的格调展现给浏览者。常见的内容风格包括搞怪、温情、清新、文艺、高端大气等。不同风格的内容会触及不同类型用户的关注点,因此,在确定内容调性的时候需要结合需求调研中的目标受众进行综合分析,尽量选取符合目标受众品位和认知的风格。例如,同样是"90 后"这一群体,有些用户偏爱搞怪、娱乐的风格,而有些用户则喜欢文艺、清新的感觉,目标受众越清晰,针对性越强。同时,通常情况下,H5 的内容调性要与产品调性相符合。例如,汽车、奢侈品广告通常采用高端大气风格,同时可以在其中融入一些温情、文艺元素;而数码产品广告则通常采用极具科技感、时尚感的设计风格,同时可以融入一些搞怪、二次元元素。当然,这一原则并不是绝对的,有时采用与惯常思维逻辑完全相悖的风格调性,也会产生出乎意料的效果。一旦确定了风格和调性,同一个 H5 案例中的所有页面都应该严格围绕该基调来进行表现,以达到和谐、统一的设计风格。

(2) 文案创作　与传统的文案创作类似,进行 H5 文案创作之初同样需要先确定主题。这是因为,只有主题鲜明才可能完成简练的文字表达。这里就要引出 H5 文案创作最核心的法则——精练。一般用户平均停留在一个 H5 产品上的时间仅有 17s 左右,如何在这 17s 传达高密度的信息?这需要更简洁有力的文案。策划人不能不加思考地在 H5 中填充全部信息,而要结合其传播需求进行反复提炼,去繁取精,将最有价值的信息梳理成一个逻辑鲜明的信息链,这样才能将最精华的内容浓缩进几个页面。所有文案都需要通过醒目、简洁、有力的方式展示出来,层级分明、排列有序。同时,一个好的 H5 案例还需要利用有限的文案与该页的视觉设计进行互动,更好地渲染案例的氛围。所以,H5 的文案创作工作将非常考验策划人的文案创作功力。切忌,H5 文案创作不同于传统的 PC 端网页和长图文,要尽量避免大段描述性文字,只需保留必要的主体内容,每添加一整段文字内容,用户关闭该 H5 的可能性就增大一分。如果有一些重要内容不能删去,则可以通过使用弹出框等形式来表达,尽量避免将其直接表现在主页面上。

(3) 文案排版　文案排版也是关键,文案的长短或字数,在页面中摆放的位置,文字的大小、颜色、字体都影响着 H5 的整体感觉和效果。首先,文案不宜过长,能够传达出要表达的内容即可,一般不能超过整个页面的 1/2。文案在页面中摆放的位置不能挡住图片的主要部分,同时摆放要有整体性,多位置摆放会显得纷乱复杂。文字大小要注意均匀合理,主要的句子或页面主题句可用大号字体来突出强调。文字颜色的选择要考虑背景色调,且不宜太多。如背景颜色或图片颜色过深,文字则用浅色;背景颜色或图片是浅色,文字则用深色,以此来突出文字,不与图片混淆。文字字体类型一般不会超过 3 种,并且与整体风格相契合,若有太多的字体类型,会显得很混乱。

(4) 媒体素材创作　H5 最大的特征在于其强大的富媒体性,因此在创作 H5 媒体素材时，除了将文案的表现力最大化，也应综合选用图片、视频、音频、VR 等多种媒体形式来增强案例的表现力。整体要遵循尽量图形化、动态化、场景化的设计准则。

> **拓展阅读**
>
> **媒体素材创作原则**
>
> **多 图 原 则**
>
> 所谓"无图无真相"，相比于文字，人们通常更欢迎生动的图形表现。在不违反审美需求的前提下，尽量使用图片代替文字，将使 H5 页面更加赏心悦目；全部由文字组成的"快闪"，也是一种非常流行的文案风格。但是快闪文案中会给人留下深刻印象的依然是那些图文并茂或对文字进行了视觉再创作的文案。
>
> **高画质原则**
>
> 高画质、有设计感的图像相比于毫无质感可言的画面而言，更加具有感染力。但是高画质包括了画面清晰度、光影布局、构图等多种因素，仅就清晰度一项而言，为照顾到文案的流畅性，不需要选用超高画质，通常情况下将图片大小控制在 640×1040 像素、大小 500KB 以下最佳。
>
> **动静相宜原则**
>
> 由于 H5 版面空间有限，静态的图文并不能承载太多的内容。因此，可以引入一些 GIF 图、动画、视频，做到图文并茂、动静相宜。毕竟相比于静止的图片，动态的素材往往更能吸引人们的注意力。但是，动态图形的设计应该充分考虑到画面的简洁性、协调性，通常情况下，画面中不应设置太多动态焦点，以免造成视觉注意力的分散。
>
> **趋新原则**
>
> 趋新指的是倾向于追逐新奇事物。因此，在 H5 中引入一些新的媒体形式，如 VR、全景、3D 表现等，能够给人带来耳目一新的快感。即使文案内容本身未必有趣，新的媒体形式也可以予以极大的补偿。

（5）**标题、微信描述创作**　在点开查看一个 H5 之前，除了它的标题、描述和缩略图以外，了解不到任何其他信息。因此，对于 H5 作品而言，标题、微信描述就是它的"名片"。所以在创作 H5 标题时，不妨适当"标题党"一些，制造一些噱头，引起用户的好奇心，如图 6-5 所示。

图 6-5　奔驰：绿色猛兽，咆哮而至

（6）**H5 交互设计**　交互设计是 H5 有别于传统媒体形式所独有的一个策划流程。交互设计的过程就是如何选用、组合或创制交互技法，以实现完整的交互体验。在进行交互创作时，需要考虑以下几个方面的问题：

1）简明易懂。一定要让用户一目了然地看懂该 H5 的交互逻辑。例如，对于滑动翻页文案，是向上滑动还是向下滑动，需要给出明确的指示，提示宁繁毋简，一定不要让用户去"自学"。此外，不要轻易打破用户已经养成的交互习惯，如一个滑动翻页文案本来是向上翻页，突然变成了向下翻页，用户会很不习惯。

2）交互适度。交互设计不宜过多。例如，在一个多达 10 页的 H5 案例的每一页中都设置 3~5 个交互动作，或是在同一页中设置多个同种类型的交互动作，或是为达到某一目的而设置连续的多个交互动作，这些都是"过度交互"。事实上，据针对用户 H5 行为的调查数据显示，过度交互是导致用户提前跳出、到达率降低的主要原因。除了游戏类交互可能需要采取重交互以外，一般 H5 文案仍需遵循交互适度原则，同类型交互尽量不要多次出现，为完成某个目标尽量不要出现多于 3 步的交互行为。此外，还要考虑整个文案交互行为的总量，评估其是否会对用户造成负担。合适的交互设计应该是既能让目标受众感觉参与的愉悦，又不会带来理解和操作上的负担。

3）保护隐私。有些 H5 的交互设计中会涉及数据应用，其主要目的是收集目标受众的相关信息，为后续的商业计划做数据储备，通常通过表单的形式进行，有时还会限制某些数据为必填选项。但是，在设计表单时要例行简约，不可过于烦琐，因为数据的输入行为本来就是一种可能为用户造成身体负担的重度交互行为，且容易令用户感到隐私受到侵犯而产生排斥心理，影响数据回收率。

4）场景为先。在设计交互的过程中，应充分考虑该 H5 的应用场景，站在用户的角度体会产品的一切细节。例如需要 2 人或多人联动的场景下，就需要考虑如何让这部分受众能充分参与进来。再如 4S 店针对情人节活动创作一个 H5，就要考虑创作一个可以实现情侣之间互动参与的作品。

3. H5 制作平台功能

H5 制作平台的功能需要满足制作的需求，也需要简便、易操作，所以大多数的 H5 制作平台的功能都包含以下功能：素材模板、页面模板、新建页面、修改图层、添加文本、添加动画、设置背景图、设置背景音乐、插入图片、使用特效组件、添加动画、全局设置、预览和发布等。下边以某平台为例展示 H5 制作平台的功能。

在 H5 制作界面，中间一般是浏览窗口，左侧是页面显示窗口，此处主要展示页面的列表。编辑器左侧会涵盖模板中心、页面模板、素材模板等为系统提供的模板，也可选择自己保存的模板，如图 6-6、图 6-7 所示。

上方是素材添加选择窗口，包含文本、图片、特效、组件等，在页面里面添加的元素都称为图层，故添加元素即为创建图层，如修改，可在图层列表中先行选择元素，相应进行修改。右侧是设置区域，可以给素材添加动画、建立交互、设置页面和图层等。

全局设置包含 H5 页面的整体内容，包括背景、主图、背景音乐、加载效果等。

五、如何提高 H5 的传播力

1. 紧跟热点

对热点的良好把控是一个优质社交内容的必备要素。在移动互联网时代，越来越多的热

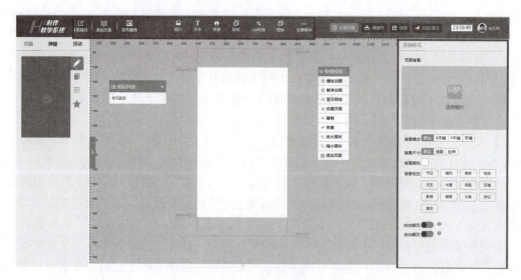

图 6-6　功能布局

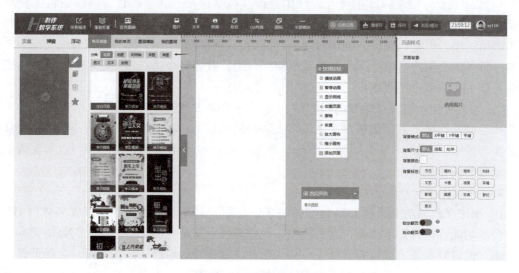

图 6-7　模板选择区域

点占据用户的视野。对热点事件进行内容化、故事化的改写与包装开始成为一种内容创作的思路，这种方式也在一定程度上能够最快地打动用户。

找到最近时间段内存在的热点事件，例如开业、发布会、促销等，找到合适的热点事件或预测热点事件，提供新鲜的话题，给客户谈论的机会，让整个活动更加自然。一个传播广泛的 H5 正是建立在对社交内容的高度把握上，它能够激发用户的点击欲和分享欲，打破圈层，覆盖较广泛的传播面。

2. 创意设计

交互是 H5 的主线，完整地描述整个活动怎么做、客户怎么玩，以客户为出发点考虑 H5 的所有细节流程，合理运用技术，打造极致的互动体验。

另外，在视觉设计方面要给客户视觉震撼，可通过对 H5 微场景的设计提升，使宣传更具吸引力。

虽说营销创意各有千秋，万变不离其宗的仍然是自己的产品，只有基于产品，创意设计才会符合产品调性。

3. H5 营销渠道

目前，在中国互联网市场主流的流量分发方式主要分为两种：一种是基于算法的新闻客户端机器分发；另一种是基于关系链的微博、微信社交分发。H5 的爆点就在于关系链的传播与分享，H5 通过关系链的分发，获取丰厚且真实的流量，最终实现商业化，产生品牌曝光，达成广告效果。

六、H5 运用案例

1. 梅赛德斯-奔驰：AMG 信念驱动

棱角分明的外形、快如闪电的速度、无与伦比的操控，使每一台梅赛德斯-AMG 都成为个性鲜明的独立杰作。动力、操控、声音的完美平衡，与生俱来的竞技血脉，疾速驾驭的信念，是梅赛德斯-AMG 永恒的驱动力！奔驰为了宣传 AMG 系列轿跑车，通过模拟汽车的引擎声，让用户未见其车先闻其声。当用户打开模拟车库的时候，看到的是棱角分明的外形，按下声音按钮的时候，听到的是狂野的引擎声，精准地抓住了跑车用户对于产品的需求点，如图 6-8 所示。

2. 长安铃木：逐梦空间

长安铃木以"那些年我们错过的人和事"为主线开启一场追逐梦想的汽车之旅。暗黑的背景、神秘的音乐，用背景动画和文字动态显示，加上真人独白和背景音乐，将人带入一种暗色神秘的气氛，一场惊险的古堡塌方后突显"力量""勇气""安全"3 扇神秘的大门，任意推开一扇门，都会出现一个以重力感应 360°看全景的方式呈现的全景视频。设计上，一开始背景为暗色系，有真人旁白，代入感很强；后来变得明亮，进入全景的视频模块，360°是单屏幕的，虽然没有 3D 立体模拟实境震撼，但对于没有 3D 眼镜的用户来说，总体效果非常不错，如图 6-9 所示。

3. 别克：我和我的大朋友

别克英朗汽车 H5 页面的整体画风采用手绘水彩的画面形式，以一个孩子的口吻来讲述她和她家中的一个大朋友的故事，在故事一开始这个大朋友就好似家里的狗狗，最后逐渐转换成一只狗，用这种

图 6-8 梅赛德斯-AMG 信念驱动

图 6-9　长安铃木-逐梦空间

类比方式来表现出给人的温馨和帮助,达到品牌宣传的目的,如图 6-10 所示。最后,留下试驾提交的页面,加以强化留资。

4. 全新致炫线上发布会

丰田的 H5 页面是动画展示形式的 H5 页面。用户可以点击"外观""操控""科技""价格"中的一个,进入相应的介绍页面。每一页都像一个独立的 H5,做得都很精致,内容详尽,都有不同的玩法。最后,可以选择分享或再次体验,还能欣赏致炫主题曲,或者跳转进入广汽丰田官网。设计上,选用黑色大背景、荧光绿的酷炫字体。游戏中有炫酷的动画效果,多变的画面形式让用户体验这种刺激的爽快感。四部分介绍内容均为语音和动画相结合,有个动听的男声介绍产品的各部分细节与特点,每部分都设计了不同的玩法,有摇一摇、滑屏、点击、"刮刮卡"等,内容非常丰富,动画效果也非常炫酷,如图 6-11 所示。节奏感强烈的电子风背景音乐,让人感觉置身于真实的发布会中!

图 6-10　别克——我和我的大朋友

图 6-11　致炫大玩咖

任务三　汽车营销活动实施要点

任务目标

知识目标
1. 了解汽车营销活动的物料准备和人员准备。
2. 熟悉汽车营销活动的现场布置。
3. 了解汽车营销活动的现场执行要点。
4. 了解汽车营销活动后续跟踪的内容。

技能目标
1. 具备协调汽车营销活动准备物料、准备人员的能力。
2. 具备根据实际场地的情况布置汽车营销活动现场的能力。

素养目标
活动实施需要高度重视细节，培养学习者高度负责、严谨细致的敬业精神。

建议学时

6学时。

相关知识

一、汽车营销活动物料准备

（1）**物料分类**　根据物料清单，将所有的物料进行归类，区分开哪些物料是可以从库房领取的，哪些物料是需要进行采购的，哪些物料需要租赁或借用，然后制作物料划分清单，详细列出各个物料的准备来源，见表6-2。

表6-2　物料清单分类表

物品类别	物品名称	所需数量	库存数量	出库数量	采购数量	租赁数量

（2）**物料准备**　根据分类表格，分别完成物料出库、物料采购、物料租赁等工作，并报请部门领导审核。其中需要注意：各种物料的准备要注重时间、地点、成本、品质的选择，以达成这几个方面的组合最优化。备齐物料的时间要在营销活动开展之前，最好能留足2~3天的缓冲时间，以防万一，尤其是宣传物料及定制的礼品等需要临时制作的物料，一定要和厂家沟通好明确的交货日期。

1）公司库房已有物料可直接出库使用，如展车、展板展架、资料页、产品宣传册等，当店内还有足够的存货时就不用再去购置。

2）专用物料可以由市场专员自行选取、制作，也可以选择与相关的广告公司合作完成，如车顶牌、传单、海报等。

3)店内没有库存、本部门无法完成的物料,如赠送礼品、互动游戏奖品(陶瓷水杯、烟灰缸、钥匙环)、饮品等,可通过采购来获得。在进行物料采购时,市场专员需要对每种物料进行充分的市场对比,最少提供两个以上的采购单位备选,同时需要有明确的时间节点,以保障活动的如期举行。

4)价值较大的专用物料或一些不常用的非消耗品,如桁架、气球拱门、影像设备、舞台、音响、彩球等,可以通过租赁来获得。市场专员需要找到专业的公司或其他部门进行沟通协商,并拟定物料租赁协议,经部门领导同意后,签订相关协议。

二、汽车营销活动人员准备

1. 召开活动前会议

是否召开活动前会议是汽车营销活动能否成功举办的重要前提。活动前会议要求所有营销活动人员或各部门负责人参加。会议应主要说明活动的背景、整体目标、参与车型、具体活动流程和各部门所负责的具体工作等,使参加活动的人员都对此次活动有所了解,确保活动顺利进行。

2. 规划各部门具体工作内容

在活动中每个部门都有自己负责的内容,负责人根据部门的职责去划分活动的任务。常见的4S店各部门工作划分见表6-3。

表6-3 常见的4S店各部门工作划分

部门	工作内容
市场部	主要负责活动的策划和执行,执行包括物料准备、场地布置、活动宣传、人员布置、节目安排等
销售部	主要负责活动的客户和车辆介绍,包括客户签到、客户引领、车辆介绍、异议处理等
售后服务部	主要负责试乘试驾车维护、售后服务业务相关介绍,如外出活动,还作为领队保证车队良好的用车情况
财务部	主要负责活动预算的审核、款项的审批

3. 部门内容的人员安排

了解本部门的任务之后,需要将任务划分到个人,这样才可以实现"人人有事做,事事有人管",确保工作内容细化并落实,保证活动现场秩序,使活动有条不紊地进行。

4. 活动前的排练与预演

好的方案需要良好的执行,培训和预演有利于执行。培训可让活动人员明确各自的工作职责和工作内容,同时提前了解自己可能遇到的问题并及时进行解决,确保活动顺利举行。

培训重点包括活动的目的和目标,活动的整体流程,活动的工作内容、分工与职责,销售人员对产品的熟知、介绍及问题的解决,活动突发事件的预防。

预演重点包括活动的整体操作流程、活动操作问题的解决。

三、汽车营销活动现场布置

(1)根据实际场地有效地使用面积,合理划分活动现场的区域 汽车营销活动的场地会根据具体的活动来划分区域,根据活动的功能一般分为以下区域:展车区、流动客户区、背景墙、舞台区、咨询处、礼品发放区、结算区、摄影摄像区、音响设备区等。展厅场地布置，整体感觉应追求明亮、功能齐全、个性鲜明。

实际上活动场地都有自己的参观路线，活动场地入口是客户了解和感受本次活动的第一站，无论是设立什么区域在活动入口处都能起到活动信息传达和引领的作用。甚至有些经销商也会在门外放置样车，让客户未进门，就可看到车型外观，可以触摸样车，了解车辆特性。在展厅内摆放展车就可以给客户进行详细的车型介绍，包括厂方提供的资料和媒体评论。规划参观路线时，要避免路线混乱，使得传递信息无效。有条件时适当展现修理车间的工作景象，也能为4S店的服务面貌和专业水准加分。

扫一扫

如何根据布置品的特性进行场地布置

洽谈区切勿离展车太远，客户总希望离展车近一些且随时可以看到，有时洽谈区和展车之间放置绿植也会阻挡视线，应尽量避免。

在现场布置前，策划人员会针对汽车营销活动的不同而选择性地绘制活动现场平面布置图，布置图的信息应包含主要物品陈列位置、主要物料相对位置、海报悬挂或摆放位置等信息；也可根据厂家提供的方案结合实际制作出效果图，报请上级主管审核，从而便于实施工作和保证活动的正常执行。

(2) 根据划分的区域进行布置品的摆放　按照物料清单，联系相关人员，准备好所需物料。根据绘制的场地布置平面布置图或效果图，将汽车营销活动所需物料进行有序摆放。需要注意的是，不同的活动现场要采取不同的应对措施，尽量利用场地优势，做好宣传工作。

(3) 根据布置品的特性对场地进行调整　一般视觉布置品主要有两个作用：一个是引导，如路标牌、条幅、拱门、桌牌等，这类布置品必须清晰、简洁、醒目，辨识度高；二是烘托气氛，如背景墙、展架、车顶牌、礼品、展车等的摆放。

策划人员需要更多关注的是这类用于烘托气氛的布置品，要考虑它们要表达的主题、呈现形式、设计内容、尺寸和摆放位置，以及如何让客户感兴趣和愿意停留。例如，有的策划人员在布置时，有意将收款机放在舞台一侧，奖品则堆摆在旁边，通过这样的布置，让源源不断上台交订金的人群来"鼓舞"那些犹豫不决的客户。

在布置场地时，需要考虑安全问题。例如布置背景墙时要考虑到风向的因素，大型海报布设最好有墙体作为支撑；如果没有墙体，也可以搭建桁架，桁架搭建最好由专业人员进行，以免发生意外。

此外，展车的摆放也很重要。按照国际标准，离门口不远处必须有3辆展车，分别展示该车的侧面、正面和背面。如帕萨特等侧面精美的车型，展示侧面的样车应被布置在大门正前方，并专门搭建展示台，尽可能给客户留下深刻的印象。每个展示厅都应有一个主展台，主展台切忌正面对着大门，应该稍侧一下，否则颇显呆板。

通常展车的摆放有两类，一类是交互性的，允许客户自由鉴赏，每辆汽车均需安排专人看护，以免发生意外；另一类是鉴赏性的，将车放在指定位置并用围栏围起来，只允许客户按批次入内鉴赏。通常交互性摆放形式多用于中低档的轿车，而鉴赏性摆放形式则多用于高档车型。

当然，展车辆数不同，摆放形式也可不同。单车时，最好有地毯承托，展车要用围栏围住，以保持一定的神秘感，如果采用交互性摆放形式则可能会导致场面失控，容易发生意外。三车可考虑不同档次和配置的车型,陈列时要注意氛围营造和场面控制,通常有4种形式:单列式,优点是便于客户鉴赏;平行式,优点是便于控制场面;品字式和半圆式,优点是便于烘托氛围。五车属于比较大的社区车展,场面较大,往往需要很强的场面控制能力,可考虑不同档次和配置的车型,同时附以异业活动效果会更佳。五车布置通常有4种形式:平行式,优点是便于客户赏车;4+1式,优点是重点突出;会议式,优点是便于客户参与活动;圆桌式,优点是便于营造氛围。

多车摆放要注意车辆之间的间距,一般两辆样车车间的距离应在3~4个车门之间。车辆的间距和汽车档次也有关系,家庭轿车间的距离可以稍微近一些,给人以汽车超市的感觉;随着汽车售价提高,之间的距离也该加大一些,以体现档次,给足空间和尊贵感。

样车展示讲求的是专业性,禁止将不同品牌不同型号的汽车比肩陈列,否则杂乱无章的摆放会让客户缺乏安全感。

(4) 汽车营销活动现场布置安全须知 为保证汽车营销活动现场布置安全,需注意以下几点:

1)要注意用电安全。进行场地布置时,要随时注意用电安全,保证接头附近无水源,铺设线路应走暗线,如果没有暗线,可用宽胶带固定到地面上。

2)要注意防火。如果布置的场地有易燃物,要安排专人提醒到场客户禁烟,准备好灭火器材,并安排专人负责看管。

3)要注意车辆安全。展出的车辆每辆均须有专人负责看护,以免由于人员过多造成损坏。

4)要划定紧急情况逃生路线,并进行演练。

四、汽车营销活动现场执行要点

1. 汽车营销活动现场控制注意事项

(1) 提前到场巡视 活动第一天,销售顾问、汽车营销活动负责人员和市场人员要提前到场,确认准备工作是否到位,整理广告宣传品、陈列及标价。主管当天要全程跟进,了解准备不足和方案欠妥之处并予以调整改善,对汽车展销人员进行现场辅导。

(2) 确保库存充足 汽车营销期越长,越容易出现断货现象,要定期检核库存,确保库存充足。

(3) 做好客户接待工作 要做好每一位邀约客户的接待工作,不可厚此薄彼,怠慢客户。对于提前邀约的客户,要做好第一时间的迎候工作。一般地,客户接待由销售部门负责,而媒体接待由市场人员负责,厂家领导由上级主管负责。

(4) 管理 管理内容主要包括礼仪、服装、工作纪律、需填表单、薪资及奖罚制度的执行情况;主管要不定期巡场,对现场工作人员是否按岗位职责积极认真工作检核打分,并通知当事人;主管要每天召开汽车营销活动工作人员会议,统计销量,评估业绩,宣读检核结果,了解存在问题,及时互动寻求改进。

(5) 活动现场发布信息 广泛告知是汽车营销活动成功的秘诀之一。客户在展厅外就可以看到醒目的汽车促销信息;展厅内有汽车促销告知消息;汽车促销区的广告宣传品尽可能简洁醒目地传达汽车促销内容，让客户随时都可以接触到汽车促销信息，这本身就是最有力的汽车促销政策。

2. 汽车营销活动现场突发情况应对

（1）场地布置和现场执行突发情况应对

1）场地布置活动出现意外倒塌、损坏等情况。

如何应对促销活动中的突发事件

应对措施：首先对布置方案进行周密的推敲，充分考虑现场环境的客观因素，制订合理安全的布置方案，并制订后备方案。严格督促施工安装人员按照方案及施工规程工作，强调细节处理，对存在隐患的环节做到万无一失。安装完毕后，把好质量关，做好活动的验收工作，并定人、定时进行检修。

2）场地布置过程中，由于天气原因造成施工中断，从而拖延施工进度的情况。

应对措施：与气象预报部门保持密切联系，了解在施工期间的天气状况，提前做好防范措施和转移工作。

3）现场执行过程中，出现沟通不畅，造成工作混乱的情况。

应对措施：建立完善科学的对讲系统，统一划分与配置对讲频道，要求执行人员熟悉沟通协调的流程，不得越级、越部门进行沟通。同时，成立现场临时协调部门，专门进行突发紧急事件的沟通与协调工作。

4）现场执行过程中，出现时间把控漏洞，造成现场冷场或活动在规定时间内无法结束等情况。

应对措施：制订周密的活动流程，推敲每个活动细节，督促执行人员严格按照流程工作，强化执行人员的时间观念，并多次进行活动预演，找出问题，及时解决问题。准备备用方案，以应对可能出现的冷场、拖场情况。

5）现场执行过程中，出现工作混乱，部分活动无人执行等情况。

应对措施：活动执行前进行合理分工，按区域按活动进行明确的工作划分，保证每个环节都有专人负责。预备机动人员，随时弥补临时出现空缺的执行岗位。

（2）媒体统筹突发情况应对

1）突发事件发生后，与媒体的接触。应对措施：明确新闻发言人，积极面对媒体，及时向媒体通报调查情况与后续处理情况，与媒体保持联系，用后续处理方式弥补先前的负面影响。

2）出现负面报道的情况。应对措施：制订统一新闻稿，与媒体进行充分沟通，并及时与媒体上级主管部门进行协调。

（3）演艺活动突发情况应对

1）在演艺活动中，出现演员迟到、误场、缺场等情况。应对措施：强调演员的纪律意识，避免沟通失误；准备预备演员和节目。

2）在表演过程中，演员造成表演失误等现象。应对措施：要求演员认真对待节目排练，多次进行预演；帮助演员建立良好的心理素质，随时关注演员的身体状况。

3）在演艺活动中，出现配套设备无法工作等情况。应对措施：正确地安装和使用配套设备，定人、定时检查配套设备的启动系统；由工作态度细心负责的人员来操作设备，预备易损部件和更换工具，随时更换失效部件。

4）现场音响调节应对措施：对音响设备的调试工作必须全面认真，保证在各个位置都不会发生啸叫情况。

（4）**医疗救护突发情况应对** 在现场出现突发性疾病者或受伤者应对措施：立即安抚受伤者，通知上级主管前往处理，及时维护现场，并联系最近的正规医院；在活动过程中配备常用药物、急救医疗箱。

（5）**消防安全突发情况应对** 现场出现火灾情况应对措施：在现场存在安全隐患的区域放置消防器材，保持消防通道畅通；制订发生火灾时，紧急疏散人群的方案。

（6）**恶劣天气突发情况应对** 现场出现恶劣天气情况的应对措施：考虑舞台区、展示区、活动区的防雨措施；准备雨伞以及一次性雨衣，以在活动突然遇到恶劣天气时用于来宾的防护。如果在试乘试驾活动现场突然遇到恶劣天气，可以适当减少一些危险性较大的试乘试驾项目，或充分利用天气条件使试乘试驾者亲身感受全新车型在恶劣天气下的优越表现。

3. 汽车营销活动撤场控制

在汽车营销活动结束后，要做好撤场组织工作。撤场工作从活动结束开始，到总结工作完毕。应根据撤场要求，井然有序地完成撤展。全体工作人员都必须明确撤场要求。

1）待客户安全离开后再行撤场。
2）先将车辆安全转移后，再进行其他物品的撤场。
3）安全问题至关重要，撤场要在保证人员、财产安全的前提下进行。
4）撤场时，工作人员按自己的负责区域划分进行撤场。
5）撤场时，按照执行方案的物品清单，逐一检查回收，见表6-4。

表6-4 活动物品回收表

物品类别	物品名称	总数量	剩余数量	价格	负责人	物品出处	存放（使用）	存放位置	物品现状

6）确保场地清洁，将场地恢复到使用前原貌。

五、汽车营销活动后续跟踪

1. 活动资料整理存档

活动资料的整理顺序依次为归类、排序、编目，主要是对市场人员所能够收集到的所有的与活动相关的资料的整理，包括：

1）本次汽车营销活动计划方案与执行方案及相关管理表格的归类。
2）本次汽车营销活动现场实景照片（全景、签到、互动、交车、礼品发放等环节）、录像的归类。
3）本次汽车营销活动销售数据、促销海报、广告等本次营销活动的重要文件归类。

2. 活动物料整理

根据本次汽车营销活动物料清单，清点需要回收的实物，并在租赁期内及时归还。

3. 客户资料整理

（1）客户意向信息登记　市场人员回收各类表格后，对信息进行逐一核实，去掉无效（无联系方式或联系方式错误）、重复信息（重名、重号），然后将邀约未到客户、预约试驾意向达成客户、当场达成意向客户、不满意客户数据统计出来并制表（表6-5），转交销售部门制订跟进计划进行跟进，并要求销售顾问在一周内予以信息反馈。

表6-5　客户意向信息登记表

客户类型	客户名称/姓名	客户活动评价	客户不满意内容	微信活动点赞	预约试驾	客户需求意向	责任人	建议跟进方式	要求信息反馈	跟进信息反馈	备注
集团客户											
售前 VIP											
售后 VIP											
媒体记者											
自媒体舆论领袖											

（2）礼品发放登记　市场人员根据物料清单与礼品发放登记表整理礼品，核对数量，并做好统计工作。

4. 其他类型资料整理

在汽车营销活动执行后的一周内提交本次活动申报手续，相关的附件为活动费用发票等，按公司报销流程呈报财务。

5. 后续媒体宣传

企业只靠活动期间的宣传是不够的，还要关注促销活动完成后的宣传，以最大限度地发挥促销的效果。

任务四　汽车营销活动效果评价

 任务目标

知识目标	技能目标	素养目标
1. 理解汽车营销活动的效果评价指标。 2. 掌握汽车营销活动总结的内容。	1. 具备对比预期目标进而分析营销成果数据的能力。 2. 具备运用汽车营销策划效果评价方法对各种汽车营销活动进行评价的能力。	营销活动效果评估应实事求是，培养学习者求真、务实的职业精神，增强职业素养。

建议学时

2 学时。

相关知识

一、汽车营销策划的效果评价

市场营销策划方案实施效果需要运用特定的标准及方法予以监测和评价。

如何评估
实施效果

1. 营销成果对比

将营销成果与预期目标进行对比，一方面可以明确是否达成设定目标，对活动效果进行初步评价；另一方面可对营销成果数据进行进一步分析，为以后开展活动提供参考。

（1）**量化指标** 汽车销量、集客量、级别转化、客户邀约成功率、活动总成交率、销售利润等皆为量化指标，即能够用具体数据体现的指标。此类指标可直接与前期目标或往期经验对比，例如客户邀约成功率。活动期间销售顾问会邀请客户来店，邀请客户的数量即为邀约量，而最终的到店量与邀约量的比值即为邀约成功率。将客户邀约到店，会为后面的销售创造机会，故邀约成功率往往是营销活动策划中潜客来店、集客目标设定等多个环节的参考指标，通过对此数据进行统计，可进一步对客户忠诚度和客户管理情况进行分析。

（2）**成本指标** 从成本角度入手，净利润、销售额、单车成本、活动实际花销等数据可以直观地评价一场营销活动的效果，如活动实际花销是否超过活动预算，整场活动下来是否盈利，营销成本是否升高。同时，这些数据可与往期活动对比，进而探求汽车市场的变化。

（3）**定性指标** 无法通过直接量化数据的评估指标称为定性指标。例如，品牌认知度、活动过程完成度、宣传方式创新、营销团队能力、合作伙伴配合等，从主观角度出发进行评估难免会影响评估的客观性，但可先进行模糊等级评价，然后进行量化。

2. 市场营销策划效果评价指标

（1）**经济效益** 企业进行市场营销策划的目的是提高经济效益，实现效益最大化。这也是市场营销策划的出发点和归宿。不同企业自身条件不同，所处的市场环境也不同，在实施市场营销策划方案后效果就有一定差异：有些企业在短期内效果非常明显，销售量或销售额大幅度增加，利润也同步大幅度增长；有些企业的经济效益表现为滞后增长；还有些企业在实施营销策划方案后不但效益没有增长，反而出现亏损，营销策划无效或出现负效应。

可用下式评价营销效果的盈亏状况：

$$M = M1 - M0$$

式中 M——利润变动总额；

$M0$——基期（策划前）企业的利润总额；

$M1$——报告前（策划后）企业的利润总额（应扣除策划费用）。

当 $M>0$ 时，表示企业利润增长；当 $M=0$ 时，表示企业利润持平；当 $M<0$ 时，表示企业利润下降。

（2）**销售增长率** 销售增长率是指某企业某产品在活动期内的销售增长额与上一年同

一时间段的销售额的比率,即

$$销售增长率 = \frac{活动期销售增长额}{上一年同一时间销售额}$$

$$= \frac{活动期销售额 - 上一年同一时间销售额}{上一年同一时间销售额}$$

一般来说,衡量一个企业的销售增长率通常是以 10% 为临界值:如果企业生产、经营的产品的销售增长率大于 10%,则其效益非常可观,属于高增长率;增长率小于 10%,则属于低增长率。

(3) **相对市场占有率** 相对市场占有率又称为相对市场占有份额,指某企业产品的市场占有率与同一市场、同一行业最大竞争对手的市场占有率的比值(倍数)。相对市场占有率通常用一倍作为衡量标准的临界值:大于一倍为高占有率,小于一倍为低占有率。

市场占有率可分为绝对市场占有率和相对市场占有率。绝对市场占有率通常是指某企业某产品现(报告期)销售量(或销售额)占同行业、同类产品在同一市场的总销售量(或总销售额)的比率。

评价市场营销策划效果采用相对市场占有率而不采用绝对市场占有率,这是因为绝对市场占有率只限于同一目标市场,企业产品销售量占同行业总销售量的比重存在着局限性;而采用相对市场占有率是与最大竞争者进行效益比较,能全面反映该企业在实施营销策划前与实施营销策划后的竞争实力是否有所提高。某企业的相对市场占有率大于该目标市场的最大竞争者,则该企业就是该市场的领先者(处于第一位);若该企业的相对市场占有率等于最大竞争者的市场占有率,则表明二者竞争实力均等,其市场占有份额不相上下;若该企业的相对市场占有率小于最大竞争者的市场占有率,则该企业在市场中处于次要地位,证明营销策划效果不理想。

以上 3 项是采用定量标准分析评价市场营销策划效果的评价指标。评价营销策划效果还应采用定性标准分析来进行评价,使定性分析与定量分析有机结合。

3. 市场营销策划效果评价方法

(1) **市场营销策划效果整体评价法** 市场营销策划效果整体评价法采用国际上流行的普尔级别(改进型)评等法则,是通过市场调查,对营销策划方案执行前、后的企业盈亏状况、销售增长率和相对市场占有率的测算,对市场营销策划效果进行整体评价的一种方法。市场营销策划效果整体评价级别见表6-6。

表6-6 市场营销策划效果整体评价级别

级别	盈亏状况	销售增长率/%	相对市场占有率/倍
特优/A	3 年连续赢利	≥30	≥3
优/B	2 年连续赢利	20～29	2.0～2.9
良/C	1 年内赢利	10～19	1.0～1.9
一般或差/D	微利、保本或亏损	<10	<1

注:AAA——特优一级,AA——特优二级,A——特优三级
　　BBB——优一级,BB——优二级,B——优三级
　　CCC——良一级,CC——良二级,C——良三级
　　DDD——最差,DD——差,D——一般

> **小知识**
>
> 　　具体操作方法：进行市场调研，根据获得的企业产品的销售量或销售额的统计数据，计算出企业在执行营销策划方案前（基期）和实施后（报告期）的盈亏、销售增长率和相对市场占有率的数值，按特优、优、良、一般或差等标准，进行效果区分的等级评定。
>
> 　　该方法的特点是快捷、简便、易行，便于推广和普及，可以定期或随机地进行考核和分析营销策划效果的优劣程度。它适用于对市场营销策划效果进行全面、系统的整体评价。

（2）市场营销策划效果等级评价法　评价企业的市场营销策划效果，可以从营销导向的 5 种主要属性上反映出来：客户宗旨、整体市场营销组织、充足的市场营销信息、战略导向和工作效率。每一种属性都能用以衡量策划效果的优劣程度。具体操作方法如下：由部门营销经理及其他经理共同评分填写，然后将填好的分数加在一起，得出总分，用来确定策划效果的级别。营销策划效果分值级别见表 6-7。

市场营销策划效果整体评价法

表 6-7　营销策划效果分值级别

分值	0～5	6～10	11～15	16～20	21～25	26～30
级别	无效	差	中等	良好	优秀	特优

许多企业使用这种表格，很少能达到特优等级分数，即 26～30 分。这些试点企业包括众所周知的市场营销领袖，如宝洁、麦当劳、IBM 和耐克等公司。多数公司和事业部的得分都在中等到良好等级上，这表明这些公司的总经理有改善市场营销工作的余地。

（3）KPI（Key Performance Indicator）法　关键绩效指标是通过对组织内部流程的输入端、输出端的关键参数进行设置、取样、计算、分析，衡量流程绩效的一种目标式量化管理指标，是把企业的战略目标分解为可操作的工作目标的工具，是企业绩效管理的基础。KPI可以使部门主管明确部门的主要责任，并以此为基础明确部门人员的业绩衡量指标。建立明确的切实可行的 KPI 体系，是做好绩效管理的关键。

KPI 管理具有如下作用：
1）反映一个部门或员工关键业绩，衡量目标实现的程度。
2）检测与业绩目标有关的运作过程。
3）及时发现潜在的问题，需要改进的领域，并反馈给相应的部门或个人。
4）把个人、部门的目标与公司整体的目标联系起来。
5）将目标分解落实到具体责任人。
6）清楚部门员工的工作数据或事实依据，便于引导员工在工作方式、方法、业绩等方面的改进，也有利于员工素质、能力的提高。

常见的关键业绩指标有 3 种：
一是效益类指标，如资产盈利效率、盈利水平等。

二是营运类指标,如部门管理费用控制、市场份额等。

三是组织类指标,如满意度水平、服务效率等。

一般在活动结束后,由上属销售公司或厂家给汽车 4S 店进行考核打分。常见的汽车 4S 店 KPI 评分表见表 6-8。

表 6-8　汽车 4S 店 KPI 评分表

序号	类别	考核项目	考核标准	考核依据	目标	考核权重	实际得分
1	目标达成	邀约批次目标达成率	计算方式:邀约批次实际/邀约批次目标×权重=得分(达成率小于85%不得分)	总部设定目标 邀约客户现场登记表		25	
		订单目标达成率	计算方式:订单实际/订单目标×权重=得分(达成率小于85%不得分)	总部设定目标 现场新增订单统计表		20	
		订单交车达成率	计算方式:活动中签订订单实际交车数量/活动订单数量×权重=得分(达成率小于80%不得分)	订单统计表 客户交车文件(发票、客户交车确认书、行驶证等文件)		10	
2	内促外促	内促政策	是否针对本次活动设立单独的外促政策。计算方式:"是"满分,"否"不得分	会议记录、工联单	是	5	
		外促政策	是否针对本次活动设立单独的销售顾问、制定销售团队的内促奖惩政策。计算方式:"是"满分,"否"不得分	会议记录、工联单	是	5	
3	广宣投放	广宣投放	是否利用自有媒体进行前期、后期传播。计算方式:"是"满分,"否"不得分	报纸照片、电台音频、网络截图等	是	10	
4	邀约管理	邀约工具	是否使用活动邀约工具表进行邀约。计算方式:"是"满分,"否"不得分	督导对邀约工具使用情况进行评分并拍照留档	是	1	
			根据专营店填写报表情况进行评分。计算方式:"优"满分,"良"85分,"中"75分,"差"不得分			3	
		每日管控	销售部经理每日夕会是否对邀约进度及结果给予指导。计算方式:"是"满分,"否"不得分	短信日报反馈给总经理	是	3	
			总经理是否清楚了解销售部实际邀约情况。计算方式:"是"满分,"否"不得分	短信日报反馈督导	是	3	
						100	

(续)

序号	类别	考核项目	考核标准	考核依据	目标	考核权重	实际得分
5	会议培训管控	活动启动动员培训会	是否提前召开活动动员会议,公布活动计划,培训相关技能。计算方式:"是"满分,"否"不得分	会议记录、相片、签到表	是	3	
		活动外促会议	是否在活动开始前一天开展活动前沟通会议,强调执行、调动激情,公布内促。计算方式:"是"满分,"否"不得分		是	3	
		活动总结分析会	活动结束后是否召开总结分析会。计算方式:"是"满分,"否"不得分	会议记录、相片、签到表,总结PPT	是	1	
6	现场人员管控	活动人员	是否按照会议要求提供足够人数的销售顾问及后勤保障人员。计算方式:"是"满分,"否"不得分	督导及现场指挥人员评价	是	2	
			是否服从现场的指挥及调动。计算方式:"是"满分,"否"不得分		是	2	
7	数据管控	邀约客户报备	是否及时进行了邀约客户明细的报备。计算方式:"是"满分,"否"不得分	督导打分评价,活动前一天邮件督导以及活动现场指挥人员	是	2	
		新增订单、成交量信息	是否提供准确的新增订单及成交信息客户数据。计算方式:"是"满分,"否"不得分	现场新增订单客户信息表及短信日报	是	2	
	合计					100	

二、汽车营销活动总结

1. 汽车营销活动总结的意义

汽车营销活动结束后,市场总监必须组织参与活动的全体员工对本次汽车营销活动中的工作情况进行汇报、总结、分析和研究,肯定成绩,找出不足和差距,得出经验教训,摸索汽车营销活动的规律和诀窍,用于指导下一次汽车促销工作。它所要解决和回答的中心问题不是营销阶段要做什么、如何去做、做到什么程度,而是对营销工作实施结果的鉴定和结论,是对营销工作实践的一种升华性的理性认识。

汽车营销活动总结是做好汽车营销活动的重要环节,通过它可以使零星的、肤浅的、表面的感性认识上升到全面的、系统的、本质的理性认识,可以更好地了解和检验营销策划的科学性,可以了解团队和员工的工作状况,可以正确认识和评价营销工作中的优缺点,可以明确以后举办营销活动的方向,少走弯路,少犯错误,提高营销效果和工作效率,创造更好的效益。

活动执行结束后,无论活动成功与否,都应该及时总结,不断提升自我,让营销活动的效果一次比一次好。

2. 汽车营销活动总结的内容

（1）**个人层面总结**　对于大型营销活动，结束后应让参与的每个员工都写一份个人总结。总结一般分为3部分。

1）个人表现。主要是总结个人在活动期间的工作岗位、内容、成绩、经验、教训、改进和提升方法等，既要认真客观，又要言简意赅，对做得到位的、不足的部分都要进行归纳。

2）协作表现。每个员工除了要对自己所负责的工作做出总结之外，还要对自己在整个活动中的主动配合和协作表现做出总结。总结不能空洞，要言之有物，做到客观具体。

3）建设性意见。对整个活动的开展情况做总结，除要总结经验、成绩之外，还要重点说明个人认为的整个活动中的问题点、不足、自己的建设性意见。

为了使4S店营销活动总结规范化，可将以上内容制作成一张表格，见表6-9。

表6-9　汽车营销活动个人总结

总结要素	总结要点	总结内容	备 注
个人表现	主要工作内容		
	所取得成绩		
	经验和感悟		
	不足与教训		
	改进和提升方法		
协作表现	协作内容		
	主动配合情况		
	如何化解冲突		
	存在的不足		
	改进建议		
	经验和感悟		
建设性意见	活动成绩		
	活动失误和教训		
	活动突出问题		
	改进方法		
	改进措施		

（2）**团队层面总结**　汽车营销活动成功与否取决于各分支团队的执行力量，所以应该建立健全团队文化，打造一支高效的学习型团队。

一次营销活动结束，各分支团队必须及时组织召开员工经验交流会，这是一次团队成员学习提高的好机会。在会上，主办人员提出问题，要求员工介绍自己的心得体会及做法，与成员一起交流分享。其操作规程见表6-10。

如果在营销过程中出现重大问题，在团队总结会上还应开展团队成员之间的深度会谈。深度会谈是让思想在人们之间自由流动的方法，是一个人人畅所欲言，充分表达自己意见的过程。大家以多样的观点探讨复杂的问题，撇开个人的主观思维，彼此用心聆听别人的观点，自由地交换各自的看法，达到共同思考的目的。其操作规程见表6-11。

表6-10 经验交流会操作规程

序 号	规 程	内容或例子
1	主办人员提出问题	如：你是怎样面对爱抱怨的客户的
2	与会成员独立思考	请每个成员回忆自己面对这个问题时曾用过的成功策略和失败经验，或是听到、读到过的处理这类问题的小窍门、小方法，并将这些方法记录下来
3	小组合作	找一个同伴组成小组，一起分享以上经验。在分享时，注意仔细倾听对方的经验
4	大组合作	每两个小组自由组合成一个4人大组继续交流经验，每人要复述上一轮中自己队友的经验与方法
5	大组讨论	大组成员认真讨论以上经验和方法，并总结出大组认为可借鉴的经验
6	经验发表	每个大组选择最实用或最独特的经验或方法，向所有与会者进行简单说明，同时仔细倾听其他组的介绍
7	消化吸收	每个成员消化吸收别人的经验与方法，并将之运用到工作中去

表6-11 团队深度会谈操作规程

序 号	规 程	内容或例子
1	主办人员提出深度会谈原则	发声、聆听、宽容、尊重、守时
2	主办人员提出议题或初步方案	如团队成员考核制度问题、小组配合问题等
3	与会成员独立思考	请每个成员对方案或议题独自提出看法，说明理由或表达感受等，并记录下来
4	意见传阅	将成员的意见轮流传阅
5	意见修正	每个成员在阅读其他人意见后修正自己的看法
6	意见发表	成员在会上发表意见并简单阐述理由
7	意见讨论	成员在会上对各种意见进行探讨
8	意见集中	在充分讨论后，主办人员采用各种方法（如取得共识、投票、缩小讨论圈进一步商讨等）逐步集中意见或确定结论

（3）公司层面总结 一次大型营销活动结束后，企业需要召开公司层面的总结大会，各部门主要骨干均应参加，要总结的内容如下：

1）费用支出。虽然营销策划方案有活动经费预算，但是活动执行下来往往会有出入，所以，汽车4S店管理者需要进行财务核算，以清楚产生了多少费用，并用来测算活动投入产出比、评估活动效果，也让活动策划人员了解和反思。

2）效果达成。影响力扩大、知名度提升等指标可以通过市场调查手段了解，而活动的签单量、销售额、销售利润这些硬指标通过统计即可得到。

3）人员激励。在活动开展前拟定的人员激励政策要在总结大会上进行兑现，对相关人员进行表彰，根据员工和分支团队在营销工作中的表现及硬指标评出"销售之星""服务标兵""优秀团队"等，以树立学习榜样，促进员工之间的良性竞争，激励团队，提升士气，使员工在以后的工作中再接再厉。及时兑现奖励有利于管理者在下属和员工面前提升自己的信誉度。

4）工作亮点。任何一次营销活动都会有好的部分，而且可能会有某些突破，管理者要发掘出工作和成绩"亮点"，进行总结，鼓舞士气，形成经验并供团队学习。

5）工作教训。成功的营销活动也会有不完美的地方，在总结时要敢于直面问题，找到不足，吸取教训，探究规避的方法和措施，使以后少犯错误少走弯路。

应用案例

某汽车4S店社区车展活动总结

展示结束后，对于车展活动的总结是必不可少的，因为通过总结，可以积累经验，也可从中发现不足，某汽车4S店社区车展活动总结见表6-12。

表6-12　某汽车4S店社区车展活动总结

某汽车4S店社区车展活动总结
汽车4S店名称：　　　　　　　活动名称：
活动地点：　　　　　　　　　活动时间：
活动概述：
参展车型：

编号	车型	主要配置

活动现场照片：
照片（序号）_____　　　内容简述：

总体评价：
成功点：
不足：
活动效果：

活动效果统计							
车型	邀约客房数	现场留存信息客户数	H	A	B	C	订单

(续)

费用投入：

费用名目	金额（元）	明　　细

活动问题分析：

活动问题解决方案：

活动经验总结：

(1) 本次车展概述　记录本次社区车展的名称、举办时间、举办地点、举办方及简单描述车展活动内容。

(2) 参展车型　逐一记录本次社区车展的参展车型型号及其主要配置，可适当增加车展当月当地汽车市场的数据。

(3) 活动现场照片　选择能表现现场全景、展示区全景、洽谈区全景、活动现场氛围的照片若干张，并给每张照片附加内容简述。要求能通过照片直观地展示本次车展的现场布置和活动效果。

(4) 总体评价　从活动目的出发，对本次社区车展活动进行一个整体性的评价，包括活动中的成功点和不足。

(5) 活动效果　详细记录每一款车型在本次展示中现场客户信息的留存条数、邀约客户到店数及现场订单数，并对其进行总数的统计。对于现场留存信息的客户要对其购车意向级别进行判断和统计。

(6) 费用投入　逐一列举各项费用名目、金额和明细，并对总体金额进行统计。

(7) 活动问题分析　按照SWOT分析本次社区车展中出现的问题，并逐一列举，详细描述每一个问题的具体内容并分析其发生原因。

(8) 活动问题解决方案　详细描述针对活动中出现问题的现场解决方案和活动结束后反思得出的解决方案，并进行对比分析和总结。

(9) 活动经验总结　总结本次社区车展的经验，包括策划经验、实施经验、问题处理经验以及活动结束后的资料整理、费用报销、汇报工作和客户维系经验等。

项目七

常见汽车营销活动策划书编制

任务一 汽车营销策划书的编制

任务目标

知识目标	技能目标	素养目标
1. 了解汽车营销策划的编写内容、编制原则。 2. 理解汽车营销策划书的编写技巧。 3. 熟悉汽车营销策划书的报告工作。	1. 具备编写汽车营销策划书的能力。 2. 具备正确表达策划的思想并报告策划书的能力。	培养学习者合作分享、团队协作的精神。

建议学时

2学时。

相关知识

一、汽车营销策划书的编写内容

1. 汽车营销策划书的要素与编制原则

营销策划书是营销策划文案的书面反映,又称为企划案或企划书。它作为创意和策划的物质载体,使策划由一种思想一步步地变成现实,是创意和实践的连接点,在整个营销策划工作中起着承上启下的作用。

汽车营销策划书是汽车企业策划者根据营销策划项目的内容、特点,为实现营销策划目标而进行行动的实战方案。它是策划者前期工作与全部智慧的结晶,也是汽车企业策划者协调和指导策划参与者行动的规划。一般来说,汽车营销策划书没有一成不变的格式,它可依据产品或营销活动的不同要求,在策划的内容与编制格式上有所变化。但是,从营销策划活动一般规律来看,其中有些要素是相同的。

(1) 汽车营销策划书的要素 汽车营销策划书的框架包括下列基本要素，可以概括为"5W2H1E"。

What（什么）——汽车企业营销策划目标、内容：将策划目标和内容进一步具体化、指标化，并说明实现目标和内容的基本要求、标准。

Who（谁）——汽车企业营销策划人员：确定策划中承担各项任务的主要人员及其责、权、利。

Where（何处）——汽车企业营销策划实施场所：确定策划中承担各项任务的部门及场所。

When（何时）——营销策划日程：列出实现各个目标的时间进度表。

Why（为什么）——营销策划原因：主要是向汽车企业策划实施人员说明策划目标，阐述策划的必要性、可行性等，以使实施人员便于理解和执行。

How（怎样）——营销策划手段：确定汽车企业各部门、人员实现目标及行为的顺序、时间、资金、其他资源等的管理控制方式。

How（多少）——营销策划预算：按策划确定的目标（总目标或若干分目标）列出细目，计算所需经费，以控制策划活动严格按预算进行。

Effect（效果）——预测营销策划效果：确定实施项目策划情况的标准，检查评价工作和出现偏差时应如何处理，以及预测营销策划结果、效果等。

(2) 编制汽车营销策划书的原则 为了提高营销策划书撰写的准确性与科学性，需把握其编制的几个主要原则。

1）逻辑思维原则。策划的目的是解决企业营销中的问题，按照逻辑性思维的构思来编制策划书。首先是交代策划背景，分析产品市场现状，再把策划的中心目的全盘托出；其次是对具体策划内容进行详细阐述；最后是明确提出解决问题的对策。

2）简洁朴实原则。要注意突出重点，抓住企业营销中所要解决的核心问题，深入分析，提出可行性的相应对策，还要针对性强，具有实际操作指导意义。

3）可操作原则。编制的策划书用于指导营销活动，其指导性涉及营销活动中的每个人的工作及各环节关系的处理，因此其可操作性非常重要。不能操作的方案，创意再好也无任何价值。不易于操作的方案会耗费大量人、财、物，管理复杂、效率低。

4）创意新颖原则。要求策划创意新、内容新、表现手法新，给人以全新的感受。新颖的创意是策划书的核心内容。

2. 汽车营销策划书的主要内容

一部完整的营销策划书包括封面、策划主体、附录等部分。

(1) 封面 封面对汽车营销策划书来说具有形象效用。策划书的封面如同策划书的名片，它能达到强烈的视觉效果，给人留下深刻的印象。封面设计的原则是醒目、整洁，字体、字号、颜色应根据视觉效果具体考虑。封面可以提供以下信息：

1）标题：营销策划书的名称（主题）。

2）委托方：被策划的客户，如"××公司××年度××策划"。委托方的名称必须具体、完整、明确、规范、不能出现错误。

3）策划者：营销策划机构或策划人的名称。

4）日期：营销策划的完成日期及适用时间段。

5）编号：策划书的保密级别及编号。

此外，还可在策划书的封面上附一段对策划书内容做简要说明的文字，但不宜过长。策划书的封面会给使用者带来很重要的第一印象，因此不可马虎对待，应该让封面给使用者传递出这样一个信息——我的策划是最好的。

（2）前言　前言的作用是统领全书，因此其内容应当包括策划的宗旨、目的及背景，以及对策划的必要性等问题的描述。它一方面是对内容的高度概括性表述，另一方面要引起读者的注意和兴趣。前言字数可以控制在 1000 字以内，其内容主要集中在以下几个方面：①简单交代接收营销策划委托的情况；②说明进行策划的原因，就是表达清楚此次营销策划的重要性和必要性，以吸引读者进一步阅读正文；③进行策划过程的概略介绍和策划实施后要达到的理想状态的简要说明。

（3）目录　营销策划书的目录涵盖了全方案的主体内容和要点，读过后应能使人对营销策划的全貌、营销策划人员的思路、营销策划书的整体结构有一个大体的了解，并且为使用者查找相关内容提供方便。目录实际上就是策划书的提纲，策划者应认真编写，内容应比较精练，如图 7-1 所示。

（4）概要　概要主要是对策划的项目进行的概要说明，包括营销策划的目的、意义、创意的形成过程，相关营销策划的思路、内容介绍等。阅读者通过概要演示，可以大致理解营销策划的要点。概要应简明扼要，篇幅不能过长，字数需控制在 500 字左右。

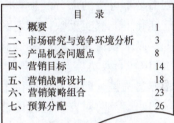

图 7-1　营销策划书目录写法举例

（5）环境分析　"知己知彼，百战不殆"，这一部分需要营销策划者对环境比较了解。环境分析的内容包括市场状况、竞争状况、分销状况、宏观环境状况等。

1）市场状况。市场状况包括目前产品市场/规模/广告宣传/市场价格/利润空间等。列出近期目标市场的数据，通过年度相对指标对比，得出分析结果。

2）竞争状况。对主要的竞争者进行辨认，并逐项描述其规模、目标、市场份额、产品质量、营销战略和其他特征，从而准确把握其意图和行为。

3）分销状况。列出在各个分销渠道上的销售数量资料和重要程度。

4）宏观环境状况。描述宏观环境的主要趋势（如人文的、经济的、技术的、政治法律的、社会文化的），阐述它们与本汽车企业产品的某种联系。

（6）机会分析　汽车营销策划方案是对市场机会的把握和策略的运用，因此分析问题、寻找市场机会，就成了汽车营销策划的关键。找准了市场机会，可以极大地提高策划成功率。机会分析通常采取 SWOT 分析法，即对企业内部环境的优势（Strength）、劣势（Weakness）、外部环境的机会（Opportunity）、威胁（Threat）进行全面评估。

1）优势/劣势：销售、经济、技术、管理、政策（如行业管制等政策限制）等方面的优势和劣势。

2）机会/威胁：分析市场机会与把握情况，市场竞争的最大威胁与风险因素。

3）SWOT 综合分析：综合分析市场机会、环境威胁、企业优势与劣势等战略要素，明确能够为我有效利用的市场机会，尽可能将良好的市场机会与企业优势有机结合；同时，努力防范和化解因环境威胁和企业劣势可能带来的市场风险。

4）问题分析：在 SWOT 分析的基础上，明确在制订和实施市场营销战略计划过程中还必须妥善解决的主要问题。

（7）营销目标　营销策划书的营销目标，如市场占有率、销售增长率、分销网点数、营业额及利润目标,要具体明确并满足以下条件:目标必须按轻重缓急有层次地安排;在可能的条件下,目标应该用数量表示;目标必须切实可行;各项营销目标之间应该协调一致。

(8) 战略及行动方案 首先,要清楚地表述企业所要实行的营销战略,主要包括市场细分、目标市场和市场定位三方面的内容。其次,确定相关的营销组合策略。最后,制订具体的行动方案。

在行动方案中,需确定以下内容:要做什么工作或活动,何时开始、何时完成,其中的个别工作或活动为多少天,个别工作或活动的关联性怎样,在何地、需要何种方式的协助,需要什么样的布置,需要建立什么样的组织机构,由谁来负责,实施怎样的奖酬制度,需要哪些资源,各项工作或活动收支预算为多少等。

(9) 营销成本 营销成本主要是对营销策划方案各项费用的预算,包括营销过程中的总费用、阶段费用和项目费用等。其原则是以较少的投入获得最优的效益。预算费用是汽车策划书必不可少的部分。预算应尽可能详尽周密,各费用项目应尽可能细化。预算费用应尽可能准确,能真实反映该策划案实施的投入多少。同时,应尽可能将各项费用控制在最小规模上,以求获得最大的经济效益。

(10) 行动方案控制 营销活动的行动方案控制包括:风险控制,即风险来源与控制方法;方案调整,即在方案执行中都可能出现与现实情况不相适应的地方,因此必须随时根据市场的回馈及时对方案进行调整。

(11) 结束语 与前言呼应,使汽车策划书有一个圆满的结束,主要是重复一下主要观点,并突出要点。

(12) 附录 附录是汽车营销策划的附件。附录的内容对营销策划方案起着补充说明作用,便于策划方案的实施者了解有关问题的来龙去脉,为营销策划提供有力的佐证。在突出重点的基础上,凡是有助于阅读者理解营销策划内容和增强阅读者对营销策划信任的资料都可以考虑列入附录,如引用的权威数据资料、消费者问卷的样本、座谈会记录等。列出附录,既能补充说明一些正文中的问题,又能显示策划者的责任心,同时也能增加策划方案的可信度。附录要标明顺序,以便查找。

3. 汽车营销策划书的格式设计

一般情况下,汽车营销策划书的结构应与汽车营销策划的构成要素(内容)保持一致,这样可以提高汽车营销策划书的制作效率。结构框架比较合理的汽车营销策划书的一般格式见表7-1。

表7-1 汽车营销策划书的结构框架

序 号	构 成	特 点
1	封面	脸面形象
2	前言/序	前景交代
3	目录	一目了然
4	概要提示	思路与要点
5	环境分析	依据和基础
6	机会分析	提出问题
7	营销目标	明确任务
8	战略及行动方案	对症下药
9	营销成本	计算准确
10	行动方案控制	容易实施
11	结束语	前后呼应
12	附录	提高可信度

二、汽车营销策划书的编写技巧

1. 主题明确，理论支撑

一份营销策划书应该有一个明确的主线，使得整个策划内容，无论是战略的确定还是策略的选择都围绕这个主线展开分析。同时，要提高汽车营销策划内容的可信性，并使阅读者接受，就要为策划者的观点寻找理论依据，有了理论的支撑能够使策划书显得更有深度。虽然不同的营销策划书具有不同的主题，但是无论其侧重点如何，一份完整的营销策划书都应该囊括有关营销战略和营销策略的部分，这就需要策划人熟悉相关的营销理论，如 SWOT、STP（市场细分）、4P（产品、价格、渠道、宣传 4 个基本策略的组合）等，对营销理论有整体的把握，可以使编制的策划书内容层次清晰，从而有效地开展工作。

2. 图表丰富，分析透彻

要保证营销策划书的完整，不可避免地会增加文案的篇幅，然而从营销策划书使用者角度来分析，企业在审核不同的策划书时，最基本的要求就是不但简明扼要，而且分析透彻。因此，在编制营销策划书时需选择一种最佳的方式，以满足企业的上述要求。以图表来说明恰恰体现了企业对于策划书的上述需求。图表可以将语言精练到最简化的程度，有助于阅读者理解策划的内容，有非常好的视觉效果。图表虽然能够做到语言简洁，但仅通过图表不能反映一些深层次的内涵，因此，在运用图表时需要辅之以必要的分析说明，分析得越深入，其可信度就会越高，从而提高营销策划书的实用价值。

> **拓展阅读**
>
> **设计表格的技巧及注意事项**
>
> 1. 表的各类标题应简明、清楚，并能确切地反映资料的内容、时间及属地。
> 2. 横栏和纵栏通常是先列出各项目，后列总体，内容不宜过多。
> 3. 表中数字的排列要整齐、美观。如果出现相同的数据必须填写，不能在表中出现"同上""同首"字眼；没有数据的一律用"—"填写；缺乏数据的一律用"---"填写。
> 4. 若表中数据使用一种计量单位时，则在表头注明单位即可；若计量单位不统一，则分别在主词栏和宾词栏标注。
> 5. 引用他人资料来源后，要在表的下端注明"资料来源"；对于无法并入表格中的内容应用脚注说明，通常位于表格的下方、"资料来源"的上方。

3. 数字说明，适当举例

策划书是一份指导企业实践的文件，任何论据最好都有依据，而数字就是最好的依据。在汽车营销策划书中，利用各种国家宏微观经济数据、地区经济发展数据、企业财务数据等来辅助分析和比较是不可缺少的，而且应用的时候各种数字都应有可靠的出处，以证明其可靠性。同时，还可以适当加入其他企业或本企业成功与失败的例子，这既能起到调节结构的作用，又能增强说服力，效果非常明显。

4. 重点突出，条理清晰

在策划过程中，过分贪求是要不得的。贪得无厌往往会使一个策划里面包含太多的构想，目标变得过多。因此，一个优秀的汽车营销策划人员一定不会贪心，他会把构想浓缩，即使有很好的方案，只要与主题无关，就舍得删除，适当的舍弃是重要的策划技巧，同时要理清思路，做到主旨明确、条理清晰。

5. 注重细节，美化版面

策划书要注重视觉效果，首先不能有错别字词，如果策划书出现错字、漏字会影响阅读者对策划人的印象，也会影响对策划整体的信任度，因此对编制好的汽车营销策划书要反复仔细检查，不允许有任何差错出现，特别是对汽车企业的名称、专业术语等应仔细检查；其次，有效的版面设计可提高策划书的视觉效果。设计版面包括打印的字体、字号大小、字与字的空隙、行与行的间隔、黑体字的采用以及插图和颜色的选用等。合理设计版面，可使营销策划书重点突出、层次分明、严谨而不失活泼。

拓展阅读

版面设计技巧及注意事项

1. 标题可以分为主标题、副标题、小标题、标题解说等。通过这种形式可使策划书的内容与层次一目了然。

2. 用空白突出重点。用空白将某部分与其他部分分开以示强调，这是策划文案常用的版面设计方法之一。在正文中调整段落的长度，使用列举等方法都需要留出更多的空白。

3. 限制同一版面出现字体的数目。绝大多数的策划文案只使用3种或更少的字体，因为过于纷繁的字体会使版面显得花哨、喧宾夺主，且影响阅读速度。通常中文文字使用宋体、黑体、楷体等，英文文字使用 Times New Roman、Elite 等。字号使用五号、小四号、11号等。

4. 使用阴影突出、适度着色和其他点缀方式。色彩可以有效地突出重点，尤其是蓝色、绿色、紫色深受年轻人喜爱，而50岁以上的读者对蓝色的接受程度渐渐降低。但如果策划方案只在普通打印上输出，就不必着色，因为无法看出效果。另外，着色过多也会适得其反。

5. 若使用识别符号来增强策划书版面的美感，最好在标题前加上统一的识别符号或图案来作为策划内容的视觉识别，尤其可以使用一些重点符号、特殊版式、不同的字体和字号，对策划内容的主要观点给予强调、突出，以帮助读者能够快速准确地把握策划主题。

6. 版面的排列、设计不应该一成不变。为了防止刻板老套，可以多运用图表、图片、插图、曲线图及统计图表等，并辅以文字说明，从而增强可读性。

6. 备选方案，未雨绸缪

当拟定策划书时，并没有硬性规定一次只能做一个策划案。对于同一个主题，可以同时做出2~3个策划案作为备选。当然，有时策划者会过于自信，认为自己的工作是完美无缺的，但从汽车企业的实践来看，在对策划进行审查时，一定会有种种意见提出，所以事先准备替代方案是明智的。有经验的营销策划人员会预测审查者可能提出的反对意见，或者了解他们的习惯，然后准备第二方案、第三方案。当反对意见出现时，可拿出备用方案，以提高成功的概率，从而节约策划文案的筹备时间。

三、汽车营销策划书的报告

策划书完成并非是策划工作的结束，还有一项很重要的环节，就是向上级、同事或客户介绍营销策划书。一个杰出的创意、一份优秀的营销策划书如果不恰当地报告，可能导致策划书被拒绝，策划书只有被采纳、付诸实施才有价值。因此，策划书的报告和组织实施是策划的关键。这一阶段的主要任务：一是要说服决策者采纳策划书，使得策划案具有实施的现实可能性；二是要使实施策划的组织和人员了解和掌握策划组织实施的科学方法、技巧和程序。这二者都要求营销策划人员与对方进行良好的沟通，能恰当正确地表达策划的思想，进行策划书的报告工作。

1. 前期准备

这里所谈的前期准备工作专指在营销策划书正式完成后和现场推销前这一段时间所需进行的工作，包括：

（1）信息搜集准备　搜集参加说明会人员的信息，包括他们的文化背景和经营观念等，以便于说明会上报告策划书时具有针对性。资料搜集的多少、对听众情况掌握的多少，决定着说明会的效果好坏，也可以据此加以预测。

（2）说明会材料准备　要认真准备会议所要用到的各种资料，例如策划书、幻灯片、宣传资料（如小报、传单）、多媒体器材、设备等，都应事先准备好，并进行检查，确保所需的材料、时间或其他条件充足，提供证据的数据完备。文字资料最好保证参会者人手一份，以便于会议讨论时有所依循。

2. 制订计划

计划内容包括确定策划书报告会议的时间、地点、参加人员；会议程序和时间安排、设备使用等。如何在预定的时间内将策划内容交代清楚及当时如何利用各种器材等，都必须在事先做一个规划，以免临场出错。

3. 任务分工

策划一般是由几个人共同完成的，需要事先分配好工作。首先，要选好策划方案的主讲推介人，负责说明策划方案的内容，主讲人要熟悉策划方案并具有较强的语言表达能力；其次，需安排好负责器材的操作人员、会议服务人员、计时服务人员等，策划团队成员要各司其职，以保证会议有序进行。

4. 模拟演练

为了提高策划书报告的成功率，在提案前需进行模拟演练，按照说明会方式将所计划的时间核对一遍，在程序和内容方面做到万无一失。模拟排练的作用表现在：

（1）可调整说明会的内容安排　说话的用语、时间分配、说明方式等可利用演练机会做一次检查、修正。

（2）让主讲人练习　排练可以使主讲人对策划内容更熟悉，并试着以自己的话说出来，这样才能在临场时表现自然和生动，而不是紧张和做作。

（3）习惯使用器材　负责操作器材的人必须知道器材的用法并且能熟练操作，能与主讲人的说明相互配合。特别是需要使用某些特殊工具时，更要预先了解其用法。

5. 报告技巧

（1）介绍技巧　在策划报告会中推销的不仅是策划内容，还包括营销策划人员自己。策划主讲人应以充满自信的语气进行汇报，这样才会给人留下良好的印象，而对主讲人的良好印象常常被推及对策划的良好印象。营销策划人员需注意：

1）自信、有礼。礼貌赢得好感，自信获得信任。汇报时不必过谦，应表现出良好的自信，这样才能让别人相信自己的策划案。

2）牢记策划内容，用自己的语言来说明。绝不要照着策划书读，那样容易使人产生厌倦和乏味的感觉，讲和说才能打动人。

3）把握重点。在汇报策划时，必须能够把策划的重点部分突出出来，使听众抓住策划的重点。如果语调一成不变、冗长乏味，容易使人分散注意力。

4）得体的身体语言。人的信息传达三分靠语言、七分靠非语言。语言技巧固然重要，但外观表现也是一个非常重要的因素，其主要作用是给人印象并加强记忆。因此，报告时要沉着冷静、表情温和，切勿呆滞。站姿要得体，并和听众有眼神交流。主讲人的视线应随时观察决策者，并与其他与会者的目光做适度接触，可以用眼神缓和地扫视全场，目光停留在每个听众身上3~5s。

报告会应是一种双向的沟通活动，需要视双方的反应、想法而随时调整、提高在场人士的参与度。如果只是单向的一个说一个听，那么沟通的程度就会差很多，而且可能产生理解上的差异。在讲解的过程中，主讲人要随时注意双向沟通，用自己的热情和自信感染对方，赢得对方的信任与认同。

> **拓展阅读**
>
> ### 身体语言运用技巧
>
> 双脚——两脚间距同肩宽，勿过大或过小。
> 站姿——永远要面对听众，避免出现死角。
> 表情——自然放松，真心微笑，忌呆滞。
> 手势——多用手掌少用手指，充分伸展，忌检阅式、受伤式、遮羞布式的手势。
> 移动——如在开放的空间应适当走动，有效地贴近听众，勿背对听众。

（2）答辩技巧　一般来说，主讲人汇报之后，答辩必不可少。答辩环节的问题不可预测，主讲人需要转换角度，站在听众的立场上审视自己的策划书，思考：策划创意的可行性如何、预算是否合理、应急措施保障如何等，并做好应对准备；或在团队中广泛征集意见，做好答辩问题的准备。答辩时要注意以下几个方面：

1）主讲者要以"心"来进行演说，才能正中对方的心思，陈述回答时要胆大心细，对具体例子或数字要有条不紊地进行解说、回答，才能给对方留下深刻的印象。

2）始终抱着欢迎提问的态度，充满自信地要求大家提出问题。

3）回答中要反复强调自己的主要观点和主要主张，将策划书中易触动人心的部分巧妙地传递给对方。为了加深对方的印象，在汇报的最后应再度强调重点，而答辩环节也正是策划人反复强调自己主张的最好机会。

4）答辩结束时，要总结策划的概要。

> **拓展阅读**
>
> ### 如何结束策划方案的介绍？
>
> 1. 在时间充足的情况下结束。因为时间紧迫往往会显得慌乱，从而带来不利的影响，所以要根据计划安排好介绍的节奏。
> 2. 确认目的是否已经达到。策划者一般希望当场得到明确的结论。这时，要充分发挥对方支持者的作用。若结论不明确，则应努力确定以后所需进行的活动。
> 3. 要致辞表示谢意，不能失礼。

（3）多媒体文件的设计与制作技巧　策划书通常通过多媒体文件来展示，而成功的展示来自成功的设计。为了使策划主题精确地呈现，策划人需要考虑各种媒体的有效性，进行精心设计。多媒体的综合运用可以影响营销策划书汇报的效果。多媒体文件的设计不是无原则的拼凑和粘贴，更不是简单的资料存储器和播放器，而是有效展示营销策划内容的有力手段。要做到各种媒体的运用"度"，多媒体文件设计制作应注意以下几个方面：

1) 界面。屏幕界面的设计不仅是一门科学，而且是一门艺术。屏幕设计要生动、漂亮、实用，要有深度而且精巧，整体要有一致性。

> **拓展阅读**
>
> ### 背景设计注意点
>
> 适当转换背景，避免背景图案过于单调。
>
> 不同章节可以选用不同的背景图案，重点语句应采用粗体、斜体、下划线和色彩鲜艳的字，以便区分。
>
> 背景画面不宜光线太亮，光线太亮容易引起视觉疲劳，影响观看者的视力。
>
> 背景画面不要让人感觉是多余的，否则会给画面带来额外负担，背景画面应力求简洁单一。

2) 文字。设计字幕的原则是字一定要大、一定要清晰、一定要充分利用整个屏幕空间，宜使用与背景反差强烈的高饱和度的纯颜色字，但同时必须注意色彩搭配要协调。文字设计要规范化，标题及内容文字大小要一致、规范，形成统一的格式。有时为了取得较好的视觉效果，也可采用不同字体和不同风格来修饰文字。屏幕内容没有必要自我解释，只有通过演讲人的分析和解释，使画面内容能够被理解时，效果才会更加理想。屏幕内容是演讲者的辅助，而不是演讲者的替代。

> **拓展阅读**
>
> ### 文字编辑注意点
>
> 字体要粗大、清晰、美观。
>
> 不能将策划书单纯地搬移到屏幕上，或者简单地理解为板书的替代品或变形。

> 文字不能过多,要精练,要体现重点、难点。
> 文字不能过密,要适中,既有悦目美感,又能降低阅读难度。
> 每幅画的言辞不要过多,文字过多会让观众读不完或听不完。

3)构图。为了更加生动、简洁、清晰地传达策划信息,往往需要采用各种图表工具来构图展示。构图需要充分利用显示屏的空间面积,做到画面均衡稳定,布局规整平衡,对称分布简明,整体连贯简单;画面背景和主要文字的对比强烈,反差大,字迹清晰;文字与背景的组合要充分考虑颜色的相融性,深浅搭配、冷暖色协调。

图表的种类多种多样,有柱状图(图7-2)、饼状图(图7-3)、曲线图、照片、图画、轮廓图等。不同的图表用来强调不同的内容。当需要让读者了解确切数值时,可以使用表,但如果文字和数据太多,就尽量不要用数据表,而应做出直观图。当一个因素同其他因素相比较时,用柱状图;部分同全局比较时,用饼状图;不同时期的同一因素进行比较时,用曲线图;显示频率或分布时,用条状图或线状图;强调方位时用地图;等等。复杂的系统图应该剪除不必要的细节或分解显示,以便集中注意力在所关注的要点上。

4)颜色。颜色是一种特殊的符号,运用色彩可以达到提醒和区分的作用,但是在一屏画面中不要使用太多的颜色,这样容易导致注意力分散。背景的变换不要特别频繁,也不要大幅度地跳跃,否则会增加观看者眼睛的疲劳度。背景颜色设定不合理时,会淡化和降低实际的显示效果,在应用中应尽可能将文字和背景设定成对比强烈、有较大差异的颜色,这样才能保证文字清晰、主题突出。如果文字选用暖色调或亮度较高的颜色,背景色则宜选用冷色调或亮度较低的颜色。

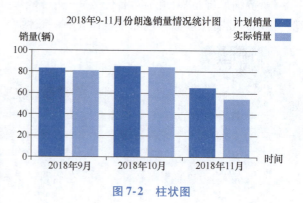

图7-2 柱状图

5)声音。播放的声音信息必须清晰、效果好,使听众充分感知策划的内容;背景音乐可渲染气氛,烘托环境,但使用时要特别慎重,一定要选好、处理好。幻灯片切换时,可适当加入声音效果,以提示或引起注意,但应严格控制,本着宁缺毋滥的原则,防止不必要的声音干扰。

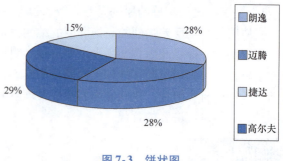

图7-3 饼状图

6)图片。图片一定要贴切,充分体现主题思想,宁缺毋滥,否则会分散注意力。画面必须醒目、简单,不要太小,要能让观众看清细节。白色的背景比有颜色的背景效果更好。

不管用什么颜色，必须确定在光线明亮的情况下观众能看清楚。图片的清晰度不是越高越好，一般来说，屏幕展示图片，其分辨率不必超过75dpi。dpi值越大，图片占用的磁盘空间越大，演示时文件调用就越慢，运行速度也会随之变慢，影响展示效果。

7）链接。设计链接一定要注意能够进入新界面，也能够随时返回主界面。跳转要灵活，要根据知识点的认知规律设计跳转链接点。栩栩如生的动态图形较静态文字更容易让人接受和理解，更容易加深听众对策划内容的印象。动画设计一定要真实、生动、鲜明，交替使用不同的清屏方式会增加软件的美感，但一定要注意不能过多地使用特技切换，否则会分散听众的注意力。

总而言之，流畅的语言、清晰的表达、富有逻辑的观点、敏捷的思维、特色的展示都是报告汽车营销策划书这个环节的重要元素，同时营销策划人员还需要提高临场应变能力以提高策划书通过的成功率。

任务二　常见汽车营销活动方案策划

任务目标

知识目标	技能目标	素养目标
1. 熟悉营销活动类型及特点。 2. 熟悉各种不同活动类型的执行方案。	1. 具备通过互联网、市场调研等各种渠道获取活动相关信息的能力。 2. 具备根据不同的需要策划汽车4S店营销活动的能力。	活动策划需要创意，培养学习者开拓创新、敢想敢创的职业品格。

建议学时

4学时。

相关知识

一、汽车营销活动类型

对汽车4S店举行的活动进行分类汇总，常见的营销活动开展形式可分为如下3大类。

1. 车展营销策划

车展全称为"汽车展览"，是由政府机构、专业协会或主流媒体等组织，在专业展馆或会场中心进行的汽车产品展示展销会或汽车行业经贸交易会、博览会等。

车展的意义是将当下以及未来发展的趋势、最新的研究成果展现给受众，同时提供一个平台让汽车品牌更好地推广自己。车展的特点是随机人流量大、外来游客数量多、容易集客等。

策划车展活动首先需要选择合适的车展。在平时的工作中，多留意各种车展信息，当然，不是所有的车展都需要去参加，只需参加符合本品牌车型定位的车展。

（1）**车展级别确定**　在业内，车展级别分为A、B、C、D级，具体的区别见表7-2。

表7-2 车展级别

级别	参展方	参展门槛	影响范围	承办方	举办目的	观展群体	车型特色
A级	厂家直接参展	参展门槛特别高	全球范围	一般为举办国汽车工业协会	发布新技术、新车型	全球范围内的媒体、观众	概念车，首发新车
B级	厂家直接参展	几乎没有参展门槛	国内	一般为举办地汽车工业协会	发布部分新技术、概念车型，国内新车首发	全国范围内媒体、观众	部分概念车，首发新车
C级	厂家支持经销商参展	无参展门槛	省内	一般为举办地汽车工业协会	几乎没有新技术发布，新车省内上市，促进销售	省内媒体，省内购车人群	首发新车，加装配置车型
D级	部分厂家支持经销商参展	无参展门槛	地市州	一般为当地广告公司或者会展公司	促进销售	地市州内购车人群	主要促销车型，部分新车

由表7-2可以看出，车展已不仅仅是普通的新车集中展示了，更多的大型车展为汽车制造商设定了较高的门槛。

1）A级车展。按照目前的国际惯例，被公认的国际车展为"五大"：北美车展、法国巴黎车展、瑞士日内瓦车展、德国法兰克福车展、日本东京车展。我国北京车展与上海车展每两年举办一届，开始为B级车展，由于我国市场的发展迅速，现也被认为是A级车展。

2）B级车展。B级车展一般指国家及区域级专业汽车展、政府相关展览会及展示活动。在国内，业内普遍承认的B级车展为成都车展和广州车展。

3）C级车展。C级车展一般为省会城市的汽车博览会，如长沙国际车展、武汉国际车展等。此类车展一般为厂商在当地进行的新车上市活动，以促销为主要目的，展台搭建一般使用厂家标准展具。该类车展车辆优惠幅度较大，但是多为加装配置车型，举办频率一般为一年一届。

4）D级车展。D级车展一般为各主流媒体在大中型城市举办，影响力大多局限于举办地所在的城市，展台搭建一般由经销商合作的广告公司或者主办方进行，也有少量的厂家展具。该级别的车展主要以促进成交为目的，参展商一般会让出较大的利润来促进成交。

拓展阅读

世界五大车展简介

目前已经由世界汽车工业国际协会认定及国际社会普遍公认的共有五大车展，分别是德国的法兰克福车展、法国的巴黎车展、瑞士的日内瓦车展、北美车展和日本的东京车展。

法兰克福车展。创办于1897年，1951年移至法兰克福举办，其前身是柏林车展，是全球规模最大的车展，有"汽车奥运会"之称。目前法兰克福车展每两年举办一届，一般安排在9月中旬开展，为期两周左右，展出的内容主要有轿车、跑车、商务车、特种车、改装车及汽车零部件等。

巴黎车展。自1889年开始在法国巴黎举行的国际车展，也是世界上最早开办的车展。目前每两年举办一届，地点在巴黎西南的凡尔赛门展览中心，时间通常定在9月底至10月初。巴黎车展的风格是别具一格的，每一届的展会都会云集各种新奇车型，特别是各式各样古怪先锋的概念车层出不穷。同时，巴黎车展也是开放的车展，只要是欧洲接受的车型，无论制造厂商规模大小都会被接纳，所有参展商都会被一视同仁，提供相同的服务。

日内瓦车展。创办于1924年，是每年三月在瑞士日内瓦举行的国际性汽车展览，也是全球重要的车展之一，有着"国际汽车潮流风向标"的美誉。展览地点是位于日内瓦国际机场旁的日内瓦Palexpo展览会议中心。虽然瑞士没有自己的汽车制造公司，但它却是一个庞大的汽车消费市场，因此每年在此举办的日内瓦车展也是世界著名汽车生产厂家的必争之地，许多首次面世的新车新产品都会选择日内瓦车展作为其亮相的舞台。除了最新、最前沿的产品外，在日内瓦车展上还可以见到许多高档豪华品牌的身影，这吸引着世界各国的观众前往参观。

北美车展。这是每年一月在美国的汽车之城——底特律举办的国际车展，该展览创办于1907年，原先叫"底特律车展"，1989年更名为"北美国际车展"。与欧洲的各大车展不同，北美车展一贯以车为主，或者说以消费者的购车意愿为导向，将美国、加拿大等本土消费者作为核心目标，推出一系列的本地化产品，也就是充满了美式风格的汽车产品。参与北美车展的各大厂商也会根据北美市场的需求，对旗下的产品做出调整，推出北美版本。而众多参观者被吸引到车展的原因，除了对汽车的兴趣外，还因为车展办得就像一个大型假日集会，看车之余更能吃喝玩乐，热闹非凡。

东京车展。这是世界五大车展中历史最短的汽车展会，1954年创办，逢单数年秋季举办，双数年为商用车展，展馆位于东京附近的千叶县幕张展览中心。东京车展向来是日本本土生产的各式小型车唱主角的舞台，国际汽车厂商也会带来最新的汽车产品和前沿技术，但总的来说只是少数。而由于日本零部件产业发达，零件馆向来是东京车展上备受关注的场馆，也是该展会的一大特色。

（2）制订车展营销策略

1）车展信息收集。每个展会都会有不同于其他展会的条例规则，且以不同的文本呈现，难易程度不一致。参展之前需收集的车展信息包括：展会基本信息（名称、时间、地点、展馆面积、举办单位、承办单位、官方网址），展会时间安排（报到时间、布展时间、展览时间、撤展时间），往年车展展品信息（参展品牌数量、展出车型数量、展品范围、首发新车数量、概念车数量、车辆销售数量、车辆销售金额），往年观展观众情况（观展观众人次、来源分布、职位构成），往年媒体情况（合作媒体数量、记者到会及宣传数据）等。

参展之前可提前通过电话、邮件等方式向车展主办方了解车展信息，也可以登录官网，阅读参展商手册了解车展信息，还可以亲自到实地进行考察。

2）展厅场地选择。展销策划中展厅场地是非常重要的一部分，需要多大的区域摆设车辆也是各大参展品牌都要考虑的问题。在决定需要多大场地时，应明确目标，更重要的是考虑预算，一些汽车4S店会首先考虑其在市场的规模，然后相应地租用展会场地。

当然，除了区域大小外，位置也是关键。调查结果表明，位置选在入口的右侧或展销大厅的中央最能吸引人们。如果计划参加的车展每年都会在同一地点举办，可研究一下人员流动模式，然后选择下一年的场所。决定场地的同时，也要跟展会管理部门商讨展会的布局，了解哪些位置更具吸引力、行业的领导者位于何方、竞争对手位置，最后综合考虑决定位置。

3）展厅设计考虑因素。在车展中，独特的设计会更加吸引参观者的注意力。汽车4S店展销的目的是招揽客户以便能够达到营销目的。在设计展厅时需注意以下事项：①展台的颜色和整体的质感符合产品调性；②善用灯光来突出产品，营造氛围；③可以考虑利用特殊效果吸引参观者的注意力，如表演、移动的物体、机器人、3D地贴等；④图示简明扼要，且注重突出品牌标识；⑤注重空间开放性、通透流动性，桌子等可以放在边上，上方放置资料。

除了以上介绍的人们常规认知中的车展，经销商为了增加产品的销量，还会到各大商场、社区有目的、有计划地举办展销活动，这种类型的车展统称为外展。

外展地点的选择取决于目标市场的细分，应根据目标客户的生活习惯，选择他们经常出入的地点，如商场、商业街、停车场、步行街、高档小区门口或者人流量比较大的路口等。策划外展活动时，需根据季节、节假日、天气等因素选择外展地点，遵循"先远后近""区域推广"的原则，与准备联盟商家洽谈，确定宣传展位。以社区车展为例，社区车展是由厂家、媒体、经销商或专业协会等组织，在居民社区、乡镇等小型区域进行的汽车产品展示会、展销会等。

作为一种新的汽车推广模式，社区车展精心筛选有效购买人群聚集的社区、乡镇，以送展到门口的方式，贴近群众、针对性强，为购车人群创造选车、购车的便捷条件，实现汽车经销商与终端潜在客户面对面、点对点的直接有效沟通。各汽车经销商可通过发放宣传资料、张贴活动海报、播放宣传音乐、悬挂横幅、发放精美赠品等形式，充分展示自己的车型、文化、形象，同时可在现场提供维修保养、保险、按揭等方面的免费咨询服务以及汽车装饰产品展出，使消费者可以在展会上对各经销商的商品进行充分的对比性了解，大大提升了参展车型的品牌市场认知度，从而带动销售。

社区车展将汽车销售工作从坐店销售变为主动营销，以频次紧凑的小规模特色车展送展上门，为各品牌汽车经销商打造一个强势有效的产品推广、销售平台，推动整个车市的有效上升。

2. 试乘试驾活动策划

（1）常规型试乘试驾活动　　此类活动主要是针对来店购车客户设置的常规性促销活动。此类促销活动一般不需要专门的场地，主要是引导客户在固定路线上进行体验，通过良好的体验，辅以相应的促销手段，达到汽车销售的目的。

（2）深度试乘试驾活动　此类活动是经销商通过整体策划并布置专门的试乘试驾场地，邀请高意向的客户参与且有名额限制的专业型试乘试驾活动；由于专业性较强，通常需要厂家支持。

（3）推广型试乘试驾活动　此类促销活动的核心任务是品牌推广，而不是汽车销售，因此，通常由厂家出面组织策划，其活动的规格较高，专业性更强，邀请的客户一般为媒体记者或大型团购客户。区域内的经销商能根据厂家安排参与其中，并获得一定比例的试乘试驾促销活动名额。

策划试乘试驾活动与其他活动类型略有不同，举办试乘试驾活动需要做好试乘试驾车的准备、文件的准备、线路规划、试车员培训等工作。

1）试乘试驾车准备。试乘试驾车投入使用前，必须办理上路手续，严格按试乘试驾车辆相关规定进行特殊装饰，如图 7-4 所示。车辆是活动车型，颜色具有代表性，且行驶证、保险卡、养路费缴纳单据、车船税缴纳单据等一应俱全。同时，需要检查车辆的行驶性能，包括发动机、变速器、制动系统、音响、空调、座椅调节、刮水器、轮胎等系统是否正常。如果发现问题，要及时进行调整和维修，确保车辆处于最佳状态。

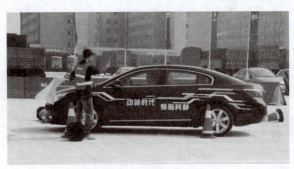

图 7-4　试乘试驾用车

2）文件的准备。在开展试乘试驾活动前，要准备好相关文件，包括试乘试驾协议书、预约登记表、评估表、意见反馈表等，如图 7-5 所示的试乘试驾同意书、表 7-3 试乘试驾登记表和表 7-4 试乘试驾评估表。

TOYOTA

试乘试驾同意书

经销店名称：OOOO一汽丰田经销店

试乘试驾车型：________

致：

本人于______年__月__日在一汽丰田______经销店参加________车型试乘试驾活动，特此作如下陈述与声明：

本人在试乘试驾过程中将严格遵守行车驾驶的法规和要求，并服从公司的指示，安全、文明驾驶，尽最大努力保护试乘试驾车辆的安全和完好。否则，对贵公司造成的一切损失，将全部由本人承担。

试驾人姓名：________

驾驶证号码：________

联系地址：________

联系电话：________

一汽TOYOTA

图 7-5　试乘试驾同意书

表 7-3 试乘试驾登记表

欢迎您参加×××试乘试驾活动!	
试乘试驾路线图	试乘试驾注意事项: 请严格遵守驾驶规章制度,保证安全。 ★ 试乘试驾时请全程系好安全带。 ★ 请按照线路图设定的路线试驾。 ★ 试乘试驾过程中请遵从销售顾问的安排。 ★ 严禁在试驾时进行危险驾驶动作。

客户姓名	客户关注点	时间	销售顾问	公里数	备注
	◇起动 ◇加速 ◇制动 ◇转弯 ◇静谧 ◇舒适				

表 7-4 试乘试驾评估表

评估者姓名		联系电话	
职 业		驾 龄	
业 务 代 表		评 估 日 期	
评 估 车 型		里 程	

类别	评价项目	评价结果			备注
		非常好	好	一般	
车辆外观	外形尺寸				
	造型美感				
舒适性	乘坐舒适性				
	驾驶座椅舒适性				
	音响效果				
	空调效果				
	轮胎及胎噪				
操纵性	仪表配色及辨识性				
	驾驶方便性				
	转向灵活性				
	视野				
安全性	驾驶安全感				
	ABS效果				
	倒车雷达				
	安全气囊				
动力性	起步加速				
	中途加速				

(续)

类别	评价项目	评价结果			备注
		非常好	好	一般	
汽车内部感受	汽车内饰				
	工艺水平				
	内饰配色				
	内部空间				
	操纵键可控性				
其他	车门进出方便性				
	玻璃升降方便性				
	天窗				
	E 配备				

3) 线路规划。试乘试驾线路规划必须能体现出汽车性能特点和优势，一般规划的路线有大直路、上下坡、高低速弯道、颠簸路段、安静路面段及适合紧急制动的路段，如图7-6所示。尽量避免安排过多的恶劣路况路段，否则会导致客户舒适感降低；尽量选择人流量较少的路段，避免在试乘试驾中发生车辆及人身伤害事故。

4) 试车员培训。试车员必须持有国家规定的 C 级或 C 级以上的机动车驾驶证，才能亲自驾驶相应的试乘试驾车辆；熟悉试驾路线，具有良好的精神状态迎接客户，能够掌握商品介绍的要点和时机，以及如何处理突发事件。

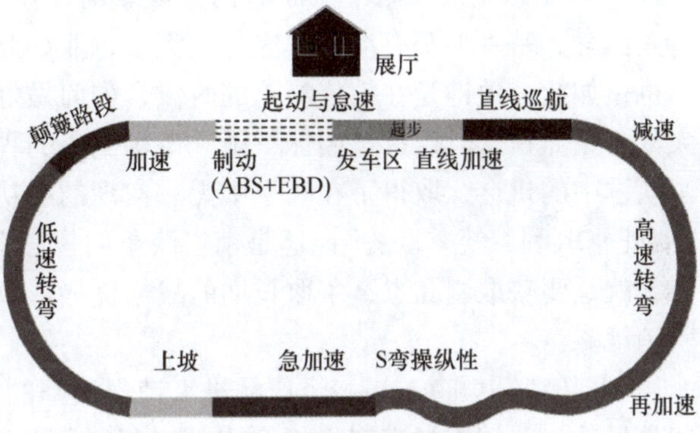

3. 店面活动策划

店面活动是指在实体店内举办的促销、让利、赠送、抽奖等以吸引消费者为目的的活动。店面活动形式多样，结合店面实际情况，需要确认活动时间和地点，由此确定店面活动的举办方式。

图 7-6 试乘试驾路线

店面活动形式按目的不同可分为两类：

(1) 增加来店人员数量、提升知名度　如新车品鉴会、知识讲座、改装车展示、公益竞拍、各类主题活动、特殊交车活动、展厅试乘试驾活动、店庆活动等。

(2) 增加成交量　如周末看车团、联合促销、优惠分期、二手车置换、现金折扣、服务捆绑、节假日促销、媒体发布等。

二、汽车 4S 店的营销活动

1. 淡季营销活动策划

(1) 销售淡季的概述　所谓"销售淡季"是相对于旺季而言的，是指目标消费群体由于受消费习惯影响随季节变化而产生的需求变化。每年的6—7月份，是传统的汽车消费淡季。

销售淡季具体表现在以下几个方面：

1）消费者消费疲软。在消费淡季，消费者很难产生实际购买行为。有时汽车经销商组织的看车团，有人已经来看过几拨了，试驾也进行了很多次，并且与销售顾问也进行了很好的沟通，可就是不产生实际购买行为。消费者多有"扎堆消费"的效应，越是消费淡季，其持币观望的心态就越严重。

2）销量减少。这是在汽车消费淡季，汽车经销商面临销售淡季反映的最直接问题之一。在销售淡季，看车的消费者少，订单就更加少。

3）现金流减少。这是销售淡季最直接的表现。订单减少，带来直接的现金流减少，造成流动性资金不足，这会让经销商面临巨大的资金压力。

4）厂家支持减少。厂家是根据实际提货量或者终端消化量来统计销售费用的。在销售淡季，经销商的提货量和终端消化量都会减少，那么厂家的促销费用会相应地减少。这也是很多经销商在销售淡季，不敢大规模进行市场推广的原因，因为如果在淡季透支，到了销售旺季就没有相应的费用来进行大规模的促销了，如果因此完不成与厂家约定的最低销量，则损失会更大。

5）人员积极性不高。在销售淡季，销售顾问的工作积极性也不会高。

(2) 淡季营销的策略　在面对销售淡季时，汽车经销商不应该是束手无策的。对于一个行业而言，基本上都有淡旺季之分。汽车行业如此，空调行业、快速消费品行业、服装行业，也是如此。关键是在销售淡季的时候，如何做好淡季营销。其实淡季也有很多机会，因为大部分企业在这时候都开始休整了，市场竞争的程度远不如旺季激烈，有很多企业就是抓住了淡季中的机会，取得了在旺季中无法实现的成功。

"旺季取利，淡季取势"，这是销售淡季的核心营销思想。取利，就是要争取最大销量，取势，就是要获取制高点，争取长期的战略优势。以下是汽车经销商在销售淡季时普遍采取的营销策略：

1）开拓淡季渠道。当一个产品进入销售淡季的时候，正常的销售渠道都已经萎缩，但是却是另外一些销售渠道产生机会点的时候。例如有些经销商在淡季的时候，推出"周末公园车展"。周末的公园一般都是人流量比较集中的地方，"公园周末车展"就是通过更加人性化的一种汽车营销方式，让消费者在轻松的休闲过程中完成汽车的选购，这种方式取得了良好的销售业绩。这种良好的效果说明，经销商只要组织切实有效的各种营销活动，淡季是完全可以避免的，甚至可以比所谓的旺季销量更大。只要需求存在，市场存在，企业就可以创造销售奇迹。

2）巩固客情关系。在销售旺季的时候，广大经销商都忙于出货，可能没有时间和精力去顾及客户关系的维系，销售顾问也没有时间去做客户关系整理，甚至有时连电话都没有时间打。那么在销售淡季的时候，这些都是可以加强的地方，而且有可能进一步巩固客情关系，为销售旺季的到来做好充分的准备。客情关系的强化不仅有利于经销商在淡季时对客户进行有效的产品推介，而且在消费旺季到来的时候，借助于口碑传播可以带来意想不到的客流。

3）合理进行促销并对促销费用进行有效使用。在销售淡季，经销商的促销费用是有限的，应更加有效地使用这些费用，进行有针对性的促销。

同时，在销售淡季，汽车经销商也需要对自身的企业形象和品牌保持适度的广告宣传，这样，当旺季来临之时，自己的品牌将赢得很高的品牌回想率和大脑占有率（或称注意力占有率）。

4）加强对销售队伍的目标管理。在销售旺季的时候，销售顾问的一切考核都是以完成销量为目标，经销商也为每个销售顾问设定了每个月每个人必须完成多少辆整车销售的业绩目标。到了销售淡季，在考核指标上可以做适当的改变，这样既可以使销售顾问一直处于"战斗"状态，又可以将在销售旺季容易忽视的环节进行提升，如考核成交率、客户满意度，客服工作的提升程度，行政工作的及时准确性等。

5）加强人员培训。人才是企业竞争的根本，企业之间的竞争，归根结底还是人才的竞争。人员的素质决定了经销商在终端产品中的竞争力。销售人员在销售旺季的时候，每天需要做的事情很多，一般没有时间接受系统培训。公司可以利用销售淡季组织销售人员进行系统培训，以提高销售人员专业能力和驾驭市场能力。培训的内容可以包括产品知识、技术知识、营销知识、法律知识、沟通技巧、客户开发与管理、客户投诉处理、营业推广技巧、时间管理、心态等实战性知识与技能培训，以加强"内功"训练，迎接销售旺季的到来。

2. 团购营销策划

（1）**团购活动定义** 团购即团体采购，也称集体采购，特指消费者通过某种渠道联合到一起，形成一定的批量，从而获得单独购买时无法获得的价格优惠和优质服务。

目前汽车团购一般有 3 种形式：

1）自发性质的汽车团购。这是想买同品牌同系列汽车的个体消费者联合起来，到汽车4S 店进行的购买活动。自发团购者往往不知经销商的价格底线，所以砍价成功者不多。

2）由专业人士组织的团购。由专业人士充当第三方，来促成消费者与经销商的交易。由于这些专业人士在汽车行业有一定的资源，知道经销商的利润比率，会在保证经销商利益的同时为消费者争取最大的利益，所以成功率比较高。

3）由经销商主导的团购。这是一种由经销商为促进销售而主动策划的团购活动，是通过征集报名，消费者满足厂家设定的条件后享受团购价格的活动。

（2）**团购活动的目的**

1）消费者开展团购活动的原因。消费者或者网友希望通过团购的形式去购买汽车，一般是基于以下几个方面的原因：①通过把同品牌同系列产品的个体消费者聚集在一起增加购买数量，促使商家让利从而使消费者一方得到更大的优惠；②在优惠价格的基础上，参加者希望通过集体的行动，对商品的质量、观感或者使用上的各种因素有更多的了解，希望通过与其他团购成员的沟通来增加自己购买决策的信心；③汽车是大宗复杂产品，大多数年轻消费者都是初次购买，对汽车品牌、制造工艺、购买过程中需要注意的问题、汽车使用过程中需要注意的问题以及售后服务等相关过程和环节都不甚了解，因此希望通过团购活动综合大家所获取的信息，来提高自身的认知能力，从而促使汽车 4S 店提供更全面的售后服务。

2）企业开展团购活动的原因。团购是一种让利销售的行为，通常企业开展团购活动的原因有以下 3 个：①在短时间内扩大销量，企业在特定的阶段往往需要通过增加销量来获得销售额，以扩大企业的市场占有率；②消化积压库存，当企业的某一款车型库存压力较大或多数保有客户持币待购时,为消化库存,而采取的一种让利销售方式;③保有客户回馈,企业在特定的时期,为培育忠诚客户,扩大企业的品牌影响力,针对特定的客户群体进行幅度较大的让利销售行为。

3. 新车上市策划

开展新车上市活动可以增加新车型、扩充产品线,获得更大的销量;增加更多潜在客户,获得更多销售机会;提升老客户及潜在客户的关注度;扩大品牌、产品、汽车 4S 店的市场影响力;吸引竞争对手的客户,牵制,甚至控制竞争对手。

车辆从上市到销售一般会分为 3 个阶段,预热期、上市期和销售期,不同的时间段促销手段也各有不同。

(1)前期预热期 新车型上市前 15 天为预热期。在前期预热期发布的信息主要以吸引客户关注,增加神秘感为主,提升媒体关注度,为该车型的销售增加基盘客户。例如,通过发布汽车谍照和软文吸引目标客户关注,增加粉丝数量。

1)发布汽车谍照。新车上市之前,汽车厂商可以对车辆进行一系列的试驾测试活动,在产品合格问世之前,为了防止商业间谍拍照泄露过多图像信息,会将车标等特性标志摘除,将车身覆盖遮掩。在官方正式发布前公布的车型照片就称为谍照。

2)发布软文。软文将宣传内容和文章内容完美结合在一起,让客户在阅读文章的时候能够了解策划人所要宣传的信息。

(2)汽车上市期 汽车上市期以吸收潜在客户为主,通过网络途径搜集客户信息,并开始接受客户预订。

1)新车测评发布。新车上市后,汽车厂商可以邀请各大垂直网站对车辆动力、外观等进行评价。车辆测评是指按照一种特定的标准和统一的方法对汽车各方面性能(如加速性能、制动性能、转向性能等)进行测试,并对测试结果进行评估。

2)车展索票活动。当车辆上市时,可以参加或举办大型车展,并在垂直网站上进行网上送票活动,客户可填写个人信息索票参加车展。厂商或 4S 店通过此类活动来收集客户信息并对有购买意向的客户进行跟踪。

(3)汽车销售期 汽车销售期的目标是增加成交量,上市当日及上市期间应当有效搜集并最大化利用资源收集信息,从而快速促进成交。

1)发布优惠信息。发布优惠信息是网上最常见的促销活动,4S 店经常会在网上发布优惠海报或广告,通过降价打折或赠送礼品的方式吸引消费者来店购买。

2)试乘试驾网上邀约活动。在垂直网站上发布试乘试驾邀约活动信息,通过客户登录或填写信息的办法收集客户资料。此活动可更大范围地对新车进行宣传,增加客户体验的机会,促进成交。

> **亮点展示**
>
> **云度新能源 Pro 车型商丘上市团购会活动方案**
>
> Pro 车型上市后陆续到店,填补了市场关于低价位高续航的空白,产品具有很强大的竞争力,加之前期积累了很多意向客户没有成交,趁着这个市场空窗期,举办一次上市团购会,既能打响产品知名度,也能对前期积累的客户进行一次有效的跟踪成交。

一、活动目的
1. 促进成交。
2. 扩大品牌知名度。
3. 基盘客户梳理。

二、活动时间及地点
活动时间：2018年8月25日下午2：30—5：00
活动地点：云度展厅

三、活动对象
展厅基盘客户/二网基盘客户

四、广宣配合
1. 展厅布置相关上市团购物料。
2. 今日头条客户端、微信朋友圈广告曝光展示上市团购信息。
3. 微信朋友圈转发软文。
4. 地推配合宣传。
5. 车展配合宣传。

五、活动方式
本次活动方式采取客户报名制。
前期报名方式：
1. 通过今日头条客户端广告、微信朋友圈广告报名。
2. 通过直接对接销售顾问报名。
中期团购方式：
1. 限时限辆抢购。
2. 团购人数叠加优惠。
3. 赠送互动礼品。
后期回访：
1. 对参加活动未订车的客户进行电话回访。
2. 对未参加活动的客户进行微信回访。

六、活动政策
前期报名政策：交意向金
第一档次：交100元抵900元。
第二档次：交1000元抵2000元。
详解：
1. 两个意向金档次只能任选一种，且只有交意向金的客户才算报名成功。
2. 如果客户交过意向金但是团购会未订车，意向金退还给客户。
3. 意向金活动的优惠可与团购优惠政策叠加。
团购政策：活动前一天确定。

七、活动KPI目标
报名：20组。

成交：10 组。

八、现场布置

展厅入口	拱门、空飘
展厅口	客户签到台、签到礼物
活动区	舞台、背景墙/电子屏、音响、贵宾椅
客户洽谈区	桌子、椅子
客户休息区	沙发、电视
冷餐桌	甜品、水果、零食
展车区	两辆展车、大红花、车贴

九、活动流程

时间节点	项目
上午 8：30—12：00	布置会场
下午 2：00—2：30	布置冷餐、嘉宾签到
下午 2：30	主持人开场致辞
下午 2：40	开场舞
下午 2：50	车型介绍
下午 3：00	有奖问答
下午 3：15	销售经理宣布预售政策
下午 3：45	主持人唱单、订单客户抽奖
下午 4：15	节目表演
下午 4：20	主持人促单
下午 4：50	节目表演
下午 5：00	结束语

十、费用预算

项目	预计费用（元）
冷餐	600
舞台、背景、音响、空飘、椅子	3000
主持人	600
模特 2 人	1000
节目表演 3 场	1800
订车看板	200
条幅	50
签到礼物	500
订车礼物	3000
抽奖箱	50
合计	10800

4. 汽车 4S 庆典活动策划

庆典活动是利用自身或社会环境中的有关重大事件、纪念日、节日等所举办的各种仪式、庆祝会和纪念活动的总称,包括节庆活动、纪念活动、典礼仪式和其他活动。

通过庆典活动,可以渲染气氛,强化组织的影响力;可以广交朋友,广结良缘;成功的庆典活动还可能具有较高的新闻价值,从而进一步提高组织的知名度和美誉度。

(1) 开业典礼　开业庆典,又称为开张庆典,主要是商业性活动,小到店面开张,大到酒店、超市商场等的商务活动。开业庆典不只是一个简单的程序化庆典活动,还是一个经济实体展现自身形象的第一步。

1) 通过开业庆典活动,传递汽车 4S 店隆重开业的消息,扩大知名度、提高美誉度,树立良好的企业形象,为今后的生存发展创造一个良好的外部环境。

2) 进一步加强与当地媒体的互动和交流,为本区域市场的销售和推广营造一个良好的舆论环境,同时扩大汽车 4S 店在行业内的知名度。

3) 开业的隆重运作有利于增加员工对企业的信心,加强企业的凝聚力。

(2) 周年庆典　汽车 4S 店一般在周年店庆时,会举办周年庆典活动,以此来提高汽车 4S 店人流量,最终达到推广销售的目的。

> **亮点展示**
>
> ### 2 周年庆典感恩月活动策划方案
>
> 一、活动概述
>
> 南昌春华吉利汽车 4S 店是一家经营吉利新能源系列轿车的整车销售、零配件销售和售后维修服务的品牌 4S 店,为回报 2 年来所有的新老客户对本店的支持,借此 2 周年店庆之际,特举办这次真情回馈活动。
>
> 二、活动信息
>
> 地点:南昌春华吉利汽车 4S 店。
>
> 庆典活动时间:2018 年 4 月 18 日晚 18:00—21:00。
>
> 优惠活动时间:2018 年 4 月 8 日—4 月 22 日。
>
> 三、活动主题
>
> 吉利品质　绿色生活　感恩周年——联袂演绎感恩月,用真诚、用质量、用优惠,回报社会和车友。
>
> 四、活动目的
>
> 1. 提高吉利新能源系列车型的影响力,行业知名度和认知度,宣传汽车文化,加深公众对新能源车系的认知,提升企业形象,巩固客户对本店的忠诚度,提高 4S 店的知名度和美誉度。
>
> 2. 促进产品销售。
>
> 五、活动说明
>
> 目前首先要解决的问题是提高吉利新能源汽车的知名度,解决客流量的问题,而客流量和销售量是成正比的,所以此次活动偏重于拓展客户关系,为以后的销售做准备。

六、活动策划

活动时间	活动时期	工　作
4月3日	活动预热期	拟订邀请嘉宾名单并发出邀请函或进行电话约定，邀请其参与庆典活动，同时对活动所需物料进行确定，为活动的圆满成功做好铺垫
4月13日	活动执行期	活动执行期间，将所有物料及环节设定予以确认并执行，加强活动执行的把控性，这期间还应进行媒体及其他方式的造势
4月18日	活动高潮期	现场表演、客户关怀、周年庆活动等顺利进行，与客户建立直观的倾情联系。活动结束后，由相关媒体对本次活动进行专题报道

七、活动流程

篇章	时间	流程	备注
第一篇章：创新·飞跃	18：00—18：30	主持人开篇	以激昂的音乐作为衬乐，寓意春华吉利4S店辉煌的征程和不断创新的企业宗旨
		领导致辞	
第二篇章：科技·创新	18：30—19：00	全系车型赏析	让各位来宾感受吉利品牌的产品魅力
	19：00—19：30	新能源技术感受	
	19：30—20：00	车身装饰评比	
第三篇章：激情·感动	20：30—21：00	交车仪式	现场为交车的来宾举办隆重的交车仪式，而后推出蛋糕塔，邀请领导进行切蛋糕仪式，各位来宾共举杯庆贺春华吉利4S店周年庆典
		共庆2周年	

八、活动优惠

1. 所有车型：现场购车可抽取春华吉利感恩奖——价值2万元的缤纷大礼包。
2. 活动期间新老客户介绍新客户购车，可获赠1000元的精品。
3. 活动期间订车用户，送VIP金卡会员。

九、人员安排及活动预算

前期准备		明细/数量	小计/元
人员		礼仪小姐/2人	
		车模/2人	
		摄像人员/2人	
物料		签到台/1个	
		花篮/4组	
		签到板/1个	
		拱门/1个	
		横幅/若干	
		礼花/若干	
		背景板/1个	

（续）

前期准备	明细/数量	小计/元
物料	红地毯/1块	
	蛋糕塔/1个	
	舞台/1套	
	音响设备/1套	
	易拉宝/4个	
	条幅/若干	
	礼品/若干	
总计/元		

5. 节假日活动策划

我国传统节日非常多，加上国外的节假日也融入了人们的日常生活中，使得人们的假日越来越多，节假日促销活动的力度也越来越大。例如春节、国庆节、元宵节、情人节、母亲节、圣诞节等，利用这些特殊时机进行的促销活动也是花样百出。尤其是快速发展的汽车行业更要抓住时机，不断发掘节假日的价值。

节假日促销与一般的促销意义不同，节假日受传统文化的影响较大，所以更需注意假日的各种风俗、礼仪、习惯等。

节假期间如何才能吸引消费者有限的注意力，做大做活节假日市场，已成为各大汽车4S店任务的重中之重。如果能够真正把握节假日消费市场的热点和需求变化趋势，做出符合目标市场的策划方案，必能获得可观的回报。

亮点展示

江西宝达斯柯达4S店全年活动计划

月份	日期	活动主题	活动内容
3月	3月1日—3月15日	"自信女人 美丽随你行"	活动一：即日起至3月15日，来店看车的女性客户，均可获得纪念品1份 活动二：即日起至3月15日，来店参与试驾的女性客户，均可获得精美试驾礼品1份 活动三：即日起至3月15日，我公司将免费为在4S店购车的女性客户的爱车安装倒车雷达，为您的安全驾驶保驾护航 活动四：活动期间维修保养车辆金额满1500元，可获赠精美休闲毛毯1件；维修金额满2000元，可获赠精美床上用品四件套1份（不含保险定损、保修车辆）

（续）

月份	日期	活动主题	活动内容
3月	3月15日	3.15诚信宣传活动	江西省工商局、省诚信会、南昌诚信会组织的车展活动，汽车宣讲、品牌推广、企业赞助等活动
	3月30日	斯柯达新春团购会	凡是3月30日日前报名参加团购的客户均可享受超值团购价
4月	4月1日—4月30日	俱乐部营销活动	活动期间购车送俱乐部积分，送维修基金，送装饰件，修车不花钱
5月	5月1日—5月3日	五一汽车文化节	参加由江西3套《最爱是车》栏目组织的汽车文化节活动
6月	6月1日	六一亲子活动	"放飞梦想 心中爱车"亲子活动（儿童车身彩绘、绘画比赛、唱歌跳舞等）
	6月1日—6月7日	燃情夏日，夏季送冰凉	与国美、苏宁等家电集团开展联合营销活动，活动期间，根据不同车型送空调、送冰箱等电器，提升销量
7月	7月1日—7月30日	"斯柯达之夜"夏季社区路演活动	活动组织形式：车辆性能宣介＋现场互动＋火爆表演＋嵌入式营销 参与人群：潜在客户、老客户、社区群众 活动内容：领取礼品、现场互动、节目表演、车辆介绍等
8月	8月1日—8月30日	你买车，我养车	在活动得到厂家费用支持的情况下，对斯柯达的利润车型开展"你买车、我养车"活动，如活动期间购车，4年维修保养全免费（限上海籍、南昌籍用户）
9月	9月8日—9月12日	广甸汽车：首届江西高校汽车文化节	由6个高校汽车协会组成"江西省高校汽车联盟"，以"汽车联盟"的名义在学校举行"江西省首届高校汽车文化节"，广甸汽车集团以赞助方形式参加。开展：现场展示、DM派发、网络宣传、教师专享政策、老客户荐友活动，同时开展现场招聘会，为公司输送人才，为学校解决就业问题。让汽车协会爱好者、汽车专业学生参加汽车活动知识讲解、汽车拆装等活动
	9月15日	晶锐情侣对对碰节油赛	定量比赛：每辆汽车加入1L汽油，比较行驶距离，行驶距离最远的嘉宾胜出 定载比赛：每辆车加入1L汽油，满载4人，测试满载行驶距离 定程比赛：每车加入1L汽油，在时间内行驶10km，耗油最少者胜出 现场互动：你是我的眼，设置路障组成停车位，嘉宾倒车过程中不准使用车辆后视镜及倒车雷达，女嘉宾可下车提示，最快停车成功的嘉宾获胜

(续)

月份	日 期	活动主题	活动内容
10月	10月1日—10月7日	举国欢庆,感恩九重大礼等您拿	来店就有礼,看车有大礼,购车送豪礼 如:国庆期间,××车型直降3000元、送3000元大礼包、维修基金、送省内一日游、送电影票、送装饰件、送油卡等活动,免费检测、工时费8折、材料费8.5折等活动
	10月5日	"天使之眼"送重阳关怀	联系斯柯达车主与电视台、报纸、汽车网等媒体开展"天使之眼"送重阳关怀活动,在南昌市敬老院开展慰问关怀活动,送温暖、送祝福,送带有斯柯达标志的日常生活用品、电器等,提高品牌知名度与曝光率
	10月17日—10月22日	南昌第六届车展	认真组织车展活动,车展期间组织让利促销、精品展示、新车上市、香车美女等活动
11月	11月1日—11月15日	西海温泉自驾游	凡在活动期间购斯柯达的客户可参加西海温泉自驾游活动,仅限车主和家人,预计30辆车,各大媒体全程跟踪报道,同时举行摄影比赛;宣传方式(软文、网络、店面、短信、车贴、温泉村横幅),提高品牌知名度、提高用户满意度,丰富生活
12月	12月1日—12月15日	影院贺岁大片嵌入式营销	贺岁档通过与电影院合作进行电影票、POS、广告等交互投放进行展厅集客,具体宣传模式有电影票广告、电影院门口海报、展架、横幅、电影播放前贴片广告等
	12月24日—1月3日	迎元旦,庆圣诞	圣诞主题车饰评比、圣诞小天使评比、圣诞花车展示,圣诞老人开车送礼、分秒必争、汽车排出的巨型圣诞树展示,趣味小游戏
	12月30日	携手并进再创佳绩——斯柯达团拜会	举办车主团拜会活动,邀请忠实客户50人,组织集团公司领导、厂家领导、公司全体员工进行大型团拜会活动,提高客户满意度
长期	长期	购车送房券,购房送车券	与附近知名楼盘开展"购车送房券,购房送车券"活动,利用双方广告资源互相传播,如活动期间购房送3000~5000元购车券,抵现金使用;购车送3000~5000元购房券,抵现金使用

参 考 文 献

[1] 李灿. 市场调查与预测 [M]. 北京：清华大学出版社，2012.
[2] 张礼国，汪锋. 市场调查技术 [M]. 北京：高等教育出版社，2016.
[3] 郑超文. 汽车营销 [M]. 北京：人民交通出版社，2013.
[4] 于雷霆. 软文营销实战从新手到高手 [M]. 北京：人民邮电出版社，2016.
[5] 谭俊华. 营销策划 [M]. 北京：清华大学出版社，2014.
[6] 薛辛光，孙雷红. 营销策划理论与实务 [M]. 2版. 北京：电子工业出版社，2009.
[7] 林凤，汪海红. 汽车营销理论与实务 [M]. 北京：化学工业出版社，2013.
[8] 伍静. 汽车营销策划 [M]. 北京：化学工业出版社，2012.
[9] 裘文才. 汽车营销策划实务 [M]. 北京：机械工业出版社，2013.
[10] 刘军. 汽车4S店活动策划一本通 [M]. 北京：化学工业出版社，2016.
[11] 刘学明. 汽车营销策划实务 [M]. 2版. 上海：上海交通大学出版社，2017.

职业教育汽车类专业"互联网+"创新教材
汽车技术服务与营销专业"校企合作"精品教材

汽车营销策划基础与实务实训工单

北京运华科技发展有限公司　组编
主　编　林　凤　陈佳伟　赵一敏
副主编　吴风波　刘秀荣　李晓荻
参　编　代景军　张　燕　刘玉静　梁　琅
　　　　邱秀丽　安宇航　王晓杰

机械工业出版社
CHINA MACHINE PRESS

目录

项目一	走进汽车营销策划	1	实训工单一	汽车营销策划人员的岗位认知	1
			实训工单二	汽车营销策划的内容认知	5
项目二	汽车营销活动市场调研	8	实训工单一	汽车市场调研概述	8
			实训工单二	汽车市场调研的执行	11
			实训工单三	汽车市场调研分析	16
项目三	汽车营销活动目标设计	21	实训工单一	营销目标的认知	21
			实训工单二	营销目标的设计	24
			实训工单三	活动主题的确定	29
项目四	汽车营销策划策略选择	32	实训工单一	产品策略的策划	32
			实训工单二	定价策略的策划	38
			实训工单三	渠道策略的策划	42
			实训工单四	促销策略的策划	46
项目五	汽车营销活动计划制订	52	实训工单	汽车营销活动计划制订的框架	52
项目六	汽车营销策划活动实施与评价	57	实训工单一	汽车营销活动网络媒体的选择及运用	57
			实训工单二	H5技术在汽车营销活动宣传中的运用	62
			实训工单三	汽车营销活动实施要点	66
			实训工单四	汽车营销活动效果评价	72
项目七	常见汽车营销活动策划书编制	76	实训工单一	汽车营销策划书的编制	76
			实训工单二	常见汽车营销活动方案策划	80

附录　《汽车营销策划模拟沙盘教学系统》简介　84

项目一 走进汽车营销策划

实训工单一 汽车营销策划人员的岗位认知

学院		专业	
姓名		学号	

一、接受工作任务

正值就业季，校园内准备开展秋季双选会，某汽车4S店人事部门到校招聘市场专员，小刘欲应聘该岗位，于是开始在网络上查询相关资料，为此次面试做准备工作：一是了解汽车企业组织架构，明确市场部岗位职责；二是制作市场专员求职简历，并进行模拟面试。

二、信息收集

1）汽车营销策划人员是指具有良好的_____，能够熟练运用_____和_____，为汽车企业_____提供_____并取得明显的_____的专业人员。

2）（多选题）下列属于汽车营销策划人员特点的有（　　）。
A. 具有较强的市场策划、活动组织和语言表达能力
B. 具有良好的人际沟通和组织协调能力
C. 执行力强，具有良好的团队协作精神
D. 工作认真负责并能熟练运用办公软件

3）请查阅资料，画出经销商组织架构图，在图中标出汽车营销策划人员所在部门的位置，并写出这个部门和其他部门的协作关系。
① 画出经销商组织架构图及汽车营销策划人员所在部门的位置。

② 写出这个部门和其他部门的协作关系。
_____
_____
_____

4）请通过学习资料、网络资源和招聘网站等途径，了解汽车 4S 店市场专员的岗位职责及能力要求，并加以阐述。
_____
_____
_____
_____
_____

5）通过学习资料、网络资源等，总结市场总监和行销策略专员的岗位职责。
① 写出市场总监的岗位职责。
_____
_____
_____
_____

② 写出行销策略专员的岗位职责。
_____
_____
_____
_____

6）请写出一名合格的市场专员应具备的能力有哪些。
_____
_____
_____
_____

三、制订计划

根据企业面试流程，制订模拟企业面试的工作计划。

序　号	工作流程	操作要点
1		

2			
计划审核	审核意见： 年　月　日　　　　　签字：		

四、计划实施

1. 编写简历

结合所学知识、网络资料和老师提供的简历模板，编写一份市场专员求职简历。（另付答题纸）

2. 模拟面试

结合所学知识和网络资料，设计一个面试过程，并设计具体的话术。

_____
_____
_____
_____
_____
_____
_____
_____
_____
_____
_____
_____
_____

五、质量检查

请实训指导教师检查作业结果，并针对实训过程中出现的问题提出改进措施及建议。

序　号	评价标准	评价结果
1	明确市场专员岗位职责，面试简历编写规范，重点突出、思路清晰	
2	掌握市场专员能力模型，面试过程设计合理、真实可信，话术编写得体、有说服力	

	3	面试时仪态端庄大方，动作专业，语言表达清楚，语速快慢适中，符合职业礼仪	
	4	面试时正确理解被提问的问题，及时准确应答，应变能力强	
综合评价		☆☆☆☆☆	
综合评语			

六、评价反馈

请根据自己在本次任务中的实际表现进行评价。

序 号	评分标准	分 值	得 分
1	明确工作任务	5	
2	掌握工作相关知识及操作要点	15	
3	工作计划合理可行，人员分工明确	10	
4	明确市场专员岗位职责，面试简历编写规范，重点突出、思路清晰	20	
	掌握市场专员能力模型，面试过程设计合理、真实可信，话术编写得体、有说服力	40	
5	按照要求完成相应任务	5	
6	经验总结到位，评价合理	5	
合计（满分100）			

实训工单二　汽车营销策划的内容认知

学院		专业	
姓名		学号	

一、接受工作任务

小刘了解了市场部岗位职责之后，经理安排刘毅进行岗位技能培训——认识汽车营销策划的内容。本次培训需要小刘完成 3 个任务：一是说出策划和汽车营销策划的含义；二是讲解汽车营销策划的类型，并对各种类型进行举例介绍；三是按照汽车营销策划程序设计简单活动的策划流程。

二、信息收集

1）策划的含义和构成要素有哪些？

2）简述汽车营销策划的含义。

3）策划应如何分类？

4）简述汽车营销策划的特点。

5）汽车营销策划的类型有哪些？

6）汽车营销策划的基本原则是什么？
_____
_____
_____

7）汽车营销策划的程序是什么？
_____
_____
_____
_____

三、制订计划

根据营销策划的内容，制订分享内容的纲要。

序　号	工作流程	操作要点
1		
2		
计划审核	审核意见： 　　　　　　　年　　月　　日	签字：

四、计划实施

1. **制作介绍营销策划内容的 PPT**

结合所学知识、网络资料和老师提供的素材，制作介绍营销策划内容的 PPT。（另付电子档资料）

2. **演讲汇报**

每个小组选一个代表进行演讲汇报，并对各小组的汇报进行点评。
_____
_____
_____

五、质量检查

请实训指导教师检查作业结果，并针对实训过程中出现的问题提出改进措施及建议。

序　号	评 价 标 准	评 价 结 果
1	明确策划的含义和构成要素	
2	明确营销策划的分类和程序	
3	演讲时仪态端庄大方，动作专业，语言表达清楚，语速快慢适中，符合职业礼仪	
4	能正确理解被提问的问题，及时准确应答，应变能力强	
综合评价	☆ ☆ ☆ ☆ ☆	
综合评语		

六、评价反馈

请根据自己在本次任务中的实际表现进行评价。

序　号	评分标准	分　值	得　分
1	明确工作任务	5	
2	掌握工作相关知识及操作要点	15	
3	工作计划合理可行，人员分工明确	10	
4	明确策划的含义和构成要素	20	
	明确营销策划的分类和程序	40	
5	按照要求完成相应任务	5	
6	总结到位，评价合理	5	
合计（满分100）			

项目二 汽车营销活动市场调研

实训工单一 汽车市场调研概述

学院		专业	
姓名		学号	

一、接受工作任务

市场部经理为了便于后期开展营销活动,安排小刘进行市场调研基本知识和技能的培训。本次培训需要小刘完成两个任务:一是介绍汽车市场调研,包括内容和作用;二是梳理出调研的流程图,并介绍每步要做的内容。

二、信息收集

1)(多选题)请选出以下哪些是汽车市场调研的内容。(　　)
A. 汽车市场环境调研　　　　　　B. 汽车市场需求调研
C. 汽车市场竞争调研　　　　　　D. 汽车市场营销活动调研

2)(多选题)请选出以下哪些是市场调研流程内的工作。(　　)
A. 调研准备　　　　　　　　　　B. 调研方案制订
C. 调研人员培训　　　　　　　　D. 数据统计
E. 调研监控　　　　　　　　　　F. 调研报告撰写

3)汽车市场环境调研主要包含_____、_____、_____、_____、_____和_____。

4)汽车市场调研的程序包括以下3个阶段:_____、_____和_____。

5)概述汽车市场调研的含义。

_____

_____

_____

6）汽车市场调研的作用有哪些？
_____
_____

7）概述汽车市场调研准备阶段的工作内容。
_____
_____
_____

8）概述汽车市场调研实施阶段的工作内容。
_____
_____
_____
_____

9）概述汽车市场调研结果处理阶段的工作内容。
_____
_____
_____
_____
_____

三、制订计划

根据任务描述，制订完成汽车营销活动市场调研培训的工作计划。

序　号	工作流程	操作要点
1		
2		
3		
计划审核	审核意见： 　　　　年　　月　　日　　　　　　　签字：	

四、计划实施

准备阶段：以 4~6 人为单位组建实训小组，并选出组长和两位汇报人员。

1. 制作介绍汽车市场调研的 PPT

结合所学知识、网络资料和老师提供的素材，制作介绍汽车市场调研的 PPT。（另附电子档资料）

2. 演讲汇报

每个小组的一个汇报人员进行演讲汇报。

_____
_____

3. 现场绘制汽车市场调研的流程图,并进行介绍

每个小组的另外一个汇报人员进行演讲汇报。

汽车市场调研流程图

五、质量检查

请实训指导教师检查作业结果,并针对实训过程中出现的问题提出改进措施及建议。

序 号	评价标准	评价结果
1	能够概述汽车市场调研的含义、内容和作用	
2	能够介绍汽车市场调研的步骤和内容	
3	演讲时仪态端庄大方,动作专业,语言表达清楚,语速快慢适中,符合职业礼仪	
4	能正确理解被提问的问题,及时准确应答,应变能力强	
综合评价	☆ ☆ ☆ ☆ ☆	
综合评语		

六、评价反馈

请根据自己在本次任务中的实际表现进行评价。

序 号	评分标准	分 值	得 分
1	明确工作任务	5	
2	掌握工作相关知识及操作要点	15	
3	工作计划合理可行,人员分工明确	10	
4	能够概述汽车市场调研的含义、内容和作用	20	
4	能够介绍汽车市场调研的步骤和内容	20	
4	演讲时仪态端庄大方,动作专业,语言表达清楚,语速快慢适中,符合职业礼仪	10	
4	能正确理解被提问的问题,及时准确应答,应变能力强	10	
5	按照要求完成相应任务	5	
6	经验总结到位,评价合理	5	
合计(满分100)			

实训工单二　汽车市场调研的执行

学院		专业	
姓名		学号	

一、接受工作任务

恒凯汽车销售服务有限公司2、3月份出现销量下滑,根据整年的销售趋势得知迎来了销售淡季,所以公司准备开展一次"淡季营销活动",市场部经理安排小刘完成本次营销活动的市场调研工作。其中有3个重点工作任务:一是按照汽车营销调研计划书的框架,拟定汽车营销调研计划书;二是根据调研目的设计调研问卷;三是收集汽车营销调研信息,并整理和分析数据。

二、信息收集

1) 调研方案中应包含的内容包括_____、_____、_____、_____、_____和_____。

2) 调研地点针对4S店本身而言可划分为_____和_____。

3) (多选题)以下哪些属于调研方法。(　　)
A. 问卷调研　　B. 面谈调研　　C. 电话调研　　D. 观察调研

4) 设计的调研问卷一般包含以下内容:_____、_____、_____、_____、_____和_____等。

5) 调研问卷问题的种类包含哪些?若由你设计本次淡季营销活动,你会选取哪些问题类型,怎样排列顺序,请简述理由。
① 问题的种类:_____
② 问题类型、排列顺序和理由:
_____
_____
_____

6) 简述设计调研问题时需要注意哪些问题。
_____
_____
_____

7) 开展本次淡季营销的市场调研活动,针对调研人员你会怎样安排和执行?
_____

8）你会怎样处理和归纳收集到的调研问卷？

三、制订计划

根据市场调研工作要求，制订完成本次活动调研工作的计划。

序　号	工作流程	操作要点
1		
2		
3		
计划审核	审核意见： 　　　　　　　　　年　月　日　　　　　　　签字：	

四、计划实施

1）制订计划书。

结合所学知识和软件中操作的内容，编写一汽大众恒凯4S店开展的"淡季营销活动"调研计划书。

一汽大众恒凯4S店"淡季营销活动"调研计划书

一、调研目标

二、调研对象

三、调研地点

_____

_____

四、调研方式

_____

_____

五、调研内容

_____

_____

六、调研进度

_____

_____

2）根据所学的设计调研问卷知识内容和调研计划书内容，设计出本次"淡季营销活动"的纸质调研问卷。

一汽大众恒凯 4S 店"淡季营销活动"调研问卷

3）利用软件中知识学习—市场调研中调研方式环节制作网络调研问卷。
① 请在软件中选择"网络调研"的方式，并填写选择网络调研的理由。

调研方式- 任务实施

选择网络调研的理由：
_____
_____

② 点击"选择调研问题"，设置网络调研的问题，利用软件模拟给出的调研统计数据总结出调研的结果。

调研问题库

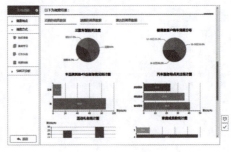

调研统计数据

调研问题：
_____
_____
_____
_____
_____

调研结果总结：
_____
_____
_____
_____

五、质量检查

请实训指导教师检查作业结果,并针对实训过程中出现的问题提出改进措施及建议。

序号	评价标准	评价结果
1	明确制订调研方案的内容,能够根据确定调研的内容编写方案,调研方案内容完整、准确、合理实用	
2	掌握调研方法的特点,并能够灵活应用调研的方法	
3	掌握设计调研问题的方法和内容,能够设计出满足要求的调研问卷	
4	掌握调研实施的方法,能够有效组织、执行调研工作	
综合评价	☆☆☆☆☆	
综合评语		

六、评价反馈

请根据自己在本次任务中的实际表现进行评价。

序号	评分标准	分值	得分
1	明确工作任务	5	
2	掌握工作相关知识及操作要点	15	
3	工作计划合理可行,人员分工明确	10	
4	掌握制订汽车营销调研方案的内容,并能够编写调研方案,调研方案内容完整、准确、合理实用	15	
4	能够通过经销商的报表等信息,明确调研的目标群体,有效开展营销活动	15	
4	能够根据调研目标群体确定调研地点和调研方式,有效开展调研工作	15	
4	掌握设计和制作调研问卷的能力,有效收集有用信息,并能够总结、概述调研的结果	15	
5	按照要求完成相应任务	5	
6	经验总结到位,评价合理	5	
	合计(满分100)		

实训工单三　汽车市场调研分析

学院		专业	
姓名		学号	

一、接受工作任务

针对一汽大众恒凯汽车销售服务有限公司做完市场调研工作后，市场部经理安排小刘对汇总的内容进行调研分析，从而得出调研的结果，为后边制订本次活动策划做铺垫。其中重点分析的内容包括：宏观环境分析、微观环境分析和消费者购买行为分析。

二、信息收集

1）市场营销环境，按其对企业营销活动的_____、_____和_____的不同，可以分为_____和_____。

2）通过学习资料、网络资源等，整理出汽车营销微观环境的分析要素列表。

类　型	分　类
微观环境	

3）通过学习资料和网络资源等，整理出汽车营销宏观环境的分析要素列表。

类　型	分　类
微观环境	

4）通过学习资料和网络资源等，整理出汽车消费者购买动机的分类与特点。

分　　类	产　生　原　因

5）汽车消费者购买因素主要有_____、_____和_____三大类。

6）SWOT 分析方法是一种找出企业的_____、_____及_____的_____方法。其中内部因素：S 代表 Strength _____，W 代表 Weakness _____；外部因素：O 代表 Opportunity _____，T 代表 Threat _____。

7）营销调研报告是整个_____、_____、_____整理过程的_____，目的是_____。

8）通过学习和查询相关资源，整理出汽车市场调研报告的组成。

汽车营销调研报告组成

三、制订计划

根据市场调研工作要求，制订完成汽车营销活动市场调研和分析的工作计划。

序　号	工　作　流　程	操　作　要　点
1		
2		

3	
计划审核	审核意见： 　　　　　　　　　年　月　日　　　　　签字：

四、计划实施

1）根据所学知识内容和查找网络资源，结合软件知识学习——市场调研中背景信息的内容进行汽车市场环境分析。

　　　　背景信息-城市信息　　　　　　　　　背景信息-厂家、经销商、竞品信息

① 明确分析宏观环境的要点：
② 分析宏观环境的结果：

③ 明确分析微观环境的要点：

④ 分析微观环境的结果：

2）根据所学知识内容和查找网络资源，结合软件知识学习—市场调研中网络调研的结果进行汽车消费者购买行为分析。

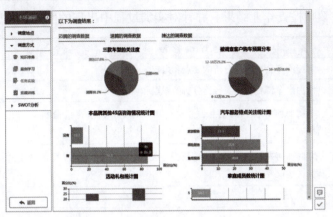

网络调研结果

因　　素	分 析 结 果
心理因素	
个人因素	
社会文化因素	

3）利用 SWOT 分析法将分析结果进行归纳、总结，得出本次"淡季营销活动"调研的结果。

Strength（优势）	Weakness（劣势）
Opportunity（机会）	Threat（威胁）

4）结合所学知识和网络资料，编写一汽大众恒凯 4S 店"淡季营销活动"的市场调研报告。（另附纸张作答）

五、质量检查

请实训指导教师检查作业结果,并针对实训过程中出现的问题提出改进措施及建议。

序　号	评价标准	评价结果
1	掌握汽车营销环境分析的要点和内容	
2	掌握汽车消费者购买行为分析的要点和内容	
3	掌握如何分析调研信息,并会运用SWOT分析法得出分析结果	
4	掌握如何撰写调研报告,调研报告要结构完整,调研过程要真实,建议要实用	
综合评价	☆　☆　☆　☆	
综合评语		

六、评价反馈

请根据自己在本次任务中的实际表现进行评价。

序　号	评分标准	分　值	得　分
1	明确工作任务	5	
2	掌握工作相关知识及操作要点	15	
3	工作计划合理可行,人员分工明确	10	
4	掌握汽车营销环境分析的要点和内容	15	
	掌握汽车消费者购买行为分析的要点和内容	15	
	掌握如何分析调研信息,并会运用SWOT分析法得出分析结果	15	
	掌握如何撰写调研报告,调研报告要结构完整,调研过程要真实,建议要实用	15	
5	按照要求完成相应任务	5	
6	经验总结到位,评价合理	5	
	合计(满分100)		

项目三 汽车营销活动目标设计

实训工单一 营销目标的认知

学院		专业	
姓名		学号	

一、接受工作任务

一个汽车营销策划活动能够有效地进行，需要明确目标。市场经理欲安排小刘设计营销活动目标，便先让其收集关于营销目标的相关资料，认识营销目标，并整理相关资料在策划团队内分享。

二、信息收集

1）营销目标是在分析_____并预测_____的基础上确定的，同时对_____起定向作用，策划方案的所有活动均围绕_____来完成。

2）分目标是指通过_____，希望达到的_____、_____或产品在市场上的占有率等目标。

3）（多选题）以下哪些目标属于分目标的子目标？（   ）
  A. 销售目标   B. 市场目标
  C. 形象目标   D. 竞争目标

4）（判断题）企业需要明确此次营销活动目标的主要目标和次要目标，从而有侧重点地选择活动类型和设计活动主题。（   ）

5）（判断题）针对客户的营销目标，应考虑的是鼓励客户购车、争取未知者、吸引竞争者的客户。（   ）

6）（多选题）针对经销商的营销目标，应（   ）。
  A. 寻找更多潜在客户   B. 吸引其经营新的车型
  C. 鼓励他们配合车辆的推广   D. 刺激其推销滞销车辆

7）补充以下定量营销目标计算公式。

销售毛利率 = _____

资产净利率 = _____

成交转换率 = _____

销售增长率 = _____

三、制订计划

收集关于营销目标的相关资料，梳理本次汽车营销活动中制订的目标。

序　号	工 作 流 程	操 作 要 点
1		
2		
计划审核	审核意见： 　　　　　　　年　月　日	签字：

四、计划实施

1. 认识营销目标

结合所学内容，或查找关于营销目标的相关资料，梳理出汽车营销目标的分类和特点。

_____

_____

_____

_____

_____

_____

2. 营销目标的讲述

以小组的形式通过知识学习和网络查询了解营销目标的内容，并制作"介绍营销目标"的课件，由小组代表进行介绍、阐述。（另附课件作答）

五、质量检查

请实训指导教师检查作业结果,并针对实训过程中出现的问题提出改进措施及建议。

序 号	评 价 标 准	评 价 结 果
1	营销目标分类清晰、完整	
2	营销目标能够在活动信息基础上考虑设定,对后期活动策划具有指导意义,最终营销目标可评价	
综合评价	☆ ☆ ☆ ☆ ☆	
综合评语		

六、评价反馈

请根据自己在本次任务中的实际表现进行评价。

序 号	评 分 标 准	分 值	得 分
1	明确工作任务	5	
2	掌握工作相关知识及操作要点	15	
3	工作计划合理可行,人员分工明确	10	
4	营销目标分类清晰、完整	30	
	营销目标能够在活动信息基础上考虑设定,对后期活动策划具有指导意义,最终营销目标可评价	30	
5	按照要求完成相应任务	5	
6	总结到位,评价合理	5	
	合计(满分100)		

实训工单二　营销目标的设计

学院		专业	
姓名		学号	

一、接受工作任务

在认识了营销目标之后，小刘需要根据营销目标设计的原则、影响因素和设计步骤完成本次"淡季营销活动"的营销目标的设计，包括确定活动的目标车型、目标客户以及细化具体目标值等。

二、信息收集

1）（多选题）营销目标设计的基本原则包括（　　）。
A. 营销目标必须具有挑战性
B. 营销目标必须具有可实现性
C. 营销目标必须具有协调性
D. 营销目标必须具有全面性

2）（多选题）营销目标设计的影响因素包括（　　）。
A. 目标市场规模和趋势　　　　B. 市场份额趋势
C. 经济因素　　　　　　　　　D. 竞争因素

3）（多选题）以消费者市场细分为例，汽车市场细分策划的标准包括（　　）。
A. 地理、气候因素　　　　　　B. 人口因素
C. 消费者行为因素　　　　　　D. 消费者心理因素

4）设计营销目标的步骤包括：要确定_____、确定_____、检讨营销计划中的_____以及分析_____。

5）汽车经销企业策划活动主要分为两类：一类是根据_____所做的营销活动策划；另一类是在经营过程中，根据_____、_____、_____等所做的营销活动策划。

6）通过学习和查找网络资源等，总结确定目标车型需要分析的项目。

_____
_____
_____
_____
_____
_____

7）写出3种常见的选择目标市场的营销策略的优缺点。

	无差异性营销策略	差异性营销策略	集中性营销策略
优点			
缺点			

8）查看学习材料和网络资源，完成一汽大众消费者市场细分表。

一汽大众消费者市场细分表

性别	年龄	车型偏好	消费目的	生活方式	市场特征
男	青年	越野车	代步		
			注重品牌		
		轿车	注重质量		
			注重价格		
	中老年	越野车	代步		
			注重品牌		
		轿车	注重质量		
			注重价格		
女	青年	越野车	代步		
			注重时尚		
		轿车	注重质量		
			注重价格		
	中老年	越野车	代步		

9）根据一汽大众消费者市场细分表，可得出一汽大众按照生活方式主要分为3类主要市场，试对这3类市场进行评估。

市场	市场评估结果
时尚品牌市场	
实用保守市场	
大气安全市场	

三、制订计划

结合背景情况和调研结果,制订本月度的活动目标,确定目标车型、销售目标等。

序　号	工作流程	操作要点
1		
2		
3		
4		
计划审核	审核意见: 　　　　　　　　　　年　　月　　日	签字:

四、计划实施

1. 确定目标车型

结合所学知识,查找网络资料,利用软件中知识学习—目标确定—背景信息中背景信息内容和市场调研的结果完成目标车型的确定,并说明理由。

知识学习—目标确定

背景信息中的内容

目标车型:_____

理由:_____

2. 圈定目标客户

根据所学知识和查找到的网络资源，利用软件中知识学习—目标确定—背景信息中市场调研的结果完成目标客户的确定。

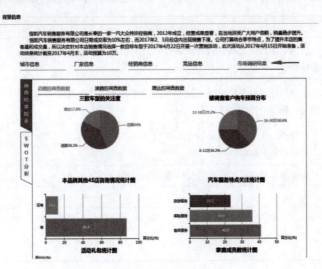

背景信息—市场调研结果

客户画像描述：_____
_____
_____

3. 制订销售目标

根据所学知识及网络资料，利用软件中知识学习—目标确定中的背景信息完成目标车型的确定，并说明理由。

迈腾：_____辆

速腾：_____辆

捷达：_____辆

理由：_____
_____
_____

4. 制订集客目标

根据所学知识及网络资料，分析软件中知识学习—目标确定中的背景信息完成目标车型的确定，并说明理由。

集客目标：_____组

理由：_____
_____
_____

五、质量检查

请实训指导教师检查作业结果，并针对实训过程中出现的问题提出改进措施及建议。

序 号	评价标准	评价结果
1	目标车型选取准确，符合店内库存、销售等实际情况，迎合客户喜好	
2	能够根据目标车型市场定位和本店潜客情况，结合调研结果圈定目标客户范围	
3	在分析历史报表、竞品信息等基础上，参考往期活动记录制订合理的销量目标	
4	新增潜客占比恰当，集客目标满足所定销售目标	
综合评价	☆☆☆☆☆	
综合评语		

六、评价反馈

请根据自己在本次任务中的实际表现进行评价。

序 号	评分标准	分 值	得 分
1	明确工作任务	5	
2	掌握工作相关知识及操作要点	15	
3	工作计划合理可行，人员分工明确	10	
4	目标车型选取准确，符合店内库存、销售等实际情况，迎合客户喜好	15	
	能够根据目标车型市场定位和本店潜客情况，结合调研结果圈定目标客户范围	15	
	在分析历史报表、竞品信息等基础上，参考往期活动记录制订合理的销量目标	15	
	新增潜客占比恰当，集客目标满足所定销售目标	15	
5	按照要求完成相应任务	5	
6	经验总结到位，评价合理	5	
合计（满分100）			

项目三　汽车营销活动目标设计

实训工单三　活动主题的确定

学院		专业	
姓名		学号	

一、接受工作任务

小刘拟定了本次"淡季营销活动"的目标值后，需要选择合适的活动类型、确定创意主题，接下来小刘需要研究的内容有：①结合策划任务，根据不同活动类型的特点选择合适的活动；②通过不同的创意来源和途径碰撞创意灵感；③拟定创意活动主题，并进行修饰完善。

二、信息收集

1）活动主题是一个活动策划项目要向消费者传达的_____或者_____。

2）（多选题）活动主题根据（　　）有所侧重。

A. 车型的不同　　　　　　　　　B. 市场需求的变化

C. 时间的变化　　　　　　　　　D. 消费者对象的差异

3）4S 店主要参加的是_____车展。另外，汽车经销商企业也会选取合适地点举办巡展活动。

4）（多选题）由于某 4S 店地处郊区，为提升集客量，它可以采取以下哪些措施？（　　）

A. 举办老客户推荐新客户有礼活动

B. 选择市内商场设展

C. 举办社区车展

D. 在店内举办红酒品鉴会

5）（多选题）在确定活动类型时，需要考虑以下哪些因素？（　　）

A. 目标群体的特征　　　　　　　B. 营销活动的目的

C. 预算　　　　　　　　　　　　D. 产品定位

6）请根据不同的活动类型，以雅阁车型为例制订相应的活动主题。

展厅营销活动主题：_____

试乘试驾活动主题：_____

车展营销活动主题：_____

7）（多选题）主题创意可来源于（　　）。

A. 汽车本身　　B. 时节　　　C. 时事

D. 生活　　　　E. 幻想

8）根据创意来源，任意选取目标车型，制订汽车营销策划活动主题。

创意来源	主　题
汽车本身	
时节	
时事	
生活	
幻想	

9）一汽大众 4S 店于腊八节当天，在店内举办捷达促销活动，请结合活动特点，设定活动主题。

三、制订计划

首先根据本次活动目标和活动信息，确定活动类型，然后设定其主题。

序　号	工作流程	操作要点
1		
2		
计划审核	审核意见： 　　　　　　　年　　月　　日	签字：

四、计划实施

1. 确定活动类型

结合所学知识，梳理各个活动类型的特点，利用实训二中所设的营销目标确定一汽大众恒凯 4S 店淡季营销活动类型，并明确理由。

展厅营销活动特点：

试乘试驾活动特点：

车展营销活动特点：

本次举办活动类型：

理由：

2. 设计活动主题

根据所学知识和查找到的网络资源，结合目标车型、客户群体等信息设计本次活动的创意主题，并记录创意来源和想法。

活动主题：_____

主题创意来源和想法：_____

_____

_____

_____

_____

五、质量检查

请实训指导教师检查作业结果，并针对实训过程中出现的问题提出改进措施及建议。

序 号	评价标准	评价结果
1	活动类型紧贴活动目的，有效实现活动目标	
2	活动主题突出，策划创意构思新颖、独特	
综合评价	☆ ☆ ☆ ☆ ☆	
综合评语		

六、评价反馈

请根据自己在本次任务中的实际表现进行评价。

序 号	评分标准	分 值	得 分
1	明确工作任务	5	
2	掌握工作相关知识及操作要点	15	
3	工作计划合理可行，人员分工明确	10	
4	活动类型紧贴活动目的，有效实现活动目标	30	
	活动主题突出，策划创意构思新颖、独特	30	
5	按照要求完成相应任务	5	
6	经验总结到位，评价合理	5	
	合计（满分100）		

项目四

汽车营销策划策略选择

实训工单一　产品策略的策划

学院		专业	
姓名		学号	

一、接受工作任务

迈腾进入我国市场这么多年，加上人们对于德系车的情结，从老款到全新一代迈腾，销量一直持续增长。那么目前迈腾处于什么样的产品周期呢？在一汽大众品牌格局下将填补什么样的市场需求呢？小刘在策划本次活动前，需对策划产品进行进一步的深入了解，探求一汽大众公司产品策略并制作一份分析报告。

二、信息收集

1）（单选题）下列对汽车产品概念说法正确的是（　　）。
A. 汽车实物　　　B. 汽车服务　　　C. 汽车品牌
D. 汽车市场提供的能满足汽车消费者某种欲望和需要的任何事物

2）汽车产品整体概念即把汽车产品理解为由 5 个层次组成的整体。请以长城 VV7C 为例，查找相关资料，描述产品整体的 5 个层次。

VV7C

核心产品层是指_____
形式产品层是指_____
期望产品层是指_____
_____
延伸产品层是指_____
_____
潜在产品层是指_____

3）结合自身经历，举例说明全新产品、换代产品、改进产品三者的区别。
_____
_____
_____
_____

4）（多选题）下列对汽车产品组合的概念说法正确的是（　　）。

 A. 汽车产品组合是指一个汽车企业生产和销售的所有汽车产品线和汽车产品品种的组合方式

 B. 汽车产品组合一般由若干汽车产品系列（汽车产品线）组成

 C. 汽车产品组合即全部汽车产品的结构

 D. 汽车产品组合可简单地理解为企业的全部业务经营范围

5）衡量汽车产品组合可用_____、_____、_____和_____这4个维度。

6）汽车企业在确定、调整和优化产品组合时，应根据_____、_____、_____、_____等因素，经过_____和_____，确定合理的产品结构。同时，随着_____的变化，应适时地调整产品组合，尽可能使其达到最佳化，为汽车企业带来更多的利润。

7）可供选择的产品组合策略一般有哪些？（　　）

 A. 高价快速促销策略　　　　　　B. 扩大汽车产品组合策略

 C. 缩减汽车产品组合策略　　　　D. 产品线延伸策略

8）判断下列关于汽车产品生命周期概念的说法是否正确，如果正确，请在（　）内画"√"，如果错误，请在（　）内画"×"。

① 汽车产品生命周期是指从汽车产品试制成功投入市场开始到被市场淘汰为止所经历的全部时间过程。（　　）

② 汽车产品生命周期就是汽车产品的使用寿命。（　　）

③ 汽车产品生命周期的长短受汽车消费者需求变化、汽车产品更新换代速度等多种市场因素影响，是汽车产品的市场寿命。（　　）

④ 汽车产品生命周期一般来说分为4个阶段：导入期、成长期、成熟期和衰退期。（　　）

⑤ 汽车产品生命周期各阶段的划分是绝对的。（　　）

9）查阅资料，结合所学汽车产品生命周期策略相关知识，完成下表。

汽车产品生命周期特性、营销目标和策略一览表

生命周期		导入期	成长期	成熟期	衰退期
特性	销售				
	成本				
	利润				
	消费者				
	竞争者				
营销目标					
策略	产品				
	价格				
	分销				
	促销				

10）"品牌"是一个_____、_____、_____或_____，或者是以上4种的组合，用以识别一个或一群_____的产品或劳务，并以此区别于其他_____。

11）列举几个熟悉的品牌名称及其标志，并简述其含义。

三、制订计划

根据任务要求,制订写作一汽大众产品策略策划分析报告的工作计划。

序　号	工作流程	操作要点
1		
2		
3		
4		
计划审核	审核意见: 　　　　年　　月　　日	签字:

四、计划实施

1. 确定分析报告框架

查阅资料,了解分析报告结构,结合一汽大众汽车有限公司情况及产品策略相关知识,确定分析报告框架及主要内容。

_____
_____
_____
_____
_____

2. 分析一汽大众汽车产品组合策略

查询相关资料,绘制分析一汽大众汽车有限公司自成立至今产品组合示意图并分析其所采用的汽车产品组合策略。

_____
_____

3. 分析迈腾汽车产品生命周期策略

　　查询相关资料，根据汽车产品生命周期图，从一汽大众汽车有限公司汽车产品组合示意图中探求迈腾各阶段相应的营销策略。

4. 分析一汽大众汽车产品品牌策略

　　查阅相关资料，试从企业经营发展角度分析一汽大众汽车有限公司旗下迈腾的品牌策略。

五、质量检查

　　请实训指导教师检查作业结果，并针对实训过程中出现的问题提出改进措施及建议。

序　号	评 价 标 准	评价结果
1	根据企业现阶段产品组合示意图，制订汽车产品组合策略方案	
2	能根据产品所处的不同生命周期的阶段准确地进行策划	
3	从企业经营发展的角度，分析汽车企业品牌策略，并根据产品品牌进行市场策划推广	
综合评价	☆　☆　☆　☆　☆	
综合评语		

六、评价反馈

请根据自己在本次任务中的实际表现进行评价。

序 号	评 分 标 准	分 值	得 分
1	明确工作任务	5	
2	掌握工作相关知识及操作要点	15	
3	工作计划合理可行，人员分工明确	10	
4	根据企业现阶段产品组合示意图，制订汽车产品组合策略方案	20	
4	能根据产品处于不同生命周期的阶段准确进行策划	20	
4	从企业经营发展的角度，分析汽车企业品牌策略，并根据产品品牌进行市场策划推广	20	
5	按照要求完成相应任务	5	
6	经验总结到位，评价合理	5	
	合计（满分100）		

实训工单二　定价策略的策划

学院		专业	
姓名		学号	

一、接受工作任务

　　汽车产品价格策划是营销策略策划组合中最灵活的因素之一，直接影响企业市场份额的大小和赢利率的高低。价格竞争几乎已经成为企业间竞争的普遍方式，也几乎成了消费者选择商品时必然要权衡的因素之一。小刘就上一年销售情况和厂家销售政策，根据市场需求情况制订本次活动价格方案，以实现活动目标和本月销售任务。

二、信息收集

1）（多选题）汽车价格由下列哪些要素构成？（　　　）
A. 汽车出厂价格　　B. 汽车流通费用　　C. 国家税金　　D. 汽车企业利润

2）将下列公式补充完整。

经销商的进价 = ＿＿＿＿＿ = ＿＿＿＿＿ + ＿＿＿＿＿

汽车直售价格 = ＿＿＿＿＿ + ＿＿＿＿＿ + ＿＿＿＿＿ + ＿＿＿＿＿

3）补充完整企业的定价选择，并标出经销商定价范围。

	企业的定价选择		
单位产品的进价	＿＿＿＿＿	＿＿＿＿＿	价格最高极限

4）根据所学知识，简述汽车定价的程序。

_____

_____

_____

5）汽车新产品定价有3种基本策略，试分析这3种策略的优缺点。

汽车新产品定价策略	优　点	缺　点
撇脂定价策略		

渗透定价策略		
满意定价策略		

6）折扣和折让一般可为_____、_____、_____、_____、_____。

7）简述针对汽车消费者心理的定价策略有哪些。
_____
_____
_____

三、制订计划

根据任务要求，制订一汽大众恒凯 4S 店淡季营销活动价格方案的工作计划。

序 号	工作流程	操作要点
1		
2		
3		
4		
计划审核	审核意见： 年　月　日　　　　签字：	

四、计划实施

1. 选择定价目标

结合所学知识、网络资料，选择一汽大众恒凯 4S 店淡季营销活动定价目标。

2. 确定定价方式

根据已学知识，并查找网络资料，简述汽车定价方式有哪些，各自的优缺点如何，并联系活动详情确定最终定价方式。

3. 分析影响价格策划的因素

在制订淡季营销活动价格方案时，需要考虑哪些影响因素？

4. 制订定价方案

在软件中知识学习策略选择模块下，完成汽车定价策略—任务实施中的操作，进行活动价格方案确定。

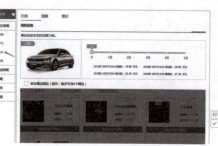

五、质量检查

请实训指导教师检查作业结果，并针对实训过程中出现的问题提出改进措施及建议。

序 号	评价标准	评价结果
1	明确定价目标，根据定价目标选择定价策略	
2	能够准确分析定价环境和价格目标，制订合理的活动价格方案	
综合评价	☆ ☆ ☆ ☆	
综合评语		

六、评价反馈

请根据自己在本次任务中的实际表现进行评价。

序号	评分标准	分值	得分
1	明确工作任务	5	
2	掌握工作相关知识及操作要点	15	
3	工作计划合理可行，人员分工明确	10	
4	明确定价目标，根据定价目标选择定价策略	30	
4	能够准确分析定价环境和价格目标，制订合理的活动价格方案	30	
5	按照要求完成相应任务	5	
6	经验总结到位，评价合理	5	
	合计（满分100）		

实训工单三　渠道策略的策划

学院		专业	
姓名		学号	

一、接受工作任务

　　为了加快销售速度，每到淡季，汽车销售商就会组织各种活动，参加各种大大小小的车展，尽管制订的销量提升方案看上去很全面，最终销量提升却乏善可陈。这是因为对于销量的来源没有做好分析，对于销量提升计划没有做好分解。接下来小刘就一汽大众品牌的销售模式和渠道进行了进一步分析。

二、信息收集

1）汽车销售渠道是汽车产品从＿＿＿＿＿向最终＿＿＿＿＿直接或间接转移＿＿＿＿＿所经过的途径，是联系汽车生产者和消费者的纽带。

2）结合所学知识举例说明汽车流通的全过程，并标明每个环节的作用。

3）根据所学知识总结汽车销售渠道的功能。

4）根据所学知识画出按渠道长度分类的汽车销售渠道模式图。

5）简述批发商、总经销商、总代理商的区别。
批发商：_____
总经销商：_____
总代理商：_____

6）分析特许经销商和普通经销商的区别。

特许经销商	普通经销商

7）汽车销售渠道策划重要的是通过_____获取企业的竞争优势。

8）汽车销售渠道策划包括_____、_____、_____和_____。

9）销售渠道目标主要有哪些？
_____
_____
_____
_____

10）销售渠道结构设计的标准是（　　　）。
A．能够不间断、顺利、快速地使汽车产品从生产领域进入消费领域
B．具有较强的辐射能力
C．具有商流和物流相一致的特点
D．能够带来显著的经济效益

三、制订计划

根据任务要求，制订分析一汽大众品牌的销售模式和渠道的工作计划。

序　号	工作流程	操作要点
1		
2		
计划审核	审核意见： 　　　　　　　年　月　日	签字：

四、计划实施

1. 了解一汽大众销售渠道发展

查找相关网络资料,了解一汽大众销售渠道情况。

2. 分析销售渠道方案

根据已学知识并查找网络资料,分析一汽大众销售渠道策略。

五、质量检查

请实训指导教师检查作业结果,并针对实训过程中出现的问题提出改进措施及建议。

序 号	评价标准	评价结果
1	掌握汽车销售渠道概念、类型	
2	能够准确分析销售策略渠道,把握渠道策略走向	
综合评价	☆ ☆ ☆ ☆ ☆	
综合评语		

六、评价反馈

请根据自己在本次任务中的实际表现进行评价。

序号	评分标准	分值	得分
1	明确工作任务	5	
2	掌握工作相关知识及操作要点	15	
3	工作计划合理可行,人员分工明确	10	
4	掌握汽车销售渠道概念、类型	30	
4	能够准确分析销售策略渠道,把握渠道策略走向	30	
5	按照要求完成相应任务	5	
6	经验总结到位,评价合理	5	
合计(满分100)			

实训工单四 促销策略的策划

学院		专业	
姓名		学号	

一、接受工作任务

　　服务促销是市场促销管理深化的内在要求,是企业在充分认识满足客户需求重要性的前提下,为充分满足客户需求,在促销过程中所采取的一系列活动。它对丰富企业促销活动内涵有着重要的意义。小刘会从本次活动目标、目标车型、活动类型出发,完成本次活动促销策略的制订。

二、信息收集

1)将下方汽车人员促销的流程图补充完整。

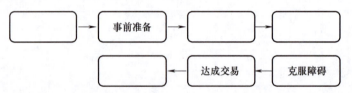

2)结合所学知识,填写以下4种汽车促销方式的实施措施和主要特点。

汽车促销方式	实 施 措 施	主 要 特 点
人员促销		
汽车广告		
销售促进		
公共关系		

3）归纳汽车人员促销的基本策略。

4）结合所学知识，总结所熟知的广告媒体种类和它们的优缺点。

广告媒体	优　点	缺　点
电视		
报纸		
杂志		
广播		
户外广告		
售点广告		
网络媒体		
直接邮件		

5）总结汽车广告促销的步骤。

6）汽车广告效果的评价方法一般有哪些？

7）通过学习和查找网络资源等，补充完整下面网络营销媒体的优缺点。

类　型	垂直媒体	自媒体	汽车官方网站
权威性		服务、内容不规范	内容权威
传播性	传播准确		
费用预算			
产品服务	产品范围广		
客户范围	吸引客户范围广	吸引客户范围广	
信息量			

8）查阅资料，结合自身理解，分析公共关系是什么，并举例说明常见的公共关系活动。

9）根据所学知识，归纳异业联盟的意义。

三、制订计划

根据任务要求，制订一汽恒凯4S店淡季营销活动促销策略策划的工作计划。

序　号	工作流程	操作要点
1		
2		
3		
4		
计划审核	审核意见： 　　　　　　　　年　　月　　日	签字：

四、计划实施

1. 制订销售促进策略

根据产品定位、客户需求，利用软件知识学习模块下策略选择—销售促进策略完成本次活动销售促进策略的制订。

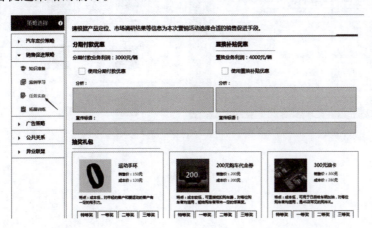

2. 制订汽车广告策略

结合活动预算及活动需求，根据媒介宣传特点，利用软件知识学习模块下策略选择—广告策略完成活动广告方案制订。

3. 制订公共关系

分析活动背景信息，确定是否需要开展公共关系活动，如开展，请策划活动内容；如不开展，说明原因。

4. 制订异业联盟活动

根据背景信息和车型受众，利用软件知识学习模块下策略选择—异业联盟拟定本次活动异业联盟对象，简述异业联盟开展的活动。

五、质量检查

请实训指导教师检查作业结果，并针对实训过程中出现的问题提出改进措施及建议。

序 号	评 价 标 准	评 价 结 果
1	能够根据产品定位、市场调研结果等制订汽车销售促进策略	
2	能够根据汽车广告策略制订流程，制订汽车广告策略	
3	能够根据活动需要和背景信息制订公共关系策略	
4	能够根据背景信息和市场调研，针对目标客户开展异业联盟活动	
综合评价	☆ ☆ ☆ ☆ ☆	
综合评语		

六、评价反馈

请根据自己在本次任务中的实际表现进行评价。

序号	评分标准	分值	得分
1	明确工作任务	5	
2	掌握工作相关知识及操作要点	15	
3	工作计划合理可行,人员分工明确	10	
4	能够根据产品定位、市场调研结果等制订汽车销售促进策略	15	
	能够根据汽车广告策略制订流程,制订汽车广告策略	20	
	能够根据活动需要和背景信息制订公共关系策略	10	
	能够根据背景信息和市场调研,针对目标客户开展异业联盟活动	15	
5	按照要求完成相应任务	5	
6	经验总结到位,评价合理	5	
	合计(满分100)		

项目五 汽车营销活动计划制订

实训工单　汽车营销活动计划制订的框架

学院		专业	
姓名		学号	

一、接受工作任务

通过背景分析、市场调研制订了活动目标，锁定目标车型，结合目标客户特点，利用价格的优惠、分期置换的购车便利性、礼品的诱惑，再加上广告策略的运用进行集客。接下来，小刘需在活动前制订出本次活动计划，以便根据计划安排逐步开展工作。

二、信息收集

1）汽车营销活动计划是营销策划人员在策划营销活动之前的具体活动_____。

2）计划的制订有助于营销活动策划人员明确_____和_____，有助于争取_____以及_____。

3）（多选题）汽车营销活动计划要达到相应的效应需采取（　　）的保障，使之得以顺利实施。
　　A. 组织措施　　B. 技术措施　　C. 经济措施　　D. 管理措施

4）甘特图中横轴表示_____，纵轴表示_____，线条表示_____和_____，不仅可以显示_____和_____，而且也能显示_____。

5）活动流程是指一个或一系列_____的活动，这些活动以_____发生或执行，促使_____的实现。

6）（多选题）以下哪些费用属于活动预算范畴？（　　）
　　A. 宣传费用　　B. 场地费用　　C. 物料费用　　D. 人员费用

7) 一般情况下制订活动计划时需标明营销活动的_____、_____、_____、_____和_____，使策划的每一个活动项目的步骤、措施或行动方案都一目了然，以便有效地实施营销策划。

8) 中进捷旺路虎4S店准备筹办小区车展，请针对活动举办地点制订场地查勘表，说明查勘项目和要点。

三、制订计划

根据任务要求，对一汽大众恒凯4S店淡季营销活动计划制订任务进行规划。

序　号	工作流程	操作要点
1		
2		
3		
4		
5		
计划审核	审核意见： 　　　　　　　年　　月　　日　　　　　　签字：	

四、计划实施

1. 活动安排

结合所学知识、网络资料，利用软件知识学习—计划制订—活动安排的任务实施，根据前期所定的活动类型和活动周期制订本次营销活动方案，获取甘特图。

知识学习—计划制订—活动安排

活动安排：

2. 特色活动

根据已学知识，查找网络资料，贴合本次活动主题组织 1~3 个特色活动，说明活动标题及具体内容。

3. 活动流程

结合所学知识、网络资料，利用软件知识学习—计划制订—活动流程的任务实施，将活动流程依次列出。

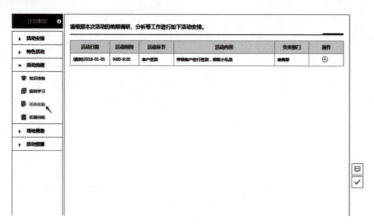

知识学习—计划制订—活动流程

活动流程：

4. 场地查勘

结合所学知识、网络资料，利用软件中知识学习—计划制订—场地查勘的任务实施，明确查勘的要点和具体内容。

知识学习—计划制订—场地查勘

场地查勘要点	查勘具体内容

5. 活动预算

根据本次活动需要，对活动预算做好规划，在软件中知识学习计划制订模块下，完成活动预算方案制订。

知识学习—计划制订—活动预算

活动预算：

五、质量检查

请实训指导教师检查作业结果，并针对实训过程中出现的问题提出改进措施及建议。

序 号	评价标准	评价结果
1	活动安排严谨周密，对活动筹备、活动落实具有指导意义	
2	特色活动新颖，具有吸引力，能够起到良好的营销作用	
3	活动流程紧密，时间安排合理	
4	场地查勘符合活动开展需求，确定最终场地安全、设备等状态	
5	活动预算方案分配合理，且不超过整体预算	
综合评价	☆ ☆ ☆ ☆ ☆	
综合评语		

六、评价反馈

请根据自己在本次任务中的实际表现进行评价。

序 号	评分标准	分 值	得 分
1	明确工作任务	5	
2	掌握工作相关知识及操作要点	15	
3	工作计划合理可行，人员分工明确	10	
4	活动安排严谨周密，对活动筹备、活动落实具有指导意义	10	
4	特色活动新颖，具有吸引力，能够起到良好的营销作用	10	
4	活动流程紧密，时间安排合理	10	
4	场地查勘符合活动开展需求，确定最终场地安全、设备等状态	10	
4	活动预算方案分配合理，且不超过整体预算	20	
5	按照要求完成相应任务	5	
6	经验总结到位，评价合理	5	
	合计（满分100）		

项目六

汽车营销策划活动实施与评价

实训工单一　汽车营销活动网络媒体的选择及运用

学院		专业	
姓名		学号	

一、接受工作任务

小刘已将一汽大众恒凯4S店淡季营销活动宣传广告的投放计划制订完成，接下来他将着手撰写软文，于是开始搜集相关资料，学习软文撰写技巧，完成宣传文案编写。在网络媒体发布软文后，能对软文营销情况持续跟踪，评估其宣传效果。

二、信息收集

1）广义的软文是指通过策划在＿＿＿＿＿、＿＿＿＿＿或＿＿＿＿＿等宣传载体上刊登的可以＿＿＿＿＿和＿＿＿＿＿，或可以＿＿＿＿＿＿＿＿的一些宣传性、阐释性文章，包括特定的＿＿＿＿＿、＿＿＿＿＿、＿＿＿＿＿、＿＿＿＿＿等。

2）（多选题）下列属于软文功能的有（　　）。
　A. 可以塑造企业品牌力
　B. 辅助SEO，提高网站流量
　C. 营造良好的企业形象
　D. 提高企业人员综合素质

3）根据所学知识，分辨下面图片中哪个是软文、哪个是硬广告，并阐述两者的不同之处。

4）通过学习内容和查找网络资源等，说出下面几篇软文的表现形式，并分析其特点。

软文1：我市有了新能源汽车4S店。昨天，株洲北汽新能源汽车应用推广会暨北汽新能源庞大贝宁专营店开业仪式在株洲汽车城举行。该店占地近千平方米，能为新能源汽车客户提供整车销售、维修服务、配件供应、车辆保险、汽车金融等服务。市民购车多了一项选择。

软文2：最近长城旗下的高端品牌WEY又有一款新车上市——VV5s，在发布会上还上演了一次真人版"泰山压顶"，来显示车身的安全性。下面让我们一起来回顾那惊心动魄的一刻。

软文3：近日雪佛兰正式发布新一代科迈罗敞篷版，新车采用全自动电动液压顶篷，外观方面延续了新一代科迈罗coupe版造型设计。此外，得益于轻量化材料的使用，新车整车质量较上一代敞篷车型减少90kg。新车预计将于明年正式上市，将继续与福特Mustang敞篷版等车型竞争。

5）根据学习资料、网络资源等，编写相应类型的标题。

类 型	用 意	标 题
直白式	直接明了表明文意	
方法式	利用"如何……"这种句式对问题进行解释	
建议式	给读者以直观建议	
预告式	以预告的方式引起读者对新事物的好奇	
反差式	反差对比能产生冲击性和刺激性	
悬念式	公布一部分信息，控制一部分信息，靠公布的信息引起公众对隐藏信息的好奇	
数字式	数字主要起总结提示作用，标题中运用数据，能够让读者一目了然	
呼告法	撇开读者，直接对第三者说话，借以表达激动的心情，增强词语的感染力	
揭秘式	引起读者探求内幕的好奇	

6）通过学习资料、网络资源等，阐述哪些元素可以作为软文营销评估标准，并写出每个评估标准对应的评估方法。

三、制订计划

根据软文撰写技巧，模拟制订一份软文写作计划。

序 号	工作流程	操作要点
1		
2		
3		
4		
计划审核	审核意见： 年　月　日	签字：

四、计划实施

1. 编写软文

结合所学知识、网络资料，针对一汽大众恒凯4S店淡季营销活动写一篇软文。

2. 软文自查

结合所学及软文撰写的注意事项，对撰写的软文进行自查，将有问题的位置标注并修改。

3. 软文发布

根据所学及网络资料，制订网络宣传方案，按照方案将撰写的软文进行发布。

	选择结果	选择理由
网络营销媒体		
软文发布途径		
软文发布时间		

4. 软文营销评估

根据所学及查阅资料，选取合适的软文营销评估方法，对发布的软文进行效果评估。

方法	结果及效果分析

五、质量检查

请实训指导教师检查作业结果，并针对实训过程出现的问题提出改进措施及建议。

序 号	评价标准	评价结果
1	了解网络营销媒体，并且可以根据网络媒体优缺点选取合适的网络媒体进行网络营销	
2	掌握软文编写方法及注意要点，能够编写与活动相匹配的软文	
3	能够选取合适的途径及时间段将软文发布，并及时进行信息跟进	
4	对软文营销进行评估，总结经验，促进团队合作，提高软文营销的效果	
综合评价	☆ ☆ ☆ ☆ ☆	
综合评语		

六、评价反馈

请根据自己在本次任务中的实际表现进行评价。

序号	评分标准	分值	得分
1	明确工作任务	5	
2	掌握工作相关知识及操作要点	15	
3	工作计划合理可行,人员分工明确	10	
4	了解网络营销媒体,并且可以根据网络媒体优缺点选取合适的网络媒体进行网络营销	15	
	掌握软文编写方法及注意要点,能够编写与活动相匹配的软文	15	
	能够选取合适的途径及时间段将软文发布,并及时进行信息跟进	15	
	对软文营销进行评估,总结经验,促进团队合作,提高软文营销的效果	15	
5	按照要求完成相应任务	5	
6	经验总结到位,评价合理	5	
	合计(满分100)		

实训工单二　H5 技术在汽车营销活动宣传中的运用

学院		专业	
姓名		学号	

一、接受工作任务

　　距离一汽大众恒凯 4S 店淡季营销活动还有一周的时间，为做好客户邀约，加深公众对本次活动的影响，增强活动吸引力，市场经理安排小刘采用新媒体技术 H5 制作本次活动邀请函。小刘首先需对目标车型相关图文资料进行分析，整理出活动内容核心，然后应运用《汽车网络营销 H5 制作教学系统》，结合本次活动特色及亮点制作活动邀请函。

二、信息收集

　　1）H5 是一种＿＿＿＿＿＿＿＿＿＿，全称为 HTML5（超文本标记语言），也指＿＿＿＿＿＿＿＿＿＿。"超文本"是指页面内可以包含＿＿＿＿＿＿＿＿＿＿，甚至＿＿＿＿＿＿＿＿＿＿等非文字元素。对于新媒体来说，H5 是一个＿＿＿＿＿＿＿＿＿＿。

　　2）（多选题）H5 的传播特性包含（　　　）。
　　　A. 遗传属性　　　　　　　　　B. 多媒体属性
　　　C. 多元化属性　　　　　　　　D. 跨平台属性

　　3）H5 页面目前按其设计的目标可以分为＿＿＿＿、＿＿＿＿、＿＿＿＿和＿＿＿＿。

　　4）（单选题）H5 按其形态分类，包含（　　　）。
　　　A. 展示类　　　　　　　　　　B. 测试类
　　　C. 抽签类　　　　　　　　　　D. 游戏类

　　5）汽车营销活动内容呈现在 H5 上，往往包含＿＿＿＿、＿＿＿＿、＿＿＿＿、＿＿＿＿。

　　6）下列哪种说法，对文字排版描述不正确？（　　　）
　　　A. 文案不宜过长
　　　B. 文案摆放保持整体性
　　　C. 文字大小、字体类型可根据喜好选择
　　　D. 背景与文字颜色一致，保持整体性

　　7）查阅资料，或进入《汽车网络营销 H5 制作教学系统》，总结出 H5 的制作步骤。

　　8）根据所学内容，查找 H5 相关资料，对下方 H5 作品进行赏析，总结其优缺点，提出想法、建议。

项目六　汽车营销策划活动实施与评价

东风悦达起亚：全新 K5 驾驭完美

9）根据所学内容，查阅相关资料，总结 H5 的制作要点。

三、制订计划

根据任务要求，结合 H5 制作流程，对任务进行规划。

序　号	工　作　流　程	操　作　要　点
1		
2		
计划审核	审核意见： 　　　　　　　　年　　月　　日	签字：

四、计划实施

1. 信息采集与分析

阅读策划方案，翻阅车型宣传手册，提取活动内容核心，分析主推车型卖点，为 H5 制作做好文案准备。

2. H5 海报制作

根据宣传目的，运用 H5 相关软件制作一汽大众恒凯 4S 店淡季营销活动邀请函。

五、质量检查

请实训指导教师检查作业结果,并针对实训过程出现的问题提出改进措施及建议。

序号	评价标准	评价结果
1	所采集信息能够合理、恰当地对本次活动进行宣传	
2	H5的风格符合产品调性,能够凸显活动特色,有效地传达车型亮点,活动信息简介齐全。背景、配乐契合主题,整体逻辑思维清晰,构图美观,具有营销创意	
综合评价	☆ ☆ ☆ ☆ ☆	
综合评语		

六、评价反馈

请根据自己在本次任务中的实际表现进行评价。

序号	评分标准	分值	得分
1	明确工作任务	5	
2	掌握工作相关知识及操作要点	15	
3	工作计划合理可行,人员分工明确	10	
4	所采集信息能够合理、恰当地对本次活动进行宣传	20	
4	H5的风格符合产品调性,能够凸显活动特色,有效地传达车型亮点,活动信息简介齐全。背景、配乐契合主题,整体逻辑思维清晰,构图美观,具有营销创意	40	
5	按照要求完成相应任务	5	
6	经验总结到位,评价合理	5	
	合计(满分100)		

实训工单三　汽车营销活动实施要点

学院		专业	
姓名		学号	

一、接受工作任务

　　一汽大众恒凯 4S 店预计在 4 月 22 日举办本次活动,前期小刘已将本次活动车型定为迈腾,并选择 4S 店内作为活动场地,其具体流程及所用物料已经确定。接下来,为了保证活动执行的效果,小刘需在执行方案之前将活动执行的步骤和要点以文档的形式进行归纳整理,为活动的执行保驾护航。

二、信息收集

　　1)汽车市场营销活动执行的步骤是＿＿＿＿＿、＿＿＿＿＿和＿＿＿＿＿。
　　2)汽车营销活动的前期准备主要内容是＿＿＿＿＿、＿＿＿＿＿、＿＿＿＿＿。
　　3)根据所学知识,将下面图片中涉及的活动物料整理出来。

汽车营销活动现场

　　4)结合学习的知识,根据《路虎汽车自驾游活动策划方案》中的活动流程和物料准备,梳理出需要的物料并利用表格形式进行归纳整理。

6月12日—16日：电话通知已成交用户以及潜在客户，告之活动内容。

6月17日上午：电话确定用户名单，并告知有关事项，准备好相关物品及车辆。邀请已确认客户下午到店签署自驾游协议。

6月17日下午：签署自驾游协议，并初步告知明日需准备的随身物品。

6月18日

08：00—08：50	用户到达公司，粘车贴及车辆检查
08：50—09：00	卢总讲解自驾游注意事项
09：00—11：30	到达目的地
11：30—14：30	中午午餐，休息
14：30—18：30	到达目的地，畅游珍珠潭
18：30—20：00	宾馆进餐，回房休息
20：00—22：30	开始篝火晚会

6月19日

08：00—09：00	早餐，准备出发到大运河
09：00—11：30	到达大运河，畅游大运河
11：30—13：30	返回目的地，开始午餐，准备返回

路虎汽车自驾游活动策划方案——活动流程

路虎汽车自驾游活动策划方案——物料准备

物品名称	数 量	单 位
自驾游宣传车贴	30	套
条幅	1	幅
应急用品	1	箱
矿泉水	120	瓶
音响、投影仪、便携式计算机、话筒、伴奏歌曲、扩音话筒	1	套
队旗/口哨	1	面/个
摄像机	1	台
相机	1	个
自驾游协议	60	份

5）汽车市场营销活动的人员准备操作步骤主要包括_____、_____、_____和_____。

6）汽车营销活动前会议要求参与营销活动的人员或部门负责人参加，需要参与活动的人员需要明确_____、_____、_____、_____、_____。

7）结合学习的知识，将下面活动现场场地布置图片中对应的功能区域标注出来。

汽车营销活动图片

8）中进捷旺路虎 4S 店即将举行自驾游活动，试阐述活动执行的注意事项，并提供应急方案。

三、制订计划

根据任务要求，归纳整理一汽大众恒凯 4S 店淡季营销活动执行的步骤和要点。

序　号	工作流程	操作要点
1		
2		
3		
计划审核	审核意见： 　　　　　　　　　年　　月　　日	签字：

四、计划实施

1. 汽车营销活动物料准备

根据所需物料和库存已有物料的情况确定本次活动物料采购情况。

物料类别	物料名称	所需数量	库存情况	出库数量	采购数量	租赁数量
宣传类	刀旗	8	10			
	拱门	1	1			
	背景板喷绘	1	0			
	易拉宝	4	5			
	车型立牌	4	4			
	购车榜	1	0			
	车顶牌	4	0			
其他类	冷餐	60	0			
	音响设备	1	0			
	舞台搭建	1	0			
	进店礼品	60	10			
	抽奖箱	1	2			
工具类	灭火器	8	10			
	路障锥	0	20			

2. 汽车营销活动人员准备

根据本次活动安排及流程，规划各部门工作，制订人员培训计划和要点。

3. 汽车营销活动现场布置

结合本次淡季营销活动主题、内容，结合软件知识学习模块下活动实施—场地布置中提供的场地图及物料对场地进行布置。

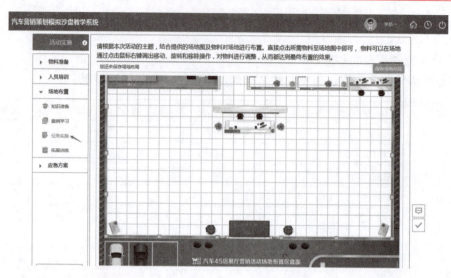

4. 汽车营销活动现场执行

根据本次营销活动类型、地点、流程等内容，制订本次活动执行中具体的注意事项及应对预案。

突发情况类别	突 发 情 况	应 对 措 施
场地类		
媒体类		
演艺活动类		
其他突发情况类		

5. 汽车营销活动后续跟踪

根据活动期工作安排和活动内容，梳理出活动后期跟踪工作安排。

五、质量检查

请实训指导教师检查作业结果,并针对实训过程出现的问题提出改进措施及建议。

序号	评价标准	评价结果
1	根据活动策划书,梳理出活动前期物料准备、人员安排、场地布置等工作	
2	能够预料活动执行时出现的突发情况,并提供相应的解决方案	
3	对活动进行后续跟进,利用活动余温促进汽车销售	
综合评价	☆☆☆☆☆	
综合评语		

六、评价反馈

请根据自己在本次任务中的实际表现进行评价。

序号	评分标准	分值	得分
1	明确工作任务	5	
2	掌握工作相关知识及操作要点	15	
3	工作计划合理可行,人员分工明确	10	
4	根据活动策划书,梳理出活动前期物料准备、人员安排、场地布置等工作	20	
	能够预料活动执行时出现的突发情况并提供相应的解决方案	20	
	对活动进行后续跟进,利用活动余温促进汽车销售	20	
5	按照要求完成相应任务	5	
6	经验总结到位,评价合理	5	
合计(满分100)			

实训工单四　汽车营销活动效果评价

学院		专业	
姓名		学号	

一、接受工作任务

　　一汽大众恒凯4S店本次活动已经圆满结束,也得到了本次活动集客、销量、利润等各方面的结果,为了吸取经验并为后面的活动打下基础。公司安排小刘完成以下两个任务:一是对本次淡季营销活动效果进行评估,二是编写本次活动的总结报告。

二、信息收集

　　1) 汽车市场营销策划效果评价指标包括_____、_____和_____。
　　2)（单选题）一般来说,衡量一个企业的销售增长率通常是以（　　）为临界值。
　　　A. 5%　　　　　　B. 8%　　　　　　C. 10%　　　　　　D. 15%
　　3)（单选题）相对市场占有率通常是用（　　）作为衡量标准的临界值。
　　　A. 1倍　　　　　　B. 2倍　　　　　　C. 3倍　　　　　　D. 4倍
　　4) 为什么评价汽车营销策划效果采用相对市场占有率而不采用绝对市场占有率?

　　5) 汽车市场营销策划效果评价方法主要包括_____和_____。
　　6) 评价企业的市场营销策划效果,可以从营销导向的5种主要属性上反映出来:_____、_____、_____、_____和_____。每一种属性都能用以衡量策划效果的_____程度。
　　7) 汽车营销活动工作结束后,市场总监为什么要组织参与活动的全体员工对本次汽车营销活动进行总结?

　　8) 通过对比预期目标与销售成果数据,对活动效果进行初步评价。
　　一汽大众汇丰4S店,8月18日周末闭店活动营销结果如下:

指标分类	关键指标	成果数据	预期目标
量化指标	集客量	82 组	93 组
	成交	10 辆	15 组
	级别转化（A/B/C）	3/12/37	—
	邀约量	106 组	—
	到店量	57 组	—
成本指标	实际花销	2.2 万元	2.5 万元

9）结合对汽车营销活动总结内容的学习，完成下表。

总结层面	总结要点	参与人员
个人层面总结		
团队层面总结		
公司层面总结		

三、制订计划

根据任务要求，制订一汽大众恒凯 4S 店淡季营销活动策划分析报告的工作计划。

序号	工作流程	操作要点
1		
2		
计划审核	审核意见： 　　　　　　年　月　日　　　　　签字：	

四、计划实施

1. 汽车营销策划结果统计

查看软件中知识学习模块—活动评价的任务实施给出的活动销售数据，对本次策划的结果进行统计。

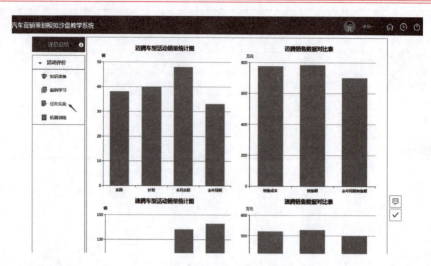

店内车型销量统计：

本次活动集客量统计：

活动销售额统计（去年同期、活动期）：

成交转化率统计：

单车利润统计：

2. 汽车营销策划效果评价

根据任务实施给出的活动结果数据，测算出利润变动总额、销售增长率，并选择合适的市场营销策划效果评价方法对本次活动进行效果评价。

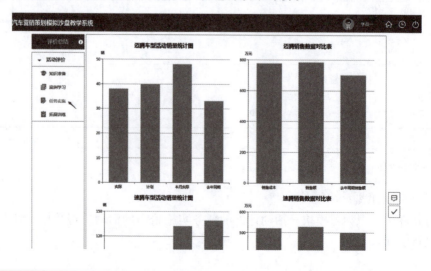

利润变动总额（保留一位小数）：＿＿＿＿＿＿＿＿＿＿万元

销售增长率（保留4位小数）：

活动效果评价：

3. 汽车营销策划总结

根据之前任务中制订的营销策划方案、活动组织过程照片及活动成果报表，编写本次营销活动总结报告（另附纸作答）。

五、质量检查

请实训指导教师检查作业结果，并针对实训过程中出现的问题提出改进措施及建议。

序　号	评价标准	评价结果
1	能够运用汽车营销策划效果评价方法对恒凯4S店淡季营销活动效果进行评价	
2	能够编写恒凯4S店淡季营销活动总结报告	
综合评价	☆☆☆☆☆	
综合评语		

六、评价反馈

请根据自己在本次任务中的实际表现进行评价。

序　号	评分标准	分　值	得　分
1	明确工作任务	5	
2	掌握工作相关知识及操作要点	15	
3	工作计划合理可行，人员分工明确	10	
4	能够运用汽车营销策划效果评价方法对恒凯4S店淡季营销活动效果进行评价	20	
	能够编写恒凯4S店淡季营销活动总结报告	40	
5	按照要求完成相应任务	5	
6	经验总结到位，评价合理	5	
	合计（满分100）		

项目七 常见汽车营销活动策划书编制

实训工单一　汽车营销策划书的编制

学院		专业	
姓名		学号	

一、接受工作任务

小刘利用 1 周的时间，对一汽大众恒凯 4S 店淡季营销活动进行了背景分析、市场调研、目标及策略制订、整体活动安排，然后对每个策划环节内容进行梳理，详细描述每个环节的实践和策划要点，形成营销策划书。

二、信息收集

1）汽车营销策划书是汽车企业策划者根据营销策划项目的＿＿＿＿＿＿、＿＿＿＿＿＿，为＿＿＿＿＿＿而进行＿＿＿＿＿＿的实战方案。

2）编写汽车营销策划书应遵循（　　）原则。
A. 逻辑思维原则　B. 简洁朴实原则　C. 可操作原则　D. 创意新颖原则

3）（判断题）策划书的报告和组织实施是策划的关键。（　　）

4）（判断题）汽车营销策划书的完成标志着策划工作的结束。（　　）

5）（判断题）一份完整的营销策划书包括封面、策划主体、附录等部分。（　　）

6）汽车营销策划书的编写内容有哪些？

7）汽车营销策划书有哪些编写技巧？

8）写作汽车营销策划书报告的前期要做什么准备工作？

9）汽车营销策划书的答辩技巧有哪些？

10）多媒体文件的设计与制作技巧有哪些？

11）汽车营销策划的程序是什么？

三、制订计划

根据营销策划书编制的内容，制订培训内容的纲要。

序　号	纲　　要	操作要点
1		
2		
计划审核	审核意见： 　　　　年　　月　　日	签字：

四、计划实施

1. 策划文案编写

梳理前期课程实训工单策划内容，结合软件操作情况，梳理出一汽大众恒凯 4S 店淡季营销活动策划书。（另附纸作答）

可利用软件活动策划模块录入策划过程，系统将自动生成策划书，前往方案汇报模块下策划文案编辑中下载策划文案即可。

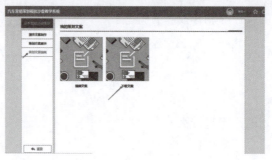

2. 演示文案制作

结合所学知识、网络资料和软件提供的素材，在软件中的方案汇报模板，结合策划文案完成本次活动演示文案 PPT 的制作。

3. 演讲汇报

每个小组选一个代表，对本次活动策划方案进行演讲汇报。同时，其他小组针对汇报内容进行点评和总结。

五、质量检查

请实训指导教师检查作业结果,并针对实训过程中出现的问题提出改进措施及建议。

序 号	评价标准	评价结果
1	明确营销策划书编制的要素、原则和编写技巧	
2	明确营销策划书的报告技巧	
3	演讲时仪态端庄大方,动作专业,语言表达清楚,语速快慢适中,符合职业礼仪	
4	能正确理解被提问的问题,及时准确应答其他小组的提问,应变能力强	
综合评价	☆☆☆☆☆	
综合评语		

六、评价反馈

请根据自己在本次任务中的实际表现进行评价。

序 号	评分标准	分 值	得 分
1	明确工作任务	5	
2	掌握工作相关知识及操作要点	15	
3	工作计划合理可行,人员分工明确	10	
4	明确营销策划书编制的要素、原则和编写技巧	20	
	明确营销策划书的报告技巧	10	
	演讲时仪态端庄大方,动作专业,语言表达清楚,语速快慢适中,符合职业礼仪	20	
	能正确理解被提问的问题,及时准确应答其他小组的提问,应变能力强	10	
5	按照要求完成相应任务	5	
6	总结到位,评价合理	5	
合计(满分100)			

实训工单二　常见汽车营销活动方案策划

学院		专业	
姓名		学号	

一、接受工作任务

2018 年中秋汽车展览会将在 2018 年 9 月 22 日—2018 年 9 月 24 日举办，恰逢新款 CC 8 月 29 日上市，重庆长久永鑫汽车销售服务有限公司准备借此机会进行品牌宣传，将活动场地定于体育中心 B17 展位，参展车型为 CC、迈腾、速腾。请结合本次策划活动任务，判断其营销活动类别，运用汽车营销策划基础理论，针对本次活动特点，完成活动策划相关工作。

二、信息收集

1）（多选题）哪些级别的车展是由厂家支持经销商参展？（　　）
 A. A 级车展　　　B. B 级车展　　　C. C 级车展　　　D. D 级车展

2）车展前期需进行相关信息收集，包括_____、_____、_____、_____。

3）（单选题）外展地点的选择来源于（　　）。
 A. 往届车展参考　B. 目标市场细分　C. 车型车系特点　D. 场地空间大小

4）试乘试驾活动是体验式销售的一种，其分类为_____、_____、_____ 3 种。

5）店面活动是指在_____举办的_____等以_____为目的的活动。

6）所谓"销售淡季"是相对于旺季而言的，是指_____由于受_____影响随_____变化而产生的_____变化。每年的_____月份，是传统的汽车消费淡季。

7）（多选题）下列属于销售淡季表现的有（　　）。
 A. 消费者消费疲软　　　B. 销量减少　　　C. 现金流减少
 D. 厂家支持减少　　　　E. 人员积极性不高

8）查阅资料，写出汽车经销商面对销售淡季时普遍采取的策略有哪些。

9）目前汽车团购一般有 3 种形式：_____的汽车团购、_____的汽车团购、_____的汽车团购。

10）（多选题）车企开展团购活动的原因有哪些？（　　　）
A. 在短时间内扩大销量　　　B. 消化积压库存
C. 保有客户回馈　　　　　　D. 赚得新客户

11）结合自身理解谈谈举办新车上市活动的好处。

12）（多选题）汽车 4S 店庆典活动包括（　　　）。
A. 节庆活动　　　B. 纪念活动　　　C. 典礼活动　　　D. 团购活动

13）汽车 4S 店开展庆典活动的目的是什么？

14）策划节假日活动时，与其他活动侧重点不同之处体现在哪些方面？

三、制订计划

根据汽车营销策划流程，制订本次活动策划的工作计划。

序　号	工作流程	操作要点
1		
2		
3		
4		
5		
6		
7		
计划审核	审核意见： 年　月　日	签字：

四、计划实施

1. 汽车营销活动策划
利用软件中活动策划模块完成车展试题。

2. 汽车营销活动总结
根据软件中活动评价环节所获得结果，结合策划过程对本次活动进行总结。

3. 汽车营销活动演示文案制作
在软件中方案汇报模板，结合策划方案和策划文案，完成本次活动演示文案 PPT 的制作。

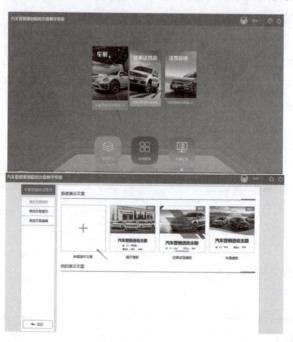

4. 汽车营销策划方案汇报

以小组的形式对本次活动的策划过程、策划结果和总结等进行汇报展示。同时,其他小组进行记录与点评。

五、质量检查

请实训指导教师检查作业结果,并针对实训过程中出现的问题提出改进措施及建议。

序 号	评价标准	评价结果
1	营销活动立意新颖,能够制订活动目标、活动策略,活动计划缜密,保证活动实施有效开展	
2	营销成果显著,活动 KPI 分析合理	
3	演示文稿制作内容全面,逻辑结构完整,主题突出	
4	对策划方案陈述准确恰当,条理清晰,逻辑合理	
综合评价	☆ ☆ ☆ ☆ ☆	
综合评语		

六、评价反馈

请根据自己在本次任务中的实际表现进行评价。

序 号	评分标准	分 值	得 分
1	明确工作任务	5	
2	掌握工作相关知识及操作要点	15	
3	工作计划合理可行,人员分工明确	10	
4	营销活动立意新颖,能够制订活动目标、活动策略,活动计划缜密,保证活动实施有效开展	15	
	营销成果显著,活动 KPI 分析合理	15	
	演示文稿制作内容全面,逻辑结构完整,主题突出	15	
	对策划方案陈述准确恰当,条理清晰,逻辑合理	10	
5	按照要求完成相应任务	10	
6	经验总结到位,评价合理	5	
合计(满分100)			

附录

《汽车营销策划模拟沙盘教学系统》简介

《汽车营销策划模拟沙盘教学系统》通过模拟汽车销售企业市场部营销岗位工作过程，围绕汽车营销策划工作要点，结合市场动态及营销理论，利用数据模型对学生策划内容的结果进行数据模拟推演和展示，满足使用者对汽车营销策划工作流程的掌握和知识、技能的学习，从而达到训练、巩固与应用的教学目的。

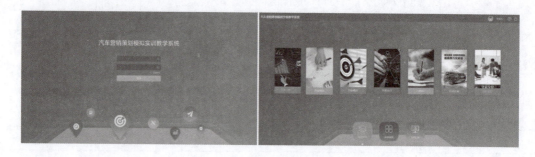

一、系统作用

1. 知识学习

知识学习模块用于汽车营销策划知识内容的学习，可辅助教师进行课堂教学，引导学生进行项目自学。学生进入分项后，可查看任务下达明确需完成的工作任务；通过配套的多媒体资源和企业实际工作案例学习涉及的知识点，提炼经验；接下来在项目实施中完成该流程的工作任务；最后完成拓展训练内设习题，实现知识技能的理解、分析和灵活运用。学生提交后，可通过"查看历史"对比系统给出的参考答案将自己的答案进行调整。

2. 活动策划

活动策划模块用于汽车营销策划方案制作实训，学生可完成展厅营销、试乘试驾会、车展等多项汽车营销策划实训项目。教师在活动策划模块，可根据实际教学情况自行设计实训项目。

活动策划中，学生以制作汽车营销策划方案为任务目标，分析相应的背景信息，进而完成促销目标的确定、广告投放的预案、实施计划的制订、场地布置设计等一系列工作。学生根据自身对知识和任务的理解可以做出各具特色的汽车营销策划方案，同时，根据不同汽车营销策划方案可得出对应的数据结果，实时展示活动的模拟效果。

3. 方案汇报

方案汇报模块用于汽车营销策划演示文案制作与展示，学生可利用策划方案和策划文案、系统自带的文案模板、素材库完成演示文案的制作。在方案展示时，学生需对活动方案、策划思路及考量内容进行讲解，考察了学生的表达能力。

在日常教学时，教师和分组学生可扫描展示汇报 PPT 对应的二维码，进行互动评价。在竞赛时，评委可通过扫描展示汇报 PPT 对应的二维码，获取评分表对该方案进行实时评分。系统通过"主观评价+客观评分"的方式对学生的策划方案进行全方位的综合评价。

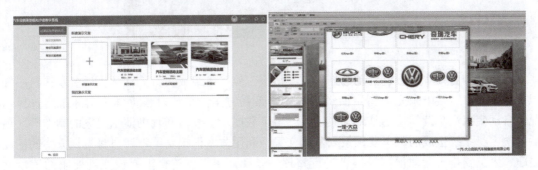

二、系统特点

1. 数据化

传统汽车营销策划实训趋于文案编写，难以与实际工作评价接轨，沙盘系统则模拟真实企业营销活动的执行结果，建立强大的数据模型，可根据学生的策划内容自动得出销售结果，包含销量、集客量、利润、成交转化率和利润等数据。策划活动结束后，根据策划策略和这些数据进行量化总结和综合评价。

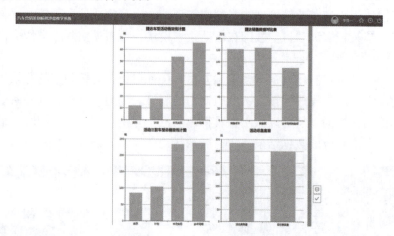

2. 模块化

汽车营销策划活动涉及的工作要点较多，初次学习就要策划一个完整的活动必然不知从何下手。汽车营销策划沙盘系统以工作过程为导向、以典型工作任务为载体，将营销策划活动进行拆分，设置任务式学习内容，学习内容涵盖了背景分析、市场调研、目标确定、策略选择、计划制订等七大核心工作任务。学习步骤按照"六步法"的教学思路，设置任务描述、知识准备、案例学习、任务实施、拓展训练。

3. 一体化

系统结构由知识学习、活动策划、方案汇报三位一体组成。首先让学生逐步掌握核心知识点和技能点，接下来完成指定活动中的完整策划方案。系统可根据学生实际策略选择情况，自动生成汽车营销策划基础文案，供学生下载展示、查看和辅助演示文案的制作等。最后，学生将系统生成的汽车营销策划基础文案，利用方案汇报功能，对自身策划方案的活动主题、人员安排、活动预算等信息进行整理、设计，制作出符合汇报或竞赛要求的演示文案，并进行展示汇报。通过三位一体的结构完成知识方法的学习、任务实践的操作和工作能力的提升，实现"学、做、说、考、评、演"一体化的设计思想。

4. 多方位教学

系统通过多种数据模拟销售环节，组成各种各样的营销策划题目，实现多种类型营销活动的策划。教师可增加或修改实训任务，组织学生进行不同品牌、不同地区的汽车产品营销策划活动，配合学习、教学和考核评价一体的功能，满足教学、实训、考试、竞赛等多种需求。

三、配套硬件

为满足教学中的实训体验，开发了《汽车营销策划实物模拟沙盘教学系统》硬件沙盘，使之与软件沙盘配套开展实训项目，增加实训的组织性、合作性、直观性和开放性。

《汽车营销策划实物模拟沙盘教学系统》是以工作过程为导向、以工作任务为载体开发的，将汽车营销策划工作岗位所学习的相关知识和技能应用到实际工作中。相较电子沙盘，实物沙盘更倾向培养学生实践应用的能力。实物沙盘配套独立的实训工单和实训指导书等实训材料，也可单独完成实训任务。

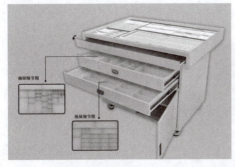 

实物沙盘包含沙盘桌、盘面、各类物料三部分教学用具。沙盘桌供物料储存及盘面展示。

盘面包含策划盘面及场地布置盘面。学生首先在策划盘面上完成 SWOT 分析、目标制订、策略选择、甘特图绘制等一系列核心策划步骤，盘面可擦写，学生可以随时修改内容和循环利用；而后转移到场地布置盘面，盘面设有车展、试乘试驾、展厅三类场地图，学生根据活动类型选择活动开展场地，以该类型活动下的特有物料搭建活动真实场景，直观、清晰地展现出场地设计。策划盘面和场地布置图的使用相辅相成，完成整个策划方案的推演。

87

除此之外，实物沙盘还包含物料识别卡、配套用具、配套物料等工具，辅助学生辨别物料、了解用途，开展各类活动策划及场地环境搭建。

四、实训配合

沙盘设计思想、教学内容、实训工单是统一的，可配套使用。教师可在学生接受任务之初，通过实物沙盘的策划盘面进行背景的分析、活动目标的确定、广告策略的选择等方面讨论，使学生对本次活动方案达成共识之后，通过电子沙盘进行推演，得出销售结果和活动方案。电子沙盘中的场地布置图为平面二维图，学生在设计场地布置时，可先在电子沙盘上进行感官设计，再通过场地布置盘面，选择物料布置出活动场地，对具象的空间设计、客户参观路线适时调整，提高学生的参与度。